퍼펙트
슬라이드 클리닉

with 파워포인트

퍼펙트
슬라이드 클리닉
with 파워포인트

명확한 디자인 원리로 제시하는 슬라이드 처방전

김재성 지음

에이콘

 에이콘출판의 기틀을 마련하신 故 정완재 선생님 (1935-2004)

하버드 MBA 학생들은 끝없이 읽고 끝없이 생각하고 끝없이 발표한다. 이곳에서 우리는 아무리 좋은 아이디어도 청중들에게 효과적으로 전달하지 못하면 끝내 사장될 수밖에 없음을 매일 절감하게 된다. 더불어 일련의 트레이닝 과정을 통해 프리젠테이션 스킬이 타고나는 것이 아니라 평생을 갈고 닦아야 하는 것임을 새삼 깨닫는다.

저자는 슬라이드 디자인 노하우를 설명하는 데 그치지 않고, 방대한 정보를 효율적으로 파악하고 유의미한 시사점을 도출할 수 있도록 근본적인 솔루션을 제시한다. 더불어 이 책은 구조적인 사고의 기본기를 확실히 다지고, 어떤 상황에서도 적용할 수 있는 슬라이드 디자인 원리를 내재화할 수 있도록 친절한 설명을 담았다.

누구에게나 초보 시절은 있다. 나 역시 정돈되지 않은 아이디어를 슬라이드에 옮겨야 한다는 일념으로 한참 동안 모니터를 노려보던 기억이 생생하다. 내가 경험했던 막막함을 지금 겪고 있다면 이 책이 더할 나위 없이 훌륭한 지침서가 되어 줄 것이다.

최다혜, 하버드 비즈니스 스쿨(HBS) 재학, 前 BCG(Boston Consulting Group) 컨설턴트

업무를 하면 투자를 받고자 하는 분들이 만든 PPT를 많이 보게 된다. 이때 명쾌한 내용에 전달력이 강한 프리젠테이션 자료라면 아무래도 한 번 더 돌아보게 된다. 그만큼 좋은 슬라이드 디자인이 가진 힘은 강력하다.

많은 기업이 슬라이드 디자인에 들어가는 노력이 과도하다는 이유로 기업 내부 커뮤니케이션에서 PPT를 없애려는 시도를 하고 있다. 하지만 프리젠테이션만큼 듣는 이에게 심상을 그려내며 콘텐츠를 전달할 수 있는 방법은 없다. 특히나 기업과 투자자 간, 기업과 기업 간의 커뮤니케이션처럼 자주 볼 수 없고 오래 대화하기 어려운 대상 간의 커뮤니케이션에서는 좋은 프리젠테이션 자료, 좋은 슬라이드는 꼭 필요하다.

이 책에서는 구체적인 사례를 들어가며 좋은 프리젠테이션, 좋은 슬라이드 디자인이 무엇인지를 설명해준다. 또한 효과적이고 임팩트 있는 슬라이드를 만들기 위해 PPT 프로그램을 어떻게 활용해야 할지 알려주고 있어 전문가부터 초심자까지 모두 읽고 참고할 만하다.

안광수, 국내 최대 프롭테크(PropTech) 스타트업 직방 투자, 인수, 사업개발 총괄 CIO

IT 업계는 그 어떤 업계보다 많은 양의 정보가 빠르게 쌓이고 있다. 내가 일하고 있는 구글은 파편화된 방대한 양의 정보를 집대성하고 체계화해 사용자에게 전달함으로써 가치를 창출한다. 구글에서는 직원 모두가 사내 정보망을 통해 특정 국가의 검색 데이터, 유튜브 시청 데이터뿐만 아니라 구글 신제품의 로드맵, 심지어는 옆자리 직원의 업무 스케줄까지 확인할 수 있다. 이러한 정보의 홍수 속에서 가장 필요한 역량은 유의미한 인사이트를 추출하고, 이를 명료하게 정리해 팀 혹은 클라이언트에게 효과적으로 전달하는 역량이다. 이 일련의 과정에는 슬라이드 구성 능력이 필수적인데, 제아무리 통찰력 있는 인사이트를 도출해도 이를 청중에게 효과적으로 전달할 수 없다면 아무런 소용이 없기 때문이다.

『퍼펙트 슬라이드 클리닉 with 파워포인트』는 슬라이드 구성에서 흔히 저지를 수 있는 여러 문제점을 날카롭게 진단하는 명의 같은 역할을 한다. 문제점을 짚는데 멈추지 않고, 해당 부분이 왜 문제가 되는지, 어떻게 해결할 수 있는지에 대한 단계적 가이드를 제공함으로써 슬라이드의 본질인 정보 전달에 집중한다. 저자의 진단을 따라 한 페이지씩 넘기다 보면 단단한 논리로 무장한 컨설팅 형식의 슬라이드와 감각적인 젠 형식의 슬라이드까지 모두 익힐 수 있고, 이는 디지털이 가져올 변화의 바람에도 절대 무뎌지지 않는 강력한 무기로 남게 될 것이다.

김태훈, 구글 마케팅 솔루션 본부 매니저(Account Strategist)

김재성(Plusclov@gmail.com)

서울대학교 컴퓨터 공학부를 졸업하고 세계적인 경영 컨설팅 회사 맥킨지(McKinsey & Company) 컨설턴트 생활을 거쳐 제일기획에서 디지털 미디어 전략을 담당했다. 현재 카카오에서 전사 전략 업무를 담당하고 있다. 저서로는 『행동의 완결』(안나푸르나, 2019)과 에이콘출판사에서 펴낸 『퍼펙트 프리젠테이션』(2012), 『퍼펙트 프리젠테이션 시즌 2』(2017)가 있다. 『퍼펙트 프리젠테이션』은 삼성전자와 제일기획 직원 프리젠테이션 교재 및 다수의 수도권 대학에서 프리젠테이션 주교재로 채택돼 활용되고 있다.

퍼펙트 슬라이드 클리닉 with 파워포인트를 시작하며

2012년 『퍼펙트 프리젠테이션』을 출간하고, 개정판인 『퍼펙트 프리젠테이션 시즌 2』를 출간한 지도 제법 시간이 지났습니다. 국내 현실에 맞는 프리젠테이션 방법론을 소개하고, 이에 따라 실질적으로 발표자의 목표 달성을 돕는 프리젠테이션 서적을 만들겠다는 생각으로 펴낸 책과 강연을 통해 독자 여러분을 직접 뵙고 소통할 수 있어 기쁘게 생각합니다.

그러나 책을 읽은 독자분들의 이메일이나 강의를 통해 듣게 된 이야기 중 가장 많은 내용은 다음과 같았습니다.

　"원론은 이제 잘 알겠는데, 프로그램에서 어떻게 적용하나요?"

　"잘 된 예시를 볼 때는 제 슬라이드도 금방 비슷한 수준이 될 줄 알았는데, 막상 직접 만들려니 막막하네요."

　"책에 등장한 슬라이드가 분명 많은 도움이 되는 것은 맞지만, 어떻게 해야 그런 슬라이드를 만들 수 있는지 구체적인 기술이 설명돼 있지 않아 아쉽습니다."

그래서 이번에는 '파워포인트'라는 가장 대중적인 슬라이드 소프트웨어를 활용해 『퍼펙트 프리젠테이션』에서 보여준 슬라이드 작성법을 직접 설명하고, 프리젠테이션 컨설팅 당시 의뢰를 받아 바꿨던 슬라이드의 실제 예시를 보여줌으로써 이해를 돕고 더 완벽한 슬라이드를 쉽게 만들 수 있게 소개해보자는 취지로 책을 구성했습니다.

이 책은 실제 슬라이드를 의사가 진단하고 치료하듯 구성했다는 점에서 다른 파워포인트 책 및 교재와 큰 차별성을 가집니다. 슬라이드 디자인에 대한 명확한 철학과 함께 '왜'와 '어떻게'를 동시에 알려줄 수 있는 유일한 책입니다.

각 장에 나온 예제를 차근차근 따라 하다 보면 분명 업그레이드된 여러분의 실력을 체험할 수 있을 것입니다.

이 책을 통해 여러분께서 목적을 이루는 프리젠테이션을 하게 되시기를 기원합니다.

김재성 드림

| 차례 |

명확한 진단, 명쾌한 해결

잠시 내 실제 경험담을 이야기해 보겠다.

어느 날 평소처럼 멀쩡하게 앉아서 일을 하고 있는데 허리가 계속 아파온다. 괜찮아지 겠지 생각하며 대수롭지 않게 넘기고 계속 일하는데 점차 통증이 심해진다. 강한 진통 제를 먹어도 소용없다. 결국 견디지 못하고 다급히 병원을 찾았다.

'혹시나 디스크 같은 병이 아닐까?'

'이렇게 아픈데 혹시 잘못되면 어떡하지?'

온갖 생각에 휩싸여 불안감을 떨칠 수가 없다. 병원에 도착한 뒤 진찰을 받고 필요한 각종 검사를 실시했다. 검사 결과가 나온 후 의사 선생님과 진찰실에서 다음과 같은 대화를 나눈다.

"선생님, 어떻게 된 거죠? 디스크인가요?"

"목 근육이 뭉쳤습니다."

"뭐라고요? 목 근육이 뭉쳤는데 어떻게 허리가 이렇게 아픈가요?"

"목 근육이 뭉쳐서 혈액 순환이 안 되니 허리까지 통증이 내려간 겁니다. 디스 크 증상은 아니니 안심하시고 물리치료를 받으면 됩니다."

물리치료를 받고 다음날이 되니 언제 아팠냐는 듯 말짱한 내 허리. 물론 그럴 일은 없 었겠지만 내가 내 멋대로 진단하고 처방해서 허리에 집중적으로 치료를 받았다면 어땠을까? 진통제만 먹고 버텼다면? 허리 통증은 개선되지 않고 나는 지속적인 고통과 극도의 불안감에 시달렸을 것이다.

몸이 아프면 누구나 다급해지기 때문에 즉각 의사를 찾는다. 발표 환경에서도 비슷한 상황이 벌어진다. 그런데 몸이 아픈 수준의 심각함이라고 생각하지는 않는 걸까? 몸이 아플 때와는 다르게 자신의 방법을 고수하는 경우가 많다. 이는 민간 요법에만 의지한 채, 전문가의 진단을 거부하는 행위와 같다. 원인을 모르고 상황을 방치하거나 엉뚱한 조치를 취하면 상황은 결코 나아질 수 없다.

자신의 몸이 아프다는 사실은 통증을 통해 인지할 수 있지만, 그것이 '왜 아픈지' 원인을 밝혀내는 일은 다른 문제다. 슬라이드 디자인도 마찬가지다. 타인의 슬라이드를 보면서 못 만든 슬라이드인지, 잘 만든 슬라이드인지 판단하는 일은 그리 어렵지 않다. 그러나 '무엇이 잘못됐고, 어떻게 고쳐야 하는지'를 정확하게 짚어내기는 생각보다 간단하지 않다. 만일 내 팀과 내가 직접 디자인한 슬라이드라면 객관성을 잃고 부족한 부분을 찾아내지 못할 가능성이 매우 높다.

이 책은 명확한 슬라이드 디자인 원칙을 기반으로, 독자에게 의사의 처방 같은 진단과 명확한 해결책을 제시해준다. 다양한 슬라이드 형식과 예시별 문제점을 분석하고, 분석 내용을 바탕으로 어떻게 슬라이드를 변화시켜야 청중에게 흡인력 있는 슬라이드로 바꿀 수 있는지 처방전을 수록하고 있다.

여기서 그치지 않는다. 의사는 환자의 병을 진단하고 치료방법을 제시하지만 여러분을 의사로 만들어주지는 않는다. 그러나 이 책은 독자를 직접 슬라이드 디자인 전문가로 만들어주는 책이다. 빠른 시간 안에 전문가 수준으로 끌어올리기 위해 모든, 기능을 전부 나열하는 기존 책과는 완전히 차별화해 필요한 내용은 매우 자세히 설명하고, 사용하지 않는 기능은 과감하게 생략하는 방식을 택했다.

단순히 이 책을 구매해 갖고 있기만 해도 실력이 향상되게 만들었으면 참 좋았겠지만, 아쉽게도 그런 책은 세상에 존재하지 않는다는 사실을 독자 여러분도 잘 알고 있으리라 생각한다. 그 대신 여러분께 확실히 약속할 수 있는 사실이 있다. 1장에서 제시하는 슬라이드 클리닉 내용을 숙지하고, 부족한 프로그램 지식과 기능을 후반부에서 익혀 지속적으로 연습한다면 여러분은 소속된 어떤 곳에서도 인정받는 슬라이드 디자인 실력을 갖게 될 것이다.

슬라이드 디자인 전문가가 될 준비를 마쳤는가?

이제 두근거리는 마음으로 퍼펙트 슬라이드 클리닉을 시작해보자.

목표 달성을 위한 두 가지 항목: 철학과 훈련

시원한 파도를 가르며 나아가는 배 위에 당신이 있다. 생각만 해도 기분이 좋다. 다만 당신의 역할은 승객이 아니라 선장이다. 승객들을 목적지까지 안전하게 데려가야 하는 큰 의무가 있다. 이 상황에서 당신은 어떤 점을 갖추고 있어야 할까?

첫째는 목적지 설정이다. '어디로 가야 하는지'를 명확하게 알지 못한다면 제 아무리 뛰어난 항해사라도 목적지에 도달할 수 없다.

둘째는 고도화된 항해 기술 및 높은 훈련도다. 제대로 훈련이 안 된 항해사에게 자신의 목숨을 맡기고 편안히 여행을 즐길 승객은 없다. 배를 운항하는 데 익숙해야만 한다.

이는 비단 항해에만 해당되는 이야기가 아니다. 목표를 달성하기 위해서는 여러 가지 능력이 동시에 요구된다. 예를 들어 축구 경기에서 공격력은 엄청나지만 수비력이 형편없는 팀이 있다면 아무리 많은 골을 넣더라도 승리라는 목표에 다가서기 어렵다. 반대의 경우도 마찬가지다. 수비 실력이 뛰어나 한 골도 내어주지 않는 실력이 있다 해도 공격력이 형편없다면 승리라는 목표를 이룰 수 없다.

이제 우리가 관심 있는 주제로 돌아오자. 목적을 달성하는 슬라이드를 만들기 위해 꼭 갖춰야 하는 두 가지 요소는 무엇일까?

나는 이를 '철학'과 '훈련'이라고 정의하고 싶다. 슬라이드에 대한 명확한 철학 없이 무작정 연습만을 반복한다고 해서 좋은 슬라이드를 만들 수 없으며, 명확한 철학은 갖고 있으나 연습을 게을리해도 성공하는 슬라이드를 만들기는 어렵다. 제대로 된 슬라이드, 성공하는 프리젠테이션을 위한 슬라이드는 명확한 철학과 반복된 연습이 결합돼야 가능하다.

앞서 펴낸 『퍼펙트 프리젠테이션』 책에서 프리젠테이션의 '철학' 부분을 집중적으로 다뤘다면, 이 책은 '훈련' 과정을 집중적으로 다룬다. 기본서를 학습한 후에 모의고사 문제를 반복해 풀어야 시험 점수가 잘 나오는 것과 같은 원리다.

지금까지의 파워포인트 책은 이유를 알려주지 않고 따라 하기를 권했다. 독자는 '왜'를 모르는 상태로 연습만 했다. 명확한 원칙이 없는 상태에서의 연습은 상황이 조금만 달라지더라도 새로 배워야 하는 고통이 따른다.

이 책의 1장은 잘못된 슬라이드가 '왜' 잘못됐는지 진단한다. 대부분 잘못된 슬라이드 유형을 소개하고 있어 여러분의 슬라이드가 바뀌어야 할 방향성을 제시한다. 2장에서는 단순 예시만으로 채워지지 않는 부분을 표준 프로세스로 수록했다. 대표적인 슬라이드 디자인 형식인 젠^{Zen} 형식과 컨설팅^{Consulting} 형식을 만들기 위한 표준 프로세스를 통해 지금까지 내가 부족한 부분이 있었는지 점검할 수 있게 했다.

슬라이드 디자인을 열심히 공부했지만 여전히 직장 상사의 질책을 받거나 **슬라이드 디자인 실력이 부족하다고 느끼는 회사원, 남들보다 앞서나가고 싶은 대학생**이라면 1장과 2장의 내용을 꼼꼼하게 읽어 볼 필요가 있다.

단순히 예쁜 도형을 따라 그리게 하는 기존 책과는 달리, 이 책은 여러분에게 슬라이드 디자인의 원칙을 알려준다. 3장부터 7장까지는 이를 실제로 파워포인트로 작성하는 구체적인 기능을 설명한다. '왜^{Why}'를 알더라도 '어떻게^{How}'를 모르는 상태에서는 원하는 슬라이드를 구현할 수 없기 때문이다.

편리성도 놓치지 않았다. 잘 알려진 단축키는 물론, 필자가 직접 실무에 활용하는 유용한 단축키와 팁도 실제 파워포인트 기능을 설명하며 소개하므로 이 책을 익히고 나면 더 빠르고 정확하게 슬라이드를 디자인할 수 있을 것이다. 현재 훌륭한 슬라이드 디자인 실력을 갖춘 사람이라 할지라도, **작업 속도를 단축시켜 더 많은 시간을 자유롭게 활용**할 수 있기를 바란다.

일과 삶의 균형Work and Life Balance이 중시되는 시기, 빠른 작업 속도를 통해 여러분의 삶을 여러분이 원하는 대로 가꿔 갈 수 있게 도움을 주는 책이다.

이 책의 후반부에는 『퍼펙트 프리젠테이션 시즌 2』에 소개한 슬라이드 디자인 핵심 개념을 요약해 설명한다. 이 개념은 본문에서도 수시로 등장하므로 반드시 익혀두자. 조금 더 자세한 내용을 알고 싶다면 『퍼펙트 프리젠테이션 시즌 2』를 참고하기 바란다.

Perfect Slide Clinic

Chapter 01

퍼펙트 슬라이드 클리닉
실전 예시 10가지

이 책이 다른 파워포인트 책과 가장 다른 점을 꼽으라면 나는 자신 있게 이 책의 1장을 추천할 것이다. 잘못 만든 슬라이드를 '왜' 잘못 만들었는지 정확히 분석해주는 책은 지금까지 없었기 때문이다.

가장 위험한 상태는 '내가 무엇을 모르는지 모르는 상태'라는 말이 있다. 즉 자신의 슬라이드 디자인 실력이 부족하다는 사실을 알면 노력할 텐데, 자신의 실력이 부족한지 모르는 상태에서 형편없는 슬라이드를 자랑스럽게 띄우고 발표하는 장면을 얼마나 많이 목격했는지 모른다. 여러분도 많이 목격한 광경이다.

1장에서는 지금껏 한 번쯤 주변에서 봤거나 직접 만들었던 경험이 있는 슬라이드 유형이 예시로 등장한다. 사실 자신이 직접 만든 경우가 아니라면 이 슬라이드가 잘 만들어졌는지 그렇지 않은지를 대부분 판단할 수 있다. 다만 왜 잘 만든 슬라이드인지, 못 만든 슬라이드로 분류하는지 그 이유를 명확하게 설명하기는 어렵다. 문제가 되는 이유를 명확하게 알지 못하면 무엇을 개선해야 하는지 알지 못해 다음 번에도 동일한 실수를 반복할 위험이 크다.

그래서 이 책에서는 실제 주변에서 한 번쯤은 봤을 법한 10가지 슬라이드를 준비했다. 누가 보더라도 부족한 수준의 슬라이드부터, 잘 만든 편이지만 조금 더 손보면 더욱 좋은 슬라이드가 되는 예시를 소개한다. 예시는 저작권이 문제가 되지 않도록 다소 수정을 기쳤지만 과거 실제 프리젠테이션 강의를 할 때 수정 의뢰를 받았던 슬라이드 등 실제 사례를 예시로 활용해 현장감을 높이고자 노력했다.

수록된 분석 내용을 즉시 읽어봐도 좋지만 이를 읽어 보기 전에 이 슬라이드가 무엇이 잘못됐고, 어떻게 개선하면 좋을지 스스로 생각하는 시간을 가진 뒤 분석 내용과 개선 방안, 즉 처방전을 읽어본다면 여러분의 슬라이드를 어떻게 개선하면 좋을지 간접적으로 깨달을 수 있을 것이다. 그러므로 꼭 개선 방안을 생각해 보고 책에 수록된 내용과 비교하며 읽어 보기를 권한다.

또한 여기 등장하는 예시에 국한하지 말고, 여러분이 지금까지 만들었던 슬라이드를 떠올리며 '어떻게' 해야 더 좋은 슬라이드가 될지 고민하고 이 책을 읽기를 강력히 권장하고 싶다. 예시 슬라이드에 등장하는 요소는 대다수 사람들이 저지르는 실수를 포함하기 때문이다. 여러분의 슬라이드가 직장 상사 혹은 청중이 보기에 '별로'라고 느껴진다면 이 책에 등장하는 예시와 비슷한 요소가 있을 가능성이 매우 높다. 따라서 여러분의 슬라이드를 어떻게 하면 더 좋은 슬라이드로 바꿀 수 있을지 고민하고 실습한다면 앞으로 더욱 좋은 성과를 낼 수 있을 것이다.

퍼펙트 슬라이드 클리닉의 '처방'을 거쳐 잘 만든 예시로 등장하는 슬라이드는 지은이의 브런치 사이트에서 다운로드할 수 있다(https://brunch.co.kr/@plusclov/408). 실제 슬라이드를 내려받고 싶은 경우 해당 웹사이트로 접속하면 손쉽게 다운로드 가능하다. 또한 이 책의 3장부터 소개하는 파워포인트 효과를 활용하면 1장에서 소개한 10종류의 개선된 슬라이드를 모두 만들 수 있다. 따라서 이 슬라이드가 만들어지는 데 어떤 기능이 쓰였는지 명확하지 않을 경우, 기본 기능을 설명한 후반부를 읽어보면 도움이 되리라 생각한다.

추가로 퍼펙트 슬라이드 클리닉 코너에 등장하는 슬라이드 디자인 원칙과 법칙에 대해 더 자세히 알고 싶다면 『퍼펙트 프리젠테이션 시즌 2』를 참고하기 바란다. 이 책의 앞부분에서도 설명했지만, 단순히 기술을 잘 다루기에 앞서 '왜' 그렇게 만들어야 하는지에 대한 철학을 갖는 것은 무엇보다 중요하기 때문이다.

➕ 퍼펙트 슬라이드 클리닉 예시 1 – 기본 중시형 슬라이드

'기본'은 대체로 좋은 의미로 쓰인다. 하지만 이번에 소개할 슬라이드는 파워포인트가 제공하는 기본 형식에서 거의 바꾸지 않고 만들어서 잘 만들지 못한 슬라이드가 돼버린 경우다.

대부분은 슬라이드 디자인에 신경을 쓸 필요가 적은 사람들, 특히 교육계 종사자들이 이런 식으로 슬라이드를 만드는 경우가 많다. 슬라이드를 못 만들었다고 누군가에게 피드백을 받거나 지적받을 일이 없으니 날 것 그대로의 슬라이드로 강의를 진행하는 상황은 충분히 이해한다. 그래도 교육자라면 '더 효과적인' 정보 전달을 위해서 제대로 된 슬라이드 디자인 방법을 알아두는 게 더 좋을 거라고 생각한다. 예시를 살펴보자.

인문학 강의 수강을 꺼리는 이유

1위. 전공 과목에 대한 지식을 갖추지 못한 상태에서 인문학 수업을 들을 여유가 없음

2위. 단순히 학점 채우기를 위해 형식적으로 듣는 경우가 많음

3위. 정답이 있는 분야가 아니다 보니 공부해도 성적이 잘 안 나오는 경우가 많음

기타 의견: 원하는 수업은 수강 정원이 적어 금방 마감되는 경우가 많음, 원하는 과목이 개설되지 않음, 과중한 과제 등

▲ 학교 수업 시간에 한 번쯤은 접했을 법한 슬라이드 예시

아마도 학창 시절을 보낸 독자라면 이런 슬라이드로 강의하는 교수님을 만난 적 있을 것이다. 이 슬라이드가 잘 만든 슬라이드가 아니라는 사실은 누구나 알지만, '무엇이' 잘못됐는지 명확히 설명할 수 있는 사람은 드물다. 이 슬라이드의 문제점을 우선 분석해보자.

: **슬라이드 분석** :

1. **구조(Structure)가 잡혀 있지 않음**: 이 슬라이드는 현재 발표자가 청중에게 어떤 부분을 말하는지 알기 위해 처음부터 끝까지 계속 집중해야 하는 구조. 만약 잠깐 휴대폰을 봤던지 잠시 졸음을 이기지 못했다고 가정해보자. 정신을 차렸을 때 지금 발표자가 어느 부분을 설명하는지 바로 알 수 있는가? 아마 쉽지 않을 것이다. 슬라이드가 구조화돼 있지 않기 때문에 슬라이드에 있는 텍스트 중 현재 어느 부분을 설명하는지 알아듣기 어렵다. 학생 시절에 이해가 안 된다고 머리를 감싸 쥔 건 여러분 탓이 아니다. 잘못된 슬라이드로 강의를 진행한 교수님 탓이다.

2. **주장과 근거의 구분이 불분명**: 이런 식의 슬라이드는 보통 본문에 나오는 글에 주장과 근거가 혼재돼 있거나 주장만 존재하는 경우가 많다. 최초 제시된 슬라이드에서 '인문학 강의 수강을 꺼리는 이유'라는 제목이 헤드 메시지의 위치를 차지하고 있다. 앞서 누차 언급했듯 이 헤드 메시지 부분은 '주장'을 담고 있어야 한다. 아래에 나오는 1, 2, 3위의 의견이 오히려 주장이 된다. 그런데 문제는 또 있다. 각 순위에 오른 주장에 대한 근거가 전혀 없다. 몇 명을 조사했고, 순위별로 몇 명이 응답했는지 알 방법이 없다.

3. **세련되지 않은 글꼴**: 현재 슬라이드에서는 굴림체를 사용했다. 그런데 굴림체는 한글 글꼴이 제대로 개발되지 않았을 시절 최초로 개발해 사용한 한글 글꼴이다. 오랜 역사를 자랑하지만 현재에도 굳이 써야 할 만큼 세련된 폰트는 결코 아니다.

4. **문장 단어 잘림 현상**: 본문에 나온 이유 중 2위에 있는 '경우가 많음'을 보자. 파워포인트에서는 한 단어의 경우 한 줄에 위치하는 게 기본인데, '단어 잘림 허용'이 체크돼 있기 때문에 단어 잘림 현상이 발생했다.

주요 문제점은 이 정도로 생각할 수 있다.

그렇다면 이 슬라이드는 어떻게 개선해야 할까?

우선 슬라이드 개선 방안을 선택하기 전 이 슬라이드를 어떤 슬라이드 형식으로 디자인할지 결정해야 한다. 학교 수업에서 사용하는 슬라이드는 대체로 컨설팅 형식의 슬라이드로 디자인하면 좋지만, 원하는 경우 도입부 정도는 젠 형식의 슬라이드로 작성할 수도 있다. 주로 활용할 슬라이드 형식의 결정은 여러분의 발표 주제에 따라 결정된다는 사실을 늘 기억하자.

이제 개선 방안과 앞서 기술했던 '컨설팅 형식 슬라이드 디자인 표준 프로세스'에 따라 이 슬라이드를 개선해보자.

 **퍼펙트 슬라이드 클리닉 처방**

1. **슬라이드 구조화 실시**: 이 슬라이드는 구조화가 전혀 돼 있지 않기 때문에 청중에게 지속적으로 집중을 강요하며, 만약 일시적으로 집중력을 잃은 경우 내용을 따라가기 어렵게 디자인돼 있다. 따라서 슬라이드 분할 기법을 통해 슬라이드 구조화를 실시함으로써, 현재 발표자가 **어느 부분을 설명하는지 청중에게 명확히 알려 줄 필요가 있다.**

2. **헤드 메시지와 본문 슬라이드 분리**: 헤드 메시지를 활용해 주장을 싣고, 본문에는 근거를 담는 형태를 활용해야 한다. 헤드 메시지는 단순히 제목을 쓰지 않고 슬라이드 전체를 포괄하는 주장을 담는다. 그리고 본문 부분에 해당 주장을 뒷받침하는 근거를 더 세세하게 들어서 설득력을 높여야 한다.

3. **글꼴 교체**: 기본 글꼴만으로도 얼마든지 읽기 좋고 세련된 슬라이드를 만들 수 있다. 한글은 맑은 고딕, 영문은 Arial로 지정해 준다. 이때 슬라이드 전체를 선택해 한글 글꼴을 우선 지정하고, 이후에 영문 글꼴을 지정한다. 이유는 간단하다. 한글 글꼴을 나중에 지정하면

한글 글꼴에 자체 내장된 영문 글꼴이 반영되기 때문이다. 언제나 **한글 글꼴을 먼저 지정하고, 영문 글꼴을 나중에 지정한다.**

4. **그래프의 주관화**: 의견을 차트로 작성해 도식화하고, 그중 중요하게 여기는 부분을 눈에 띄게 디자인한다.

5. **기타 사항**: 컨설팅 형식 슬라이드 디자인에 필요한 기타 요소(예: 자료 출처 등) 표기, 단어 잘림이 허용되지 않도록 '단락(확장 메뉴)−한글 입력 체계−한글 단어 잘림 허용' 체크박스를 해제한다.

퍼펙트 슬라이드 클리닉의 처방을 받아 개선한 슬라이드는 다음과 같다.

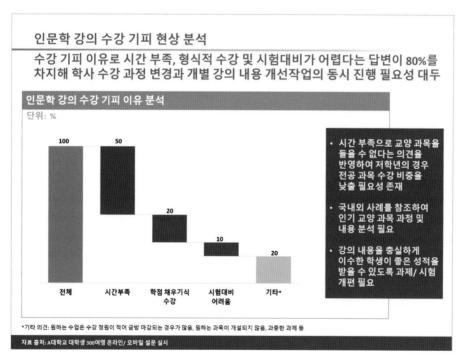

▲ 단순한 슬라이드가 명확한 주장과 근거를 가진 슬라이드로 재탄생했다.

28

슬라이드의 변화를 보면서 우리가 알아야 할 점이 있다. 단순 주장만 나열하는 슬라이드는 힘이 없다는 사실이다. 처방을 받아 개선된 슬라이드처럼 하나의 주장을 뒷받침하기 위해서는 그에 합당한 수준의 자료 조사가 이뤄져야 하고, 조사된 자료는 주장을 탄탄하게 뒷받침해야 한다. 아울러 시사점을 도출해 앞으로 해야 할 일까지 언급해 줄 수 있다면 더욱 좋다. 내용이 헐거운 슬라이드를 디자인하고 있다면, 그만큼 사실에 기반한 슬라이드를 디자인하지 않고 있다는 증거가 되기도 한다. 슬라이드 디자인은 단순하게 예쁜 슬라이드를 만드는 작업이 아니다. 고민과 노력의 결과물임을 꼭 알아두기를 바란다.

덧붙여 이 슬라이드의 제목인 '인문학 강의 수강을 꺼리는 이유'를 군이 살리고 싶다면 이 제목으로 젠 형식의 슬라이드를 만들어 줄 수 있다. 다만 '인문학 강의 수강을 꺼리는 이유'를 그대로 쓰지 않고 '왜? 인문학 수강에 부정적인가?'라는 의문문 형태로 작성하면 청중에게 질문하는 형식이 돼 주의를 환기시키고, 청중 주목도를 지속적으로 높게 유지할 수 있으니 참고하자.

이 슬라이드에는 나눔명조 글씨체를 활용했고, 오른쪽에는 점차 어두워지는 그라데이션 사각형을 활용해 키워드의 가독성을 확보했다.

주제와 주제를 연결하는 슬라이드를 젠 형식으로 작성하는 것도 발표를 매끄럽게 이끌어갈 수 있는 방법 중 한 가지가 되니 참고하자.

▲ 자료 조사가 된 슬라이드를 보여주기 전 도입부를 젠 형식의 슬라이드로 만들 수도 있다.

⊕ 퍼펙트 슬라이드 클리닉 예시 2 - 의미 없는, 혹은 해로운 배경 화면

'보노보노 PPT'라는 내용을 포털 사이트에서 검색하면 언뜻 보기에도 끔찍한 슬라이드가 한꺼번에 튀어나오는 장면을 목격할 수 있다. 이는 파워포인트를 초보 수준에서 다루는 사람들이 자주 하는 실수 중 하나다. 흰 화면에 글씨만 나열하면 성의가 없어 보인다고 생각해 나름대로 관련 있다고 생각한 이미지를 배경 화면으로 사용한다. 그런데 그건 만든 사람의 착각이고, 실제로는 배경 이미지가 없는 편이 차라리 나은 배경 화면을 사용하는 경우가 굉장히 많다. 화려한 이미지 위에 글씨를 넣다 보니 내용이 제대로 보이지 않는 경우가 대부분이다.

부끄럽지만 나도 파워포인트를 처음 다루던 때, 나름 최선을 다해 만든 슬라이드가 있었다. 운동을 열심히 하자는 내용으로 32페이지 예시 그림과 같은 슬라이드를 만들었는데, 누가 보더라도 형편없는 슬라이드임에 틀림없다.[1]

나의 부끄러운 과거를 보여주는 이유가 있다. 여러분도 노력한다면 얼마든지 슬라이드 디자인 전문가로 거듭날 수 있다는 점을 알려주고 싶어서다. 이 슬라이드의 문제점을 분석해보자.

---

1 기존 슬라이드에는 영문(Let's Exercise)으로 표기했으나 여기에서는 한글로 바꿔 삽입했다.

▲ 누구에게나 초보 시절은 있다. 여러분도 슬라이드 디자인 고수가 될 수 있다.

: **슬라이드 분석** :

1. **주제와 직접 관련 없는 배경 화면**: 발표 주제가 축구를 하자는 이야기도 아니고, 운동하자는 이야기에 느닷없이 맨체스터 유나이티드 구단 그림이 등장한다. 왜 운동하자는 이야기에 맨유 로고가 있는 이미지를 배경으로 사용했을까? 답은 간단하다. 이 슬라이드는 2007년에 만들어졌고, 당시 박지성 선수가 맨유에서 뛰고 있었기 때문이다. 이처럼 오랜 고민 없이 이미지를 선택하기 때문에 주제와 직접 연관 없는 배경 화면을 선택하는 경우가 발생한다. 실제로 상당수의 사람들이 주제와 상관없는 배경 화면을 선택하는 경우가 많다.

2. **가독성을 해치는 글씨 색상**: 배경 화면이 붉은색인데, 글씨도 붉은 계열 색이다. 아주 가까이 있는 사람이나 이 슬라이드의 글씨를 알아볼 수 있을 뿐이고, 멀리 떨어진 청중은 글씨가 뭐라고 써져 있는지 알아보는 일조차 어렵다. 이런 상황에서 청중 주목도가 유지될 리 없다.

3. **가독성을 해치는 글꼴**: 당시 사용했던 글꼴은 'HY엽서M'이었는데, 당시 대학생이던 나의 성향을 반영해 가독성 따위는 신경도 안 썼다. 또한 전문성이 있는 슬라이드로 보이기 위해 사용해야 하는 산세리프체 혹은 감성적인 영역에 활용해야 하는 세리프체도 아니다(정확히 구분하면 삐침 획이 없으므로 산세리프체 계열이지만, 가독성을 확보하지 못하므로 의미가 없다). 한마디로 '귀여운 글씨체'는 아주 특수한 상황, 예를 들어 아이들이 청중으로 참석하는 발표가 아니라면 사용하지 않는 편이 좋다. 심지어 이 경우에도 가독성은 확보해야 한다.

4. **불필요한 요소 존재**: 그 날 청중은 발표자인 내 이름을 모두 알고 있었다. 그리고 그 날이 동아리 첫 번째 총회 날이라는 사실도 모두 알았다. 그렇다면 굳이 해당 내용을 젠 형식의 슬라이드에 삽입해야 할까? 답은 빼는 편이 낫다.

이 슬라이드는 젠 형식으로 디자인하는 편이 좋다. 컨설팅 형식의 슬라이드가 주를 이루는 발표에서도 표지는 젠 형식, 혹은 젠 형식과 매우 비슷하게 디자인한다는 사실을 기억해두면 좋다.

이제 개선 방안을 함께 알아보자.

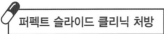

퍼펙트 슬라이드 클리닉 처방

1. **주제와 연관되는 배경 화면으로 변경**: 이 슬라이드 뒤에 펼쳐질 슬라이드는 헬스나 피트니스 관련해서 이야기를 진행할 예정이었다. 그렇다면 첫 화면 역시 헬스나 피트니스 관련 이미지로 교체를 해주는 편이 주제와 이미지의 통일성 측면에서 좋다.

2. **이미지 색상과 텍스트 색상의 차별화**: 이미지 색상과 텍스트 색상이 비슷할 경우 가독성이 현저히 낮아진다. 따라서 이미지 색상과 보색 관계에 있는 텍스트 색상 사용을 권장한다. 만약 이미지가 여러 색상을 갖고 있어 이런 방식이 어려울 경우, 이미지 위에 반투명 사각형을 덧대고 그 위에 텍스트를 삽입하는 방법이나 그라데이션 처리가 된 개체를 삽입하고, 그 위에 텍스트를 넣는 것도 방법이다.

3. **글꼴 변경**: 가독성에 도움이 되는 글꼴로 변경한다. 이 슬라이드는 산세리프체 혹은 세리프체 어떤 글꼴이든 무난한 주제다. 변경한 슬라이드에서는 '나눔 명조'를 사용했다.

4. **불필요한 요소의 제거**: 동아리(CISL은 동아리 이름이다)의 첫 총회에서 발표하는 영광을 슬라이드에 표시하고 싶을 수 있다. 하지만 그 자리에 모인 사람들 모두가 알고 있는 사실을 굳이 슬라이드에 작성할 필요는 없다. 따라서 필요 없는 요소는 과감히 제거하도록 하자.

5. **문구 변경**: '운동합시다'는 결론에 가까운 언어다. 오히려 도입부에서는 '운동의 필요성' 등으로 말하는 편이 좋다. 앞서 첫 번째 슬라이드 설명에서도 이야기했듯이 질문형으로 도입부를 꾸미면 청중이 주목하는 효과를 줄 수도 있다. '왜 운동해야 하는가?' 혹은 '20대, 운동이 생활에 필수가 되는 시기' 정도로 문구를 변경해보겠다.

개선한 슬라이드는 다음과 같다.

▲ 단순한 이미지와 키워드만으로도 강력한 메시지 전달이 가능하다.

생각해보면 잘 만든 슬라이드와 그렇지 않은 슬라이드를 구성하는 요소는 크게 다르지 않다. 다만 해당 슬라이드를 얼마나 조화롭게 구성하는지에 따라 잘 만든 슬라이드가 될 수도 있고, 그렇지 않은 슬라이드가 될 수도 있음을 알아두자.

➕ 퍼펙트 슬라이드 클리닉 예시 3 - 어설픈 젠 형식 I

젠 형식은 이미 많은 분야에서 광범위하게 사용하는 슬라이드 유형이다. 제품 발표회, 제작 발표회, 심지어 학교에서 발표할 때도 능력자들의 슬라이드는 감탄을 자아낸다. 문제는 이런 젠 형식의 슬라이드를 남이 만든 사항을 볼 때와 내가 직접 만들 때가 다르다는 점이다. 남이 만든 슬라이드가 수준 낮은 경우는 금방 눈치를 채는데, 자신이 만든 슬라이드는 수준이 낮아도 쉽게 눈치채지 못한다. 이는 마치 문제를 풀다가 안 풀리는 경우 답안지를 보면 당연히 나도 풀 수 있을 듯한데, 막상 답안을 안 보고 해당 문제를 풀어보려면 문제가 잘 안 풀리는 경우와 비슷하다.

젠 형식의 슬라이드도 마찬가지다. 다른 사람들이 만들어 놓은 슬라이드를 보면 단순하고 만드는 일이 그다지 어려워 보이지도 않는다. 그런데 막상 백지 상태에서 직접 만들어보라고 하면 이도 저도 아닌 어설픈 슬라이드가 되곤 한다. 다음 슬라이드를 보자.

▲ 젠 형식의 슬라이드를 표방하기는 했으나 잘 디자인된 슬라이드라고 생각하기 어렵다.

막상 이런 슬라이드를 보면 "잘 못 만들었네"라는 생각이 자연스레 들 것이다(만약 이 슬라이드를 잘 만들었다고 생각한다면 아직 젠 형식의 슬라이드 디자인 기초에 대한 훈련이 부족하다는 증거이니 조금 더 노력이 필요하다).

이 슬라이드는 누가 보더라도 컨설팅 형식은 아니다. 그런데 젠 형식이라고 하기엔 어딘가 어설프다. 어떤 부분이 이상한지 함께 살펴보자.

∶ 슬라이드 분석 ∶

1. **불필요한 요소의 존재**: 젠 형식은 다른 이름으로 '미니멀리즘 슬라이드'라고도 한다. 그런데 이 슬라이드에는 젠 형식에서 없어도 되는 요소가 존재한다. 바로 이미지를 둘러싸는 박스 부분이다. 이런 요소는 젠 형식의 완성도를 오히려 떨어뜨린다. 젠 형식으로 슬라이드를 디자인할 때는 "이 요소가 반드시 필요한가?"라는 질문을 스스로에게 지속적으로 던질 필요가 있다. "완벽하다는 것은 무엇 하나 덧붙일 수 없는 상태가 아니라 더는 뺄 것이 없을 때 이뤄진다."는 생텍쥐페리의 명언을 기억할 필요가 있다.

2. **배경 색상과 이미지 배경 색상의 부조화**: 불필요한 박스를 삭제했음에도 불구하고 여전히 어색함이 느껴지는 이유는 슬라이드 배경 색상과 이미지 배경 색상이 맞지 않기 때문이다. 이미지를 자르거나 늘려 일체감을 줘야 한다. 단, 이 경우 해상도가 낮아져 이미지가 깨지는 현상이 발생하지 않도록 주의하자.

3. **키워드의 어색함**: 젠 형식에 포함되는 키워드는 한 단어, 혹은 짧은 문장 수준에서 멈춰야 한다. 이 슬라이드에서는 문장이 너무 친절했던 나머지 발표자가 앞에서 청중에게 해야 하는 말을 모두 적어 놓았다. 이런 형식의 디자인은 할 말을 모두 적어 놓았다는 이유로 미숙한 발표자를 안심시켜줄 수 있을지도 모르겠으나, 발표장에서 슬라이드만 빤히 바라보며 읽는 발표자가 훌륭한 발표를 하고 있다고 생각하는 사람은 없다. 젠 형식에서 키워드는 단순하고 간결해야 한다.

분석한 문제점을 토대로 슬라이드를 다시 디자인해보자.

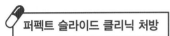

퍼펙트 슬라이드 클리닉 처방

1. **불필요한 요소 제거**: 젠 형식은 최소한의 구성 요소로만 디자인하는 편이 좋다. 따라서 존재할 필요 없는 각종 요소를 제거했다. 회사에서 젠 형식의 슬라이드를 만든다면서 위아래에 회사 로고를 싣고, 해당 부분은 색상을 달리 하고, 페이지 번호를 넣는 등 사족을 붙여 슬라이드 디자인을 망치는 경우를 흔히 볼 수 있다. 과감하게 빼라. 그럴 수 없다면 젠 형식의 슬라이드를 사용하면 안 된다.

2. **배경 색상과 이미지 배경 색상 일치**: 초고해상도(최소 1920×1080 이상의 해상도) 이미지를 구한 다음 이미지 일부분을 잘라 사용하는 슬라이드 비율에 맞춰 꽉 채우는 방법을 권장한다. 가로형의 이미지라면 고해상도 이미지로 화면을 꽉 채워야 슬라이드 배경색과 이미지 배경색의 이질감을 미연에 방지할 수 있기 때문이다.

3. **키워드는 핵심만**: 키워드는 반드시 강조할 부분만 남기고 모두 삭제한다. 나머지 부분은 발표자가 직접 외워서 발표해야 한다. 발표 초보자들이 흔히 하는 실수가 '대본 외우듯' 모든 내용을 똑같이 외워 발표해야 한다는 착각이다. 능수능란한 발표자 중 그런 방식을 택하는 사람은 없다. "이 슬라이드에서는 이런 이야기를 해야지"처럼 슬라이드에서 말하려는 주제까지만 명확하게 기억하면 된다. 그리고 키워드는 발표자가 무슨 이야기를 할지 상기시켜주는 용도면 충분하다.

4. **키워드의 가독성 강화**: 배경 이미지와 키워드 색상 및 명도를 조절해 키워드의 가독성을 강화했다. 또한 글꼴도 변경했다(나눔 명조 사용). 만약 글씨 색상의 변경만으로 가독성이 확보되지 않을 경우, 앞서 언급한 '검은색 투명 사각형' 혹은 '그라데이션 효과를 활용한 투명 사각형'을 활용해보자.

5. **이미지 최적화**: 젠 형식에 활용되는 이미지는 피사체가 왼쪽 혹은 오른쪽으로 몰려 있는 구도가 가장 좋은데, 이는 키워드를 쓸 수 있는 공간을 더 넓게 확보할 수 있기 때문이다. 따라서 왼쪽 배경을 잘라내 오른쪽에 키워드를 적을 수 있는 공간을 확보했다.

▲ 동일한 이미지로 잘 만든 젠 형식 슬라이드를 디자인할 수 있다.

첫 슬라이드에 나온 문구 중 대다수를 삭제했다. 그럼 삭제된 문구는 어떻게 해야 할까? 방법은 간단하다. 발표자가 청중 앞에서 직접 말하면 된다. 발표자가 말할 내용 전부를 슬라이드에 적어 놓지 않는 점 외에는 거의 달라진 점이 없지만, 다르게 생각하면 참 많은 부분이 달라져 있기도 하다. 젠 형식은 단순함이 생명이라는 사실을 꼭 기억해두자.

➕ 퍼펙트 슬라이드 클리닉 예시 4 – 어설픈 젠 형식 II

이번에는 앞에 나온 형태와 다소 다르지만 역시나 어설픈 젠 형식을 바꿔보겠다. 일단
예시 슬라이드를 보자.

▲ 혼자만 잘 만들었다고 착각할 만한 젠 형식 슬라이드

아마도 이 슬라이드를 만든 사람은 자신이 꽤나 괜찮은 슬라이드를 만들었다고 생각
할지도 모르겠다. 나름 보기에 이미지도 깔끔하고, 팀워크(TEAMWORK)라는 단어 길
이에 딱 맞는 이미지를 우연히 구했기 때문이다. 그러나 안타깝게도 그건 만든 사람의
착각이다. 청중들은 이 슬라이드를 보고 가장 먼저 "저 슬라이드에 영어로 뭐라고 써
있는 거야?"라고 생각할 것이기 때문이다. 이 슬라이드는 무엇을 잘못 만들었는지 분
석해보자.

1. **시선의 이동 방향 미준수**: 이 슬라이드에서 가장 큰 문제점은 시선의 이동 방향을 지키지 않았다는 점이다. 슬라이드를 제작한 사람은 TEAMWORK라는 단어를 둥글게 돌려가면서 쓰면 사람들이 쉽게 읽을 수 있다고 생각하겠지만, 실제는 그렇지 않다. 원형 도형을 사용하면 시선의 이동 방향을 지키기가 어렵다. 실제로 T부터 읽기 시작해야 하는지, E부터 읽어야 하는지 정해진 바가 없기 때문이다. 운 좋게 T부터 읽기 시작했다면 다행이지만 E부터 읽기 시작한 사람은 EAMWORKT라고 읽은 다음 이게 무슨 단어인지 의아해하며 집중력을 잃게 된다. 설령 T부터 읽었다 하더라도 TEAMWORK라는 단어를 읽기 위해 더듬더듬 슬라이드를 읽어 내려가야 하는 일이 바람직하지는 않다.

2. **일러스트의 사용**: 일러스트는 컨설팅 형식에 주로 활용한다. 다양한 차트와 많은 텍스트를 사용하는 컨설팅 형식은 고해상도의 실사 이미지 대신 단순화한 일러스트를 사용하는 편이 슬라이드 복잡도를 낮춰주지만, 젠 형식은 그렇지 않다. 일러스트나 클립 아트 등을 사용하면 이미지 자체가 가진 메시지가 없기 때문에 젠 형식에서는 언제나 실사 이미지를 사용하는 편이 좋다.

그럼 이 슬라이드를 바꾸면 어떻게 될까? 다시 디자인해보자.

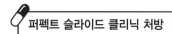

퍼펙트 슬라이드 클리닉 처방

1. **시선의 이동 방향을 준수하는 키워드**: 이 슬라이드에서 말하려는 바는 '팀워크의 중요성'이다. 시선의 이동 방향은 왼쪽 → 오른쪽, 위 → 아래 방향이므로 이 방향을 그대로 유지하며 키워드를 삽입한다. 시선의 이동 방향은 우리가 책을 읽는 방향과 똑같다. 평소 익숙한 방향대로 키워드를 배치하면 되므로 아주 간단하다.

2. **실사 이미지 삽입**: 앞서 설명했듯이 일러스트나 클립 아트 등은 젠 형식의 슬라이드에 사용하기 적합하지 않다. 따라서 팀워크와 관련된 실사 이미지를 사용하는 편이 좋다.

3. **환경에 맞춘(Customized) 슬라이드 디자인**: 발표를 진행하면서 고수가 되기 위해서는 스토리텔링을 잘 해야 한다는 사실을 머리로는 알고 있을 것이다. 그렇다면 이 슬라이드에서 어떻게 하면 스토리텔링을 더 잘 할 수 있을까? 바로 이 슬라이드가 사용되는 환경을 생각하면 된다. 의료진끼리의 팀워크가 될 수도 있고, 협력회사 간 팀워크가 될 수도 있다. 또 조별 과제에서의 팀워크가 될 수도 있다. '아무데나 다 쓰는' 슬라이드보다 '이 현장과 이 환경에 맞춘듯한' 슬라이드가 좀 더 매끄러운 스토리텔링을 하는 데 도움이 된다.

4. **한글과 영문**: TEAMWORK가 어려운 영어 단어는 아니다. 하지만 반드시 영문을 쓸 필요가 없는 상황이라면 모든 청중에게 더 익숙한 언어로 슬라이드를 디자인하는 편이 좋다. 무조건 한글을 써야 한다는 의미는 아니다. 하지만 모두가 익숙한 언어를 사용하는 일은 분명 의미가 있다. 청중 가운데 한 명이라도 이해하지 못한다면 해당 발표는 그만큼 청중 주목도가 떨어진 발표가 되기 때문이다.

5. **키워드 강조**: 이번 이미지는 전체 화면을 가득 채워서 키워드를 삽입할 만한 공간이 보이지 않는다. 이럴 경우 가장 빈번하게 사용할 수 있는 방법이 '투명도 있는 검은 사각형'을 이미지 위에 덧대는 일이다(다음 페이지의 예시 슬라이드는 투명도 30%의 검은 사각형을 이미지 위에 덧댔다).

처방을 토대로 수정한 슬라이드는 다음과 같다.

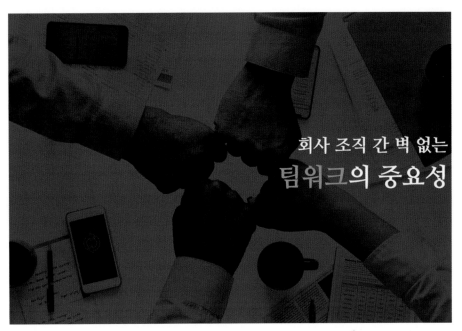

회사 조직 간 벽 없는
팀워크의 중요성

▲ 깔끔한 실사 이미지와 시선의 이동 방향을 지키는 키워드 처리, 스토리텔링을 강화한 젠 형식 슬라이드. 나눔 명조체를 활용했다.

어떤가? 직전 슬라이드보다 더 직관적인 젠 형식 슬라이드를 디자인했다. 간혹 독자들 중에서 "이미지를 완전히 보여주고 싶은데 검은 사각형이 가리니까 아쉽다."는 말을 할 때가 있다. 이 경우도 간단한 해결책이 있다. 애니메이션 효과로 키워드와 검은 투명 사각형을 뒤늦게 나타나게 만들거나 슬라이드 수의 제한이 없는 발표의 경우 이 슬라이드 앞의 슬라이드에는 이미지만 삽입하고, 그 다음 장에 이 슬라이드가 오도록 배치하면 간단히 해결된다.

추가로 팀워크라는 말에 어울리는 슬라이드는 단지 사람들이 주먹을 맞대고 있거나, 손을 잡고 있거나 어깨를 감싸는 슬라이드만 있는 게 아니다. 조금 더 생각을 확장하면 다음과 같은 이미지도 팀워크를 나타내는 훌륭한 이미지가 된다. '어떤 형질을 가진 구체적 명사를 떠올리는 방법'인데, 이를 '역발상 이미지 검색법'이라고 한다. 왼쪽 이미지는 '봅슬레이'로 검색을, 오른쪽 이미지는 '톱니바퀴'로 검색했을 때 찾을 수 있는 이미지이므로 참고하자.

▲ 주제와 관련 있는 동시에 참신한 이미지를 사용하면 청중 주목도를 높일 수 있다.

➕ 퍼펙트 슬라이드 클리닉 예시 5 - 어설픈 젠 형식 III

젠 형식은 자기소개를 할 때도 자주 사용된다. 밋밋한 소개가 아닌 독특하고 재미있는 소개는 당신을 청중에게 각인시키기도 한다. 종종 자신이 걸어온 경력이나 커리어 등에 대해 소개할 때도 있는데, 이때는 반드시 정해진 양식이 있는 건 아니다. 하지만 이 정도 수준의 슬라이드는 얼마든지 더 나은 슬라이드로 바꿀 수 있다. 다음 슬라이드를 보자.

▲ 젠 형식이라 하기에는 이미지와 글이 너무 많다.

자기소개에 젠 형식을 활용하면 좋다는 것은 알고 있는데, 이 형식을 제대로 활용하지 못하는 게 문제다. 어떤 문제점이 있는지 분석해보겠다.

∷ 슬라이드 분석 ∷

1. **명확하지 않은 단계 구분**: 현재 이 사람은 자신의 커리어를 4단계로 설명하고 있는데, 집중해서 설명을 듣지 않으면 현재 어느 단계를 설명하는지 알기 어렵다. 종종 '좋은 슬라이드'의 조건에 대해 설명하며 비유하는 말이 있다. '청중이 잠시 집중력을 잃었다가 되돌아 오더라도 현재 발표자가 어느 부분에 대해 설명하고 있는지 명확하게 알 수 있는 디자인이 좋은 디자인'이라고 설명한다. 청중이 내 발표에 온전히 집중해 줄 것이라는 착각은 버리는 편이 좋다. 오히려 관심이 없는 사람이 대충 훑어본다고 하더라도 이해가 될 수 있게끔 디자인을 설계해야 한다.

2. **이미지 활용 부분**: 자기소개를 하면서 꼭 자신이 직접 등장하는 사진을 써야 한다는 강박을 생각보다 많은 사람이 갖고 있다. 대다수의 경우 본인이 등장하는 사진은 전문 사진 작업을 한 경우가 아니므로 배경 색상이 일정하기 어렵다. 화면에 자신의 사진을 가득 채울 수 있는 구도라면 모를까, 그렇지 않다면 꼭 자신의 사진을 사용하지 않아도 된다. 원본 슬라이드에 등장하는 것처럼 자기 사진을 사용하려고 하니 슬라이드 배경 화면과 이미지의 배경 화면이 잘 어울리지 않는 문제가 발생한다.

3. **슬라이드의 가독성**: 젠 형식의 슬라이드를 만들고 싶어했는데, 너무 많은 내용을 한 장으로 만들려다 보니 글과 사진이 너무 많이 들어갔다. 다시 이야기하지만 젠 형식의 슬라이드는 한 문장 이내의 짧은 문장, 혹은 한두 단어 수준으로 키워드를 작성해야 한다. 다른 부분은 발표자가 구두로 말하는 방식을 활용해야 한다는 점을 재차 강조한다.

그럼 이 슬라이드를 어떻게 바꾸면 좋을까?

퍼펙트 슬라이드 클리닉 처방

1. **외부 이미지 활용**: 당신의 학창 시절을 꼭 당신이 실제 공부하던 모습으로 디자인할 필요는 없다. 이미지 구매 사이트에서 얼마든지 멋진 이미지를 구할 수 있으니 잘 만들어진 상업용 이미지를 활용하자. 여러분의 외모가 부족하다는 뜻이 아니다. 다만 슬라이드 디자인 용도를 염두에 두고 제작된 사진과 일상을 담은 여러분의 사진은 그 차이가 분명히 존재한다. 일상 생활에서 찍은 사진은 이전 슬라이드에서 확인할 수 있듯이 크기도 서로 다르고, 해상도 문제도 발생할 수 있다. 반면 슬라이드 디자인을 염두에 두고 제작된 이미지는 해상도와 이미지 사이즈가 일정한 경우가 많아 더 손쉽게 활용할 수 있음을 알아두자.

2. **폴더링(Foldering) 기법 활용**: 한 슬라이드에 너무 많은 이야기를 담으려면 슬라이드가 복잡해지기 마련이다. 이럴 때 폴더링 기법을 활용하면 좋다. 즉 원본 슬라이드에서 보면 학창 시절, 컨설팅, 광고회사, 작가 네 가지 이야기의 타이틀 정도만 노출하고, 자세한 슬라이드를 주제별로 한 장씩 만드는 것이다. 이렇게 자세한 이야기를 할 때 여러분 본인이 나온 사진을 활용하는 방안도 좋다. 여러 장의 이미지를 사용하게 되면 배경과 슬라이드 배경의 이질감이 문제가 되지만, 한 장의 사진 혹은 화면을 꽉 채우는 식으로 활용하면 본인의 사진도 젠 형식으로 활용할 수 있다(사진을 가득 채우고 투명도가 있는 검은 사각형 위에 키워드를 배치하면 된다).

3. **현재 발표 위치의 명확한 지정**: 원본 슬라이드를 보면 너무 많은 텍스트와 이미지가 동시에 등장하기 때문에 청중이 혼란스러울 수 있다. 따라서 발표자가 어떤 주제를 이야기하는지 명확히 표시해주는 것이 좋다. 원본 슬라이드를 그대로 활용한다면 커리어 단계별로 애니메이션 효과를 활용해 단계적으로 노출(예: 학창 시절 이야기가 모두 끝나면 컨설턴트 이야기와 관련된 내용을 애니메이션 효과를 통해 노출)할 수 있다. 이를 '슬라이드 분할 기법'이라고 한다. 많은 글과 이미지를 불가피하게 담아야 할 경우 슬라이드 분할 기법과 폴더링 기법을 적절하게 활용하면 1장으로 만들어진 슬라이드를 여러 장으로 분산시킬 수 있다. 여러분이 만든 슬라이드를 다시 돌아보자. 반드시 한 장으로 만들어야만 하는 슬라이드가 아니었을 가능성이 높다.

클리닉 처방을 토대로 작성한 슬라이드는 다음과 같다. 원래 1장으로 만들어야 하는 슬라이드를 가장 앞 부분에서 제목만 노출하고, 각각 한 장씩 슬라이드를 만들어 1장의 슬라이드를 총 5장으로 만들 수 있다. 즉 주제를 포괄하는 슬라이드(흔히 이런 슬라이드를 뚜껑 슬라이드라고 표현한다)를 만들고 세부 주제별로 자세하게 설명하는 방식이다. 이 형태는 젠 형식뿐만 아니라 컨설팅 형식의 슬라이드에서도 자주 활용되니 꼭 익혀 두자.

▲ 커리어 히스토리 중 '작가'에 대해 설명하는 슬라이드. 누가 보더라도 작가와 관련된 이야기를 하려는 사실을 눈치챌 수 있게 디자인했다.

▲ 4장의 커리어 소개 중 작가와 관련된 이야기를 별도로 구성해 1장의 슬라이드로 재구성

앞에서 말했듯이 슬라이드 한 장으로 모든 이야기를 다 할 필요는 없다. 다음과 같은 슬라이드를 통해 현재 어느 부분을 말하는지 명확히 설명하고, 세부 내용은 다른 슬라이드로 작성해도 된다. 젠 형식의 슬라이드는 가능한 한 미니멀리즘을 추구해야 한다. 이 슬라이드는 발표 시 애니메이션 효과를 활용하며, 이미지와 콘텐츠를 단계적으로 노출함으로써 청중 주목도를 유지한다. 숲을 이야기하는 순간에 나무별로 몇 장의 잎이 있는지 여부를 설명할 필요는 없다. 정말로 잎이 몇 장 있는지 설명할 필요가 있다면 숲의 전경을 다 보여준 이후에 해도 충분하다.

⊕ 퍼펙트 슬라이드 클리닉 예시 6 - 글씨 크기의 문제점

슬라이드를 디자인함에 있어 가장 중요한 일은 청중 주목도 유지다. 특히 가독성 확보
는 청중 주목도 유지의 핵심이다. 글과 개체가 많은 컨설팅 형식의 슬라이드를 디자인
할 때도 가장 작은 글씨가 12포인트보다 작아지면 안 된다고 강조하는 이유가 여기에
있다.

다음 슬라이드는 너무 많은 내용을 한 장의 슬라이드에 담아낸 나머지 청중 주목도가
유지되기 어렵다. 이 슬라이드를 더 자세히 분석해보자.

▲ 글이 너무 많은 슬라이드는 청중 주목도를 유지하기 어렵다.

∷ 슬라이드 분석 ∷

1. **글씨 크기**: 이 슬라이드에서 사용된 글씨 중 가장 작은 글씨의 크기는 8포인트다. 나는 슬라이드 구성 요소 중에서 가장 작은 글씨 크기가 12포인트 이상이 돼야 한다고 강조한다. 슬라이드를 출력해서 문서로 보는 상황만을 생각해서는 안 되기 때문이다. 슬라이드는 발표장에서 가장 뒤에 앉아있는, 시력이 좋지 않은 사람도 잘 볼 수 있도록 디자인해야 한다. 단순하게 글씨가 작은 점만 문제가 된다고 볼 수 없다. 제목으로 사용하는 '문화콘텐츠'의 글씨 크기는 무려 36포인트다. '문화콘텐츠'라는 제목이 중요하다고 하더라도 이렇게까지 크게 디자인할 필요는 없다. 슬라이드의 제목은 헤드 메시지와 같은 크기로 디자인하거나 그보다 1~2포인트 정도만 더 크면 충분하다.

   부연 설명하자면 항목별 제목과 '배경 및 의도'는 동일한 수준의 중요도를 가진다. 흔히 이를 '레벨(Level)이 같다'고 표현한다. 그렇다면 '배경 및 의도'와 제목은 동일한 글씨 크기로 디자인해야 한다. 심지어 Music, Play, Film에 등장하는 제목과 Exhibition에 등장하는 제목 크기도 다르다. **동일한 레벨은 동일한 글씨 크기를 유지해야 한다.**

2. **1장에 담기에는 너무 많은 내용**: 직전 예시를 본 독자라면 당연히 짐작할 만한 내용이다. 4장의 슬라이드에 담아야 할 수준의 내용이 1장에 담겨 있다. 당연히 음악, 연극, 영화, 전시는 각각의 슬라이드로 담아야 한다. 가끔 슬라이드 수에 제한이 있는 경우가 있다. 설령 슬라이드 내용이 앞 페이지의 예시처럼 많아졌다고 하더라도 이대로 슬라이드를 활용하면 안 된다. 내용을 줄이는 한이 있더라도 가독성을 확보해야 한다.

3. **스토리텔링 흐름 전개**: 슬라이드를 보면 '배경 및 의도'가 뒤에 나온다. 일반적으로 상황 설명이 앞에 나오고, 그 뒤에 실제 실행할 일(Action Item)이 나오는 흐름이 일반적이다. 만약 배경 및 의도에 나온 내용이 배경 설명이라면 앞으로 나와야 한다. 그런데 자세히 잘 읽어보자. 배경 및 의도라고 하기에는 다소 어색한 내용이 담겨있다. 그렇다면 배경 및 의도는 다른 단어로 바꿔야 한다.

4. **단어의 포괄성**: 이는 단순한 슬라이드 디자인이라기보다는 컨설턴트의 문서 작성 스킬에 가까운 이야기지만 알아두면 좋다. 왼쪽에 Music, Play, Film, Exhibition이라는 4개의 핵심 단어가 있다. 그런데 Play를 제외한 다른 단어는 모두 명사인데 유독 Play만 동사형이다. 원 슬라이드 제작자 역시 어색함을 느꼈는지 뒤에 점을 붙였다. 동등한 수준의 이야기

를 하려면 같은 품사를 사용하는 편이 좋다. 즉 Play를 Playing으로 바꾸든가, 그렇지 않다면 나머지 소주제를 포괄할 수 있는 새 단어를 생각해야 한다. 비록 Play라는 단어에 연극이라는 의미도 내포돼 있으나, 대다수 사람들이 알고 있는 Play는 동사이므로 청중의 혼란을 덜어주기 위해서라도 이 단어는 다른 단어로 대체하는 편이 좋다.

5. **약어 활용법**: 슬라이드를 보면 몇몇 약어가 등장한다. 컨설팅 형식의 슬라이드일 경우, 슬라이드를 옆에서 추가 설명하지 않더라도 명확한 이해가 가능하도록 해야 한다. 다시 말해 슬라이드를 작성한 사람은 약어가 어떤 의미인지 알 수 있을지 모르나, 청중은 해당 슬라이드를 처음 보는 사람이다. 약어가 최초로 등장할 경우 반드시 해당되는 약어를 풀어 써주고, 그 의미까지 적어줘야 문서 자체만으로 완결성을 지니게 된다.

6. **영어 단어**: 꼭 영어 단어를 사용하지 않아도 되는데 영어 단어를 사용하는 경우가 종종 있다. 이 슬라이드에서 자주 활용된 단어는 바로 Positioning이다. 만약 이 말을 대체할 한국어 단어가 존재하지 않는다면 '포지셔닝'이라고 써도 충분하다. 또한 어느 부분에서는 퍼포먼스라고 한글을 활용하고, 본문 중에서는 Performance라는 영어를 활용했는데, 같은 단어라면 같은 언어로 표현하는 편이 좋다. 그리고 해당 단어는 되도록 참석한 청중 대다수가 이해하기 쉬운 모국어로 작성하는 편이 바람직하다.

이제 이 슬라이드를 가독성이 높고 청중 주목도가 유지되는 슬라이드로 탈바꿈시킬 시간이다. 이 슬라이드는 젠 형식으로도 컨설팅 형식으로도 바꿀 수 있다. 제시된 4가지 주제 중, 연극과 관련된 주제를 1장의 슬라이드로 변환해보자.

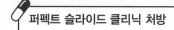

퍼펙트 슬라이드 클리닉 처방

1. **폴더링 기법 활용**: 4가지 주제를 한 장의 슬라이드에 담을 필요는 없다. 특히 내용이 너무 많아 글씨 크기를 줄여야 하는 수준이라면 슬라이드 수를 늘려야 한다. 이때 폴더링 기법을 유용하게 활용할 수 있다.

2. **약어 설명**: 기존 슬라이드에서 설명하지 않은 약어가 무슨 의미인지 설명해 청중의 이해도를 높여야 한다. 모두 업계 사람이므로 알지도 모른다는 막연한 기대는 버리자. 만약 해당 약어가 무엇의 약자인지 모르는 사람이 1명이라도 발표장에 존재한다면 청중 주목도는 그만큼 낮아지는 것이다. 약어 설명은 보통 문서의 왼쪽 하단에 작은 글씨로 설명하면 된다. 약어 설명, 주석 및 자료 출처를 표시하는 영역의 경우 글씨 크기를 10포인트로 활용해도 무방하다.

3. **영어 단어의 한글화**: 한글로 모든 단어를 바꾸라고 강요하는 것이 아니다. 한글로 변환했을 때 이해가 더 쉬울 만한 단어는 한글로 바꾸되, 영어로 읽기보다 한글 발음으로 읽기 쉬운 단어는 한글로 음을 풀어 쓰는 편을 권장한다.

4. **용어의 교체**: 다른 단어와 동급이 되도록 단어를 바꾸고, 원하는 의도에 맞게끔 단어를 사용한다. 사실 배경 및 의도는 기대효과로 바꿔야 하고, Play로 다른 단어와 격이 맞지 않던 단어는 Performance(퍼포먼스)로 바꾸는 편이 좋다. 제목에 상징성을 주기 위해 제목 단어는 영어 그대로 활용하도록 한다.

클리닉 과정을 거쳐 새로 바꾼 슬라이드는 다음과 같다.

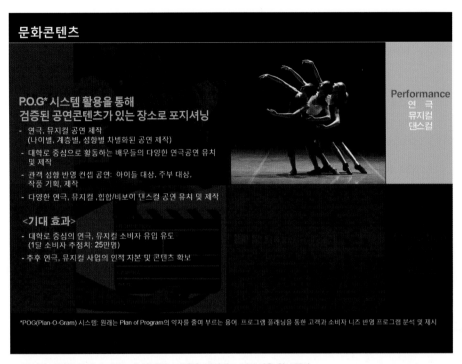

문화콘텐츠

P.O.G* 시스템 활용을 통해
검증된 공연콘텐츠가 있는 장소로 포지셔닝

- 연극, 뮤지컬 공연 제작
  (나이별, 계층별, 성향별 차별화된 공연 제작)
- 대학로 중심으로 활동하는 배우들의 다양한 연극공연 유치
  및 제작
- 관객 성향 반영 컨셉 공연: 아이들 대상, 주부 대상,
  작품 기획, 제작
- 다양한 연극, 뮤지컬, 힙합/비보이 댄스컬 공연 유치 및 제작

<기대 효과>

- 대학로 중심의 연극, 뮤지컬 소비자 유입 유도
  (1달 소비자 추정치: 25만명)
- 추후 연극, 뮤지컬 사업의 인적 자본 및 콘텐츠 확보

Performance
연 극
뮤지컬
댄스컬

*POG(Plan-O-Gram) 시스템: 원래는 Plan of Program의 약자를 줄여 부르는 용어. 프로그램 플래닝을 통한 고객과 소비자 니즈 반영 프로그램 분석 및 제시

▲ 폴더링 기법을 통해 슬라이드에 등장하는 내용을 덜어내고 가독성을 확보했다.

기존 정보의 양을 그대로 유지하기 때문에 여전히 한 장에 담긴 정보량은 많은 편이다. 하지만 사업 계획서 같은 내용을 갖기 때문에 무작정 모든 내용을 뺄 수는 없다. 만약 이 슬라이드를 완전한 컨설팅 형식으로 바꾼다면 어떨까? 자료 조사가 더 필요하고, 한 달 연극 뮤지컬 소비자 추이를 그래프로 볼 수도 있다는 사실을 짐작할 수 있다. 추가로 첫 번째 메시지와 기대효과를 합쳐 헤드 메시지를 작성할 거라는 사실까지 짐작할 수 있는 독자라면 이미 상당한 수준의 슬라이드 디자인 실력을 갖췄다고 생각해도 좋다.

➕ 퍼펙트 슬라이드 클리닉 예시 7 – 원칙 없는 시중 템플릿 활용 I

시중에서 판매하고 있거나 무료로 배포하는 템플릿은 사용하지 않는 편이 좋다. 슬라이드를 디자인하는 초보 단계에서는 그런 템플릿이라도 있어야 제법 내용을 채운 기분이 들겠지만, 슬라이드 디자인 실력이 발전한 다음 과거 만들었던 슬라이드를 보면 한숨이 절로 나올 수도 있다. 다음 예시를 보자.

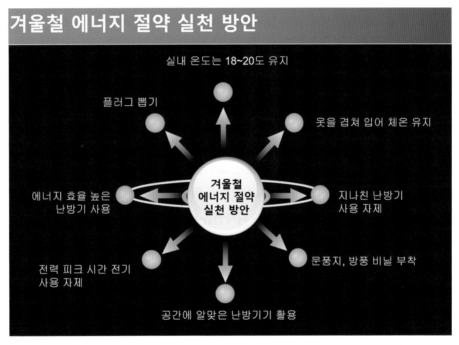

▲ 시중에서 배포하는 템플릿을 그대로 활용한 슬라이드. 초보가 만든 슬라이드라는 사실을 쉽게 알 수 있다.

누가 봐도 철학 없이 만든 슬라이드라는 사실을 알 수 있다. 이 슬라이드의 문제점을 분석해보자.

1 실내온도 18-20도 유지	2 플러그 뽑기	3 옷을 겹쳐 입어 체온 유지
4 에너지 효율 높은 난방기 사용	겨울철 에너지 절약 방안	5 지나친 난방기 사용 자제
6 전력 피크 시간 전기 사용 자제	7 방풍 비닐 부착	8 공간에 알맞은 난방기기 활용

- 겨울철 건강 온도:18-20도
- 실내 온도를 1도 낮추면 난방비 7% 감소 효과
- 건강과 에너지 소비 절감을 위해 적정 온도 유지 권장

1 실내온도 18-20도 유지	2 플러그 뽑기	3 옷을 겹쳐 입어 체온 유지
4 에너지 효율 높은 난방기 사용	겨울철 에너지 절약 방안	5 지나친 난방기 사용 자제
6 전력 피크 시간 전기 사용 자제	7 방풍 비닐 부착	8 공간에 알맞은 난방기기 활용

- 공간에 비해 난방력이 낮거나, 지나치게 높을 경우 효율 저하 발생
- 큰 전열기 1대보다 작은 전열기로 필요한 부분만 난방이 더 유리함
- 전력 소모 기준 3.3m² 당 20kwh/월 수준이 적절

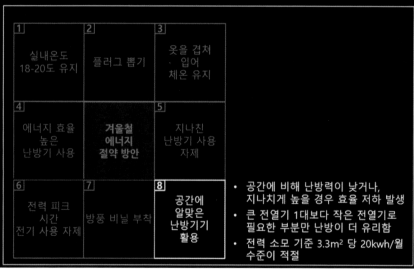

➕ 퍼펙트 슬라이드 클리닉 예시 8 –
원칙 없는 시중 템플릿 활용 II

이번에는 또 다른 외부 템플릿 활용 사례에 대해서 알아보자. 바로 슬라이드를 보자.

지금까지 등장했던 슬라이드 중에서는 그나마 심각한 수준은 아닌 슬라이드다. 하지만 분명 개선의 여지가 있는 슬라이드다. 함께 분석해보자.

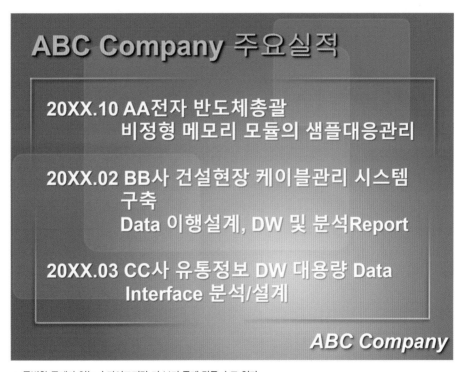

▲ 특별한 문제가 없는 슬라이드지만 더 보기 좋게 만들 수도 있다.

⠿ 슬라이드 분석 ⠿

1. **분할돼 있지 않은 슬라이드**: 이 슬라이드는 구획이 나눠져 있는 듯 보이지만, 사실상 줄글과 크게 다를 바 없는 구조를 갖고 있다. 컨설팅 형식의 슬라이드가 많은 양의 정보를 담고 있음에도 불구하고 '나쁜 슬라이드'로 불리지 않는 이유가 여기에 있다. 앞서 '1 페이지, 1 메시지'라는 말을 했는데, 컨설팅 형식의 슬라이드는 페이지를 구조화해 청중이 집중해야 하는 정보량을 페이지 내부의 일부분으로 제한한다. 즉 '1 순간(Moment), 1 메시지'가 성립하도록 만들기 때문에 혼란을 최소화한 상태에서 발표가 가능해진다.

2. **강조할 부분 표시**: 좋은 슬라이드는 청중이 생각하지 않아도 될 부분까지 미리 설명해 놓는 슬라이드다. 이 슬라이드만으로는 이 회사가 특정 산업군에 특화된 솔루션을 제공하는 업체인지, 단기간에 많은 프로젝트를 성공적으로 수행한 회사인지, 누가 듣더라도 알 만한 회사와 협업했는지 알 수가 없다. 내가 이 슬라이드를 통해서 무슨 말을 하고 싶은지 확실히 결정해야 한다.

3. **글꼴**: '주요 실적' 부분이 굴림체로 작성돼 있다. 굴림체를 사용한 것도 문제지만, 누군가의 인터뷰가 실리는 게 아닌 이상 글꼴은 한글과 영문 각각 1종류로 활용하는 편이 가독성을 확보하고 슬라이드를 복잡하게 만들지 않을 수 있어서 좋다.

이제 이 슬라이드를 바꿔보자. 이 슬라이드는 컨설팅 형식의 슬라이드로 변환해보 겠다.

퍼펙트 슬라이드 클리닉 처방

1. **슬라이드 분할**: 원 슬라이드에는 프로젝트 수행 날짜, 프로젝트 내용, 그리고 고객사가 공통 요소로 존재한다. 따라서 이 내용을 기반으로 슬라이드를 분할해 구성했다. 각 프로젝트와 프로젝트 사이에는 그리고(and) 접속사가 존재하므로 매직 템플릿 가이드에 따라 가로형 병렬 구조 슬라이드 모양을 구성하면 된다.

2. **강조 부분**: 강조 부분은 실제 사례에 따라 달라질 수 있다. 다만 내가 주장하는 부분이 헤드 메시지에 실려야 함은 변함이 없다. 이 회사에서 강조하고 싶은 부분은 '단기간 다양한 회사와 프로젝트를 수행했다'는 부분이다. 만약 고객사가 누구나 알 만한 대형 고객사라면 해당 고객사의 로고를 삽입하는 것 역시 방법이다. 이는 상황에 따라 유연하게 대처하면 된다.

3. **글꼴 통일**: 한글 글꼴은 맑은 고딕으로, 영문 글꼴은 Arial로 통일했다. 글꼴은 인터뷰 노트를 수록하는 등의 특수한 경우가 아니라면 언어당 하나의 글꼴 사용을 권장한다.

ABC Company 주요 실적

ABC Company는 단기간 국내외 유수 기업 및 정부 기관과의 프로젝트를 성공적으로 수행한 경험을 보유하고 있음

Project	Client	Date
AA 전자 반도체 총괄 비정형 메모리 모듈의 샘플 대응 관리	AA전자	20XX. 10
BB사 건설현장 케이블 관리 시스템 구축, Data 이행 설계, DW 및 분석 리포트 제공	BB사	20XX. 02
CC사 유통정보 DW 대용량 Data Interface 분석/설계	CC사	20XX. 03

자료 출처: ABC Company 내부 프로젝트 수행 자료

ABC Company

▲ 강조하려는 내용을 헤드 메시지로 넣고, 매직 템플릿 가이드를 통해 슬라이드의 구조를 설정했다.

컨설팅 형식의 슬라이드는 시간이 없을 경우 헤드 메시지만 읽고 지나가더라도 모든 흐름이 이해되도록 작성한다. 그렇기 때문에 헤드 메시지에 해당 페이지 전체를 포괄하는 주장을 담거나 가장 강조할 부분을 작성하는 것이다.

➕ 퍼펙트 슬라이드 클리닉 예시 9 - 어설픈 컨설팅 형식 I

어설픈 젠 형식과 마찬가지로 컨설팅 형식을 표방하고는 있는데, 무언가 어설프게 보이는 슬라이드가 있다. 대체로 이런 슬라이드는 구색만 컨설팅 형식의 슬라이드를 갖추고 있을 뿐, 실제로 분석해보면 개선 여지가 많다. 다음 예시를 통해 개선 방안을 함께 알아보자.

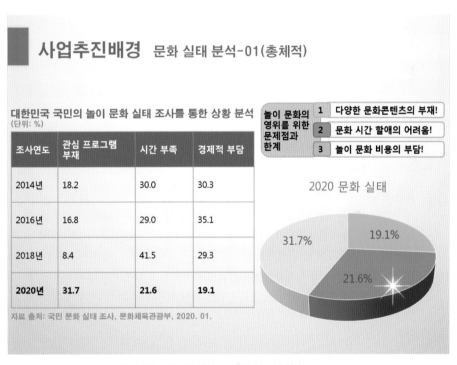

▲ 얼핏 보면 그럴듯해 보이지만 자세히 보면 무얼 말하고 싶은지 알 수가 없다.

이 슬라이드는 우리가 실무에서 많이 쓰는 슬라이드와 흡사하다. 표와 그래프도 있고 다양한 자료를 조사해서 정리한 슬라이드로 보인다. 그러나 실체를 하나씩 따져보면 이 슬라이드를 통해 무얼 말하고 있는지 알 수가 없다. 본격적으로 슬라이드를 분석해보자.

⋮ 슬라이드 분석 ⋮

1. **메시지 부재**: 이 슬라이드를 누구도 설명해주지 않을 경우, 아마 이 슬라이드에 있는 표와 차트를 해석하는 데 오랜 시간이 걸린다. 관심 프로그램이 없는 게 문제인지, 경제적 부담이 문제인지 알 수가 없다. 경제적 부담이 문제라고 하기엔 2020년도에 그 비중이 줄어들었고, 관심 프로그램이 없는 게 문제라고 하기에는 2020년을 제외하고 해당 항목이 늘 가장 낮은 비중이었다. 앞서 '그래프의 주관화'를 이야기했듯이 이런 상태에서는 이 도표와 차트로 무얼 말하고 싶은지 알 수 없다. 잘 디자인한 슬라이드라면 발표자가 별도로 설명하지 않아도 손쉽게 이해돼야 한다. 청중에게 도표를 해석하도록 숙제를 내주는 듯한 슬라이드를 만들어서는 안 된다.

2. **그래프의 주관화 필요성**: 차트를 보면 가장 높은 순위를 나타내는 항목은 '다양한 문화콘텐츠의 부재'다. 그런데 반짝이는 효과는 '문화 시간 할애의 어려움' 항목에 표시돼 있어 왜 저런 표시가 붙어 있는지 오히려 혼란만 준다. 이런 식의 차트는 무엇이 중요한지 알 수 없게 하고, 청중에게 또 다시 혼란만 일으킨다.

3. **용어 불일치**: 왼쪽 표를 보면 '관심 프로그램 부재', '시간 부족', '경제적 부담'이라고 적혀 있는 반면, 오른쪽 순위표를 보면 이 말이 없고 '다양한 문화콘텐츠의 부재', '문화 시간 할애의 어려움', '놀이 문화 비용의 부담'이라는 말이 존재한다. 슬라이드를 자세히 뜯어보면 결국 '관심 프로그램 부재 = 다양한 문화콘텐츠의 부재', '시간 부족 = 문화 시간 할애의 어려움', '경제적 부담 = 놀이 문화 비용의 부담'이다. 논문을 쓸 때 자주 받는 피드백 중 **"A를 A라고 썼으면 몇 번을 반복해도 A라고 써라. A'나 A"라고 쓰면 혼선이 온다."** 는 표현이 있다. 이 슬라이드의 해석이 어려운 이유는 동일한 바를 지칭하는 용어가 불일치하는 데 있다.

이 슬라이드에서 말하려는 바는 무엇일까? 이번에는 처방 내용을 먼저 알려주기 전, 바뀐 슬라이드를 먼저 보는 편이 이해가 빠르므로 슬라이드를 먼저 보겠다.

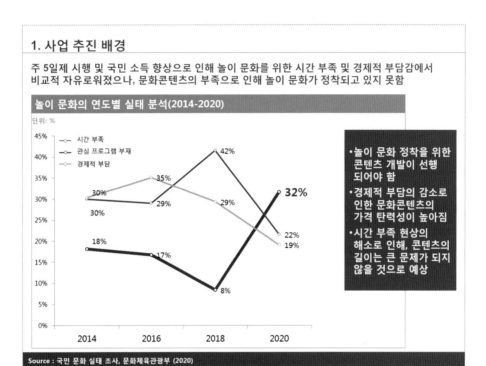

1. 사업 추진 배경

주 5일제 시행 및 국민 소득 향상으로 인해 놀이 문화를 위한 시간 부족 및 경제적 부담감에서 비교적 자유로워졌으나, 문화콘텐츠의 부족으로 인해 놀이 문화가 정착되고 있지 못함

놀이 문화의 연도별 실태 분석(2014-2020)

단위: %

- 시간 부족
- 관심 프로그램 부재
- 경제적 부담

- •놀이 문화 정착을 위한 콘텐츠 개발이 선행 되어야 함
- •경제적 부담의 감소로 인한 문화콘텐츠의 가격 탄력성이 높아짐
- •시간 부족 현상의 해소로 인해, 콘텐츠의 길이는 큰 문제가 되지 않을 것으로 예상

Source : 국민 문화 실태 조사, 문화체육관광부 (2020)

▲ 동일한 내용을 토대로 명확한 메시지를 담아낸 컨설팅 형식 슬라이드로 탈바꿈했다.

동일한 자료로 만든 슬라이드임에도 불구하고 이번에는 원본 슬라이드처럼 해석이 어렵지 않다. 이유를 알아보자.

퍼펙트 슬라이드 클리닉 처방

1. **헤드 메시지 삽입**: 이전 슬라이드는 페이지를 포괄하는 헤드 메시지가 삽입돼 있지 않았다. 따라서 청중이 직접 슬라이드를 해석하는 데 시간을 할애해야 했으나, 이번 슬라이드는 발표자가 주장하는 바를 명확하게 두 줄 이내로 작성했기 때문에 청중의 부담이 줄어든다.

2. **용어 일치**: 동일한 내용임에도 용어를 다르게 써서 헷갈리던 부분을 일체화해 청중의 혼란을 방지했다.

3. **도표와 차트 중복 제거**: 원 슬라이드에서 도표와 차트는 같은 내용을 이야기하고 있다. 원형 차트는 2020년의 현황만을 단편적으로 보여주기 때문에 불필요하다. 또한 다양한 요소의 추세를 살펴보기 위해 가장 적합한 형태는 도표가 아니라 꺾은선 차트이므로 꺾은선 차트를 활용했다.

4. **그래프의 주관화**: 헤드 메시지에서도 문화콘텐츠가 부족한 일이 가장 큰 문제라고 이미 주장했으나 이를 차트에서도 강조해, 청중에게 발표자가 말하려는 바를 명확하게 알 수 있도록 했다. 붉은 선은 '위기 의식'이나 '경고'에 주로 활용되는 색상이며, 다른 선 대비 굵게 표시해서 이 차트 중 가장 중요한 항목임을 청중에게 알리고 있다.

5. **추가적인 설명 게시**: 슬라이드 오른쪽에는 3가지 항목에 대한 추가 설명이 포함돼 있다. 이를 통해 문화콘텐츠 프로그램의 부재가 가장 시급한 문제라 설명하고 있다.

동일한 자료를 갖고도 누군가는 청중을 행동하게 만드는 슬라이드를 디자인할 수 있고, 누군가는 그렇지 못하는 경우가 생긴다. 두 슬라이드에 사용된 자료는 완전히 동일했으나 전달력 측면에서는 큰 차이를 보임을 알 수 있다. 슬라이드 디자인에 대한 명확한 이해와 함께 꾸준한 연습이 필요한 이유가 바로 여기에 있다.

⊕ 퍼펙트 슬라이드 클리닉 예시 10 – 어설픈 컨설팅 형식 II

앞서 설명한 어설픈 컨설팅 형식이 자료 해석이 잘 되지 않아 벌어진 일이라면, 이번에는 형식 자체에 대한 이해가 부족해 만들게 되는 슬라이드를 '퍼펙트 프리젠테이션'의 철학에 맞춰 개선해보겠다. 우선 원본 슬라이드를 보자.

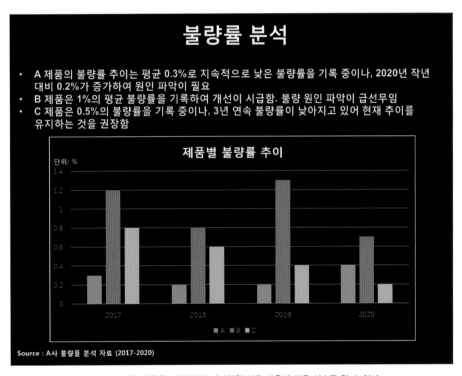

▲ 컨설팅 형식의 슬라이드에 대한 명확한 이해 없이 디자인한 경우 다음과 같은 실수를 할 수 있다.

이 슬라이드를 보고 "별로 안 이상한데?", "이 정도면 된 거 아냐?"라고 생각하는 사람도 분명히 있으리라 생각한다. 실제 꽤 많은 업무 환경에서 다음과 같은 슬라이드를 그대로 사용하고 있다. 하지만 이 슬라이드 역시 개선할 점이 많다. 문제점을 분석해보자.

: 슬라이드 분석 :

1. **배경 색상**: 젠 형식의 경우 어두운 배경 색상을 사용하는 경우가 많다. 대형 스크린을 앞에 놓고 발표를 하는데, 밝은 화면을 사용할 경우 지나치게 눈이 부셔 청중이 집중하기 어려운 상황이 되기 때문이다. 반면 실무 수준에서 자주 작성하는 컨설팅 형식의 슬라이드는 슬라이드가 자료의 성격을 갖기 때문에 발표용과 자료 보관용 모두 사용된다는 점을 잊어서는 안 된다. 지금 상태의 검은 배경을 활용해도 좋지만, 인쇄를 한다고 가정하면 흰 바탕에 흑색이나 청색 계열 텍스트를 사용하는 편이 더 좋다.

2. **다수의 메시지**: 컨설팅 형식에 익숙하지 않은 사람들이 자주 하는 실수다. 이 슬라이드에서는 3개의 글머리 기호(Bullet point)와 함께 3가지의 메시지가 섞여 있다. 자세한 정보를 제공하기 위해서 작성했다고 볼 수도 있지만, 이는 올바른 형태의 슬라이드라고 할 수 없다. 한 장의 슬라이드에는 하나의 헤드 메시지만 존재해야 하고, 헤드 메시지는 한 가지 주장만을 담아야 한다.

3. **차트 활용**: 차트는 고칠 점이 많다는 사실을 독자도 알고 있을 것으로 생각한다. 데이터 레이블이 표시되지 않아 각 데이터의 정확한 값을 알기 어렵고, 불필요한 데이터 표시선과 세로축이 표시돼 깔끔해 보이지 않는다. 무엇보다 그래프를 보는 일만으로는 발표자가 어떤 이야기를 담고 싶은지 짐작이 불가능하다. 즉 '그래프의 주관화'가 이뤄져 있지 않은 그래프다.

4. **차트 종류**: 이 차트는 각각 다른 항목의 추이를 보여주고자 작성됐다. 막대 차트는 항목이 하나일 때의 추이를 보여주기에는 용이하지만, 여러 항목의 추이를 보여줄 때는 최선의 방법이 아니다.

이 슬라이드를 컨설팅 형식의 슬라이드로 변환하기 위해 다음의 처방이 필요하다.

퍼펙트 슬라이드 클리닉 처방

1. **배경 색상 변경**: 인쇄 환경에 적합하도록 흰색 배경에 청색 계열 글씨로 변경했다.

2. **헤드 메시지 단일화**: 앞서 언급했듯이 한 장의 헤드 메시지는 2줄 이내, 1개의 메시지만을 담아야 한다. 원래 헤드 메시지 위치에 있던 문장은 시사점(Key finding)에 가까우므로 더 자세히 설명할 때 주로 사용하는 오른쪽으로 메시지를 옮겼다.

3. **차트 수정**: 다수 항목의 추이를 나타내는 데 가장 적합한 형태인 꺾은선 그래프로 차트 종류를 바꾸고, 그래프의 주관화를 활용해 가장 시급하게 개선이 필요한 B 제품의 불량률을 강조했다.

이 내용을 토대로 바꾼 슬라이드는 다음과 같다.

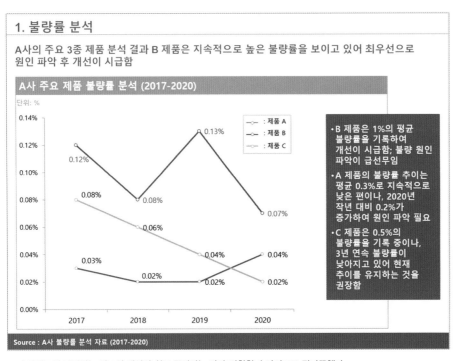

1. 불량률 분석

A사의 주요 3종 제품 분석 결과 B 제품은 지속적으로 높은 불량률을 보이고 있어 최우선으로 원인 파악 후 개선이 시급함

A사 주요 제품 불량률 분석 (2017-2020)

단위: %

- : 제품 A
- : 제품 B
- : 제품 C

0.14%
0.13%
0.12%
0.12%
0.10%
0.08%
0.08%
0.08%
0.07%
0.06%
0.06%
0.04%
0.04%
0.04%
0.03%
0.02%
0.02%
0.02%
0.02%
0.00%

2017   2018   2019   2020

- B 제품은 1%의 평균 불량률을 기록하여 개선이 시급함; 불량 원인 파악이 급선무임
- A 제품의 불량률 추이는 평균 0.3%로 지속적으로 낮은 편이나, 2020년 작년 대비 0.2%가 증가하여 원인 파악 필요
- C 제품은 0.5%의 불량률을 기록 중이나, 3년 연속 불량률이 낮아지고 있어 현재 추이를 유지하는 것을 권장함

Source : A사 불량률 분석 자료 (2017-2020)

▲ 슬라이드에 등장하는 차트의 해석이 쉽고 주장하는 바가 명확한 슬라이드로 탈바꿈했다.

어찌 생각하면 그리 큰 차이가 아닐지도 모른다. 하지만 작은 부분을 꼼꼼하게 챙기며 디자인한 슬라이드는 큰 고민 없이 디자인한 슬라이드와 분명 다르다. 지금껏 제시한 10가지의 슬라이드 예시와 여러분이 지금껏 고민해온 슬라이드가 완벽히 똑같기는 어렵다. 하지만 10가지 예시를 통해 여러분의 슬라이드를 개선할 방향성을 탐구하고 꾸준하게 연습한다면 여러분의 실력은 크게 향상돼 있으리라 믿는다. 혹시 파워포인트 프로그램으로 새로운 슬라이드를 만드는 방법을 몰라서 걱정하고 있는가? 방금 설명했던 모든 슬라이드를 파워포인트로 만드는 방법은 이 책의 3장부터 자세히 수록하고 있으니 걱정할 필요가 없다.

젠 형식, 컨설팅 형식
슬라이드 디자인 표준 프로세스

앞에서 살펴본 10가지의 예시 분석과 처방을 통해 전반적으로 어떤 슬라이드가 좋은 슬라이드고, 어떤 슬라이드가 나쁜 슬라이드인지 파악이 끝났으리라 생각한다. 하지만 아무리 많은 수의 예시를 준비한다 해도 예시는 단편적이기 때문에 모든 것을 포괄할 수 없다. 따라서 젠 형식과 컨설팅 형식별로 표준 프로세스를 준비했다. 이 프로세스대로 슬라이드를 디자인하며 부족한 부분은 없는지 점검하는 용도로 활용하면 된다.

『퍼펙트 프리젠테이션 시즌 2』에서 이미 밝혔듯이 슬라이드는 크게 젠 형식과 컨설팅 형식으로 나뉜다. 젠 형식의 슬라이드는 간략한 키워드와 커다란 고해상도 이미지를 활용하는 형식이며, 컨설팅 형식의 슬라이드는 보고 문서로 가치를 지니기 위해 헤드 메시지와 다양한 도표 및 자료를 작성한 슬라이드다. 여러분이 하게 될 발표 주제에 따라 주로 사용할 형식을 결정한다. 예를 들어 제품 발표회 등에서 사용하는 슬라이드는 대체로 젠 형식의 슬라이드다. 반면 내부 보고 등에 사용하는 발표 형식으로 적합한 형식은 컨설팅 형식의 슬라이드다. 젠 형식의 경우 고해상도의 이미지와 키워드 중심의 슬라이드 디자인이 주를 이룬다.

안타깝게도 아직 어떤 교육 기관이나 책에서도 체계화된 프로세스를 통한 슬라이드 디자인 방법을 명확하게 가르쳐 주지 못하고 있다. 이에 퍼펙트 슬라이드 클리닉에서는 젠 형식과 컨설팅 형식별 표준 프로세스를 만들어 제공하고자 한다.

여담으로 재미있는 사실 하나를 얘기해보겠다. 나는 대학생과 직장인을 대상으로 슬라이드 디자인 강의를 종종 하는 편인데, 대학생과 직장인들의 강의에 대한 반응이 상당히 다르다. 대학생들은 젠 형식의 슬라이드를 만드는 방법에 대해서는 매우 흥미를 보이지만 컨설팅 형식의 슬라이드는 다소 어렵다는 반응을 보인다. 반면에 직장인들, 특히 실무를 담당하는 직장인의 경우 "젠 형식은 나와 관련이 없다."고 생각하는 사람이 대다수다. 따라서 이런 생각을 하는 사람들 앞에서 젠 형식의 슬라이드와 관련된 내용을 강의하면 다소 시큰둥한 모습을 보인다. "나는 저런 형태로 발표할 일이 없는데 왜 이런 내용을 알아야 하지?"라는 생각을 하는 듯하다. 하지만 현재 실무를 담당하고 있다면 지금부터 더더욱 감각을 익힐 필요가 있다. 그래야 나중에 직접 슬라이드 디자인을 할 필요가 없는 직급이 된다 하더라도 어떤 점이 좋고 어떤 점이 안 좋은지를 판별할 수 있기 때문이다. 가장 위험한 상태는 내가 무엇을 모르는지 모르는 상태다. 무언가를 모르는지 모르는 상태에서 만든, 철학이 결여된 슬라이드를 청중은 '나쁜 슬라이드'로 보게 된다. 청중은 발표자의 슬라이드가 왜 잘못됐는지 설명하지는 못할지언정, 누구나 손쉽게 나쁜 슬라이드를 찾아내는 능력을 갖고 있다는 사실을 잊어서는 안 된다.

실제로 자신이 만드는 콘텐츠를 누구도 못 만들었다고 생각하지 않는다. 자신이 알고 있는 범위 내에서 나름 최선을 다하며, 일부러 못 만드는 경우는 없기 때문이다. 그래서 더욱 '좋은 것', '잘 만든 것'을 더 많이 보고, 익히고 배워야 한다. 지금부터 보는 눈을 길러야 나중에 기회가 왔을 때 더 나은 성과를 보일 수 있다. 좋은 것을 알아보는 안목은 곧바로 생겨나지 않는다. 그래서 표준 프로세스가 필요하다.

순서를 그대로 따라가면 전문가 수준의 슬라이드를 만들 수 있도록 표준 프로세스를 구성했다. 표준 프로세스는 체크리스트처럼 사용할 수도 있다. 다만 이 프로세스를 체크리스트라고 부르지 않는 이유가 있다. 2장에서 소개하는 프로세스는 젠 형식과 컨설팅 형식의 슬라이드를 만드는 데 익숙하지 않아 무엇부터 시작해야 할지 명확하지 않은 독자를 위해 준비한 내용이지, 이 프로세스를 똑같이 따르지 않는다고 해서 그 자체가 잘못된 슬라이드라고 말할 수는 없기 때문이다.

다만 파워포인트를 켜 놓고 무엇부터 손대야 할지 모르겠다는 경우 이 책에 나오는 순서대로만 진행하면 무리 없이 젠 형식과 컨설팅 형식을 파워포인트에서 구현할 수 있게 될 것이다. 이미 수준급으로 파워포인트를 다루는 독자도 내가 놓치고 있어 알아두면 좋을 만한 내용이 있는지 참고하는 용도로 읽으면 좋겠다.

그럼 젠 형식과 컨설팅 형식 슬라이드 디자인 표준 프로세스를 지금부터 알아보자.

➕ 젠 형식 슬라이드 디자인 표준 프로세스

이미 반복된 설명으로 잘 알겠지만 젠 형식은 슬라이드 형태가 단순하고, 슬라이드 당 구성하는 개체수가 많지 않다는 특징이 있다. 따라서 슬라이드를 구성하는 일 자체 보다는 슬라이드별로 적절한 이미지를 선택하고 배치하며, 이미지와 키워드가 슬라이드 배경과 조화를 이루는지 여부를 살펴가며 슬라이드를 만드는 일에 주안점을 둬야 한다.

젠 형식 슬라이드에는 고해상도 이미지와 키워드 혹은 짧은 문장이 삽입된다. 따라서 작성하는 데 오랜 시간이 걸리지는 않지만 잘못 만들면 매우 성의 없게 보일 수 있는 위험도 존재한다. 실제로 젠 형식의 슬라이드라고 만들어 놓은 슬라이드가 형편없어 보이거나 또는 세련돼 보이는 건 사실 큰 차이가 아니다. 간단한 예시를 보자.

▲ 왼쪽 슬라이드는 깔끔하게 잘 만든 젠 형식의 슬라이드지만, 오른쪽 슬라이드는 차마 완성했다고 볼 수도 없을 만큼 어설프다.

두 슬라이드를 볼 때 청중이 느끼는 감정은 어떨까? 첫 번째 슬라이드를 보고 거부감 을 갖는 사람은 별로 없으리라 생각한다. 하지만 오른쪽 슬라이드는 대부분의 사람 이 거부감을 가질 것이다. 여러분도 오른쪽 슬라이드를 보고 형편없다고 생각하지 않는가?

그러면 생각해보자. 두 슬라이드는 '그렇게 많이' 다른가? 그렇지 않다. 오른쪽 슬라이드를 왼쪽 슬라이드로 만드는 데는 10초의 시간이면 충분하다. 배경 색상을 검은색에서 흰색으로 바꿔주면 왼쪽 슬라이드와 오른쪽 슬라이드가 완전히 같아진다. 이 작업은 배경 서식(슬라이드에서 마우스 오른쪽 버튼 클릭 → 배경 서식 선택 → 색상 변경) 변경으로 한번에 해결 가능한 아주 간단한 일이다.

다소 극단적인 예시라고 생각하는가? 하지만 이 정도 극단적인 사례가 아니더라도 사소한 부분을 챙기지 못해서 청중에게서 "무언가 부족한데?", "무언가 어설픈데?"라는 느낌이 들지 않도록 만드는 일이 젠 형식 슬라이드를 디자인하는 가장 기본이라고 할 수 있다.

잘 만든 젠 형식의 슬라이드의 요소를 모두 갖추면 해당 슬라이드는 청중이 보기에도 편안한 느낌을 주지만, 만약 잘 만든 슬라이드의 요소 중 빠진 부분이 있다면 청중은 어색함을 느끼게 된다. 여러 항목이 빠질수록 더 어색함을 느끼는 것은 당연하고, 때로는 방금 예시로 제시한 슬라이드처럼 한 가지만 문제가 됨에도 불구하고 형편없는 슬라이드로 전락할 수도 있다.

즉, 잘 만든 젠 형식 슬라이드의 구성 요건 중 한 가지라도 잘못될 경우 청중은 해당 슬라이드가 어색하다고 느낀다. 설령 슬라이드를 잘 만들지 못하는 사람이라 하더라도 남의 슬라이드를 봤을 때 자연스럽지 않고 매끄럽지 못한 슬라이드는 금세 판명할 수 있으니 반드시 유의해야 한다.

그렇다면 이제는 잘 만든 젠 형식 슬라이드가 어떤 특징을 갖는지 알아볼 필요가 있다. 잘 만든 젠 형식 슬라이드의 특징을 알아보자.

: 잘 만든 젠 형식 슬라이드의 7가지 특징 :

1. **시선의 이동 방향 준수**: 청중의 시선은 좌 → 우, 상 → 하로 이동한다. 잘 만든 젠 형식의 슬라이드는 시선의 이동 방향을 거스르지 않고 자연스레 유지하며 키워드, 이미지를 배치한다.

2. **이미지 배경 색상과 슬라이드 배경 색상의 일체감**: 이미지가 가진 배경 색상과 슬라이드 배경 색상이 일치하거나 유사한 색상이어서 일체감을 준다.

3. **고해상도 이미지**: 이미지가 고해상도여서 스크린으로 보더라도 이미지가 깨지지 않는다(계단 효과가 발생하지 않는다). 클립 아트 등의 조악한 이미지를 사용하지 않는다.

4. **이미지와 키워드의 적절한 위치**: 이미지에는 지정되는 시선 위치가 있다(예: 자동차 그림이라면 자동차 헤드라이트가 향하는 부분이 시선 방향이다).

5. **키워드의 가독성**: 키워드가 이미지에 가려져 있지 않고 슬라이드 배경 색상과 대비돼 잘 보이며, 글씨 크기가 작지 않아 읽는 데 무리가 없다.

6. **자연스러운 애니메이션**: 애니메이션 효과가 과하지 않고, 집중력을 흐트러뜨리지 않는 수준에서 설정돼 있다.

7. **주제와 맞는 글꼴**: 슬라이드의 주제가 감성적인지 이성적인지에 따라 글씨체를 선택할 수 있다. 감성적인 주제에는 세리프체를, 이성적인 주제에는 산세리프체를 활용하기를 권한다.

다음의 일곱 가지 요소를 모두 잘 지키고 있다면 잘 만든 젠 형식의 슬라이드라고 할 수 있다.

이 책에도 젠 형식 슬라이드 예시가 나와 있지만, 젠 형식의 슬라이드를 디자인할 때 참고할 만한 자료가 있다. 바로 유명 휴대전화 제품 소개 사이트다. 한 화면에 가득 차게 유명 휴대전화 제품 소개 사이트를 펼쳐 놓으면 그 형식이 바로 젠 형식과 맞닿아 있다고 생각할 수 있다. 혹은 동영상 시청 사이트에서 휴대전화 제조사의 제품 공개 프리젠테이션을 살펴보는 일도 큰 도움이 된다. 마지막으로 길을 지나가다 보면 옥외 광고판을 볼 수 있다. 옥외 광고판 중에서 역시나 휴대전화 제품 광고판이 보이면 유심히 살펴보자. 젠 형식의 슬라이드와 거의 유사하게 디자인되기 때문이다.

지금부터는 실제 파워포인트에서 어떻게 효과적인 젠 형식 슬라이드를 디자인하는지에 주안점을 두고 이야기를 이어가겠다.

젠(Zen) 형식 슬라이드 디자인 표준 프로세스
1 화면 비율 변경(디자인-사용자 지정-슬라이드 크기)
2 활용 글꼴 결정(홈 메뉴)
3 기본 텍스트 상자 삭제
4 배경 색상 결정(배경 서식 메뉴)
5 이미지 삽입(단축키: Alt + I + P + F)
6 이미지 배치(비율 유지하며 크기조정: Shift를 누른 상태에서 대각선 방향으로 이미지 드래그)
7 키워드 삽입
8 (필요 시) 애니메이션 효과 삽입(애니메이션 메뉴)

간단히 정리해 놓으니 그리 어렵게 느껴지지 않는다. 각 항목을 더 자세하게 알아보자.

: 젠 형식 슬라이드 디자인 표준 프로세스 :

1. **파워포인트를 켜고 빈 슬라이드를 생성**: 기본 화면 비율은 16:9로 설정돼 있지만, 만일 4:3으로 변경이 필요하다면 디자인 – 사용자지정 – 슬라이드 크기 – 표준(4:3)으로 변경

2. **슬라이드에 사용할 글꼴 결정**: 특별한 경우가 아니면 한 가지 글꼴로 통일. 정보 전달이 목적인 경우라면 산세리프(고딕계열)체를 주로 활용하고, 감성적인 슬라이드의 경우라면 세리프(명조계열)체를 활용. 글꼴 변경은 홈 메뉴에서 가능

3. 빈 슬라이드 내부에 있는 기본 개체를 드래그해 선택 후 삭제

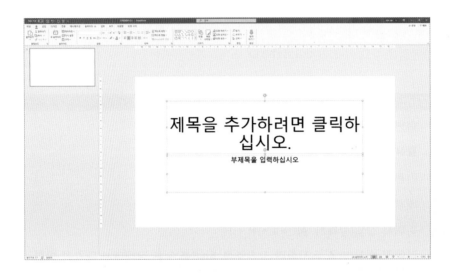

4. 배경 서식(슬라이드에서 오른쪽 마우스 버튼 클릭 → 배경 서식 선택)에서 원하는 배경 색상으로 변경. 보통 검은색 혹은 흰색 배경을 사용

4.1. 만일 특정 그림을 배경으로 사용하고 싶다면 배경 서식이 아닌 슬라이드 마스터에서 해당 그림을 직접 삽입하는 방법을 선택. 방법은 슬라이드 마스터 진입 후 최상단 슬라이드가 아닌 다른 슬라이드에 해당 이미지를 삽입. 이후 본문에서 슬라이드를 선택해 오른쪽 마우스 버튼을 눌러 레이아웃 메뉴로 들어가 미리 작성해 둔 레이아웃을 불러와 사용(해당 내용은 299페이지 슬라이드 마스터 내용 참고)

5. **슬라이드에 삽입할 이미지를 삽입(단축키: Alt + I + P + F):** 이미지는 고해상도이며, 슬라이드 배경 색상과 이미지 배경 색상이 동일하거나 유사해야 함

6. **이미지를 적절한 위치에 배치:** 단 억지로 이미지를 늘려 고유의 배율을 손상시키면 안 됨. 이미지 배율을 유지한 채로 늘이고 줄이려면 Shift를 누른 상태에서 대각선 방향으로 이미지를 드래그해 조절

   6.1. 화면을 가득 채우는 이미지: 슬라이드를 가득 채우고 화면 배율과 다소 차이가 있는 경우 양쪽 세로가 가득 찰 때까지 이미지를 대각선 늘리기로 조정

   6.2. 화면을 가득 채우지 않는 이미지: 이미지에 담겨있는 시선 방향에 따라 배치. 이때 왼쪽 아래 모서리 혹은 오른쪽 아래 모서리 중 한 쪽은 가득 차도록 디자인하는 방법을 권장. 이미지의 자연스러운 배치뿐만 아니라 키워드 삽입 공간 확보 가능

◀ 에릭 슈미트 알파벳 前 회장 사진은 왼쪽에서 오른쪽으로 시선 방향이 존재하므로 왼쪽에 배치하고, 왼쪽 아래 모서리로 이미지를 완전히 붙여 자연스러운 효과를 냈음. 반면 아래 사진은 왼쪽으로 완전히 붙이지 않아 손이 잘린 듯하게 배치돼 어색함

6.3. 세로형 이미지는 이미지 속 시선 방향이 존재하는 경우 그 방향을 따르고(예: 시선 속 인물이나 사물이 왼쪽 → 오른쪽을 보고 있을 경우 이미지는 왼쪽에 위치), 시선이 청중을 마주보는 '중립형 이미지'의 경우 원하는 대로 이미지를 배치하되 되도록 한쪽으로 이미지를 몰아서 배치

7. 키워드 삽입: 키워드는 이미지와 조화되도록 시선의 이동 방향을 지켜야 함. 또한 이미지와 키워드는 서로의 가독성을 침해하지 않도록 색상과 위치 조절

◀ 이미지에 나오는 등장 인물(사물)이 바라보는 방향으로 키워드를 배치하는 것이 일반적임. 그림을 한쪽으로 몰아 키워드를 작성할 공간을 넉넉하게 확보

8. 필요한 경우 애니메이션 효과 사용: 애니메이션 효과는 지나치게 시간이 소요되지 않는 범위에서 발표에 도움이 되는 방향으로 사용(자세한 내용은 262페이지의 애니메이션 효과 참고)

➕ 컨설팅 형식 슬라이드 디자인 표준 프로세스

컨설팅 형식 슬라이드는 표지, 목차 및 본문 슬라이드 세 가지로 나눈다. 따라서 슬라이드 마스터에서 표지, 목차 본문 슬라이드를 작성한 다음 본격적으로 슬라이드를 작성한다. 슬라이드 마스터에 대한 내용은 7장에서 자세히 설명하겠다.

잘 만든 컨설팅 형식 슬라이드는 어떤 요소를 갖춰야 할까? 젠 형식과 마찬가지로 컨설팅 형식 역시 잘 만든 요건이 존재한다. 함께 알아보자.

∶ 잘 만든 컨설팅 형식 슬라이드의 10가지 특징 ∶

1. **시선의 이동 방향 준수**: 청중의 시선은 좌 → 우, 상 → 하로 이동한다. 잘 만든 컨설팅 형식 슬라이드는 시선의 이동 방향을 거스르지 않고 자연스레 유지하며 헤드(리드) 메시지와 본문 요소를 배치한다.

2. **헤드 메시지 내용**: 헤드 메시지는 페이지 전체를 포괄하는 주장, 혹은 요약을 담아야 하며, 한 가지 주장만 담아야 한다.

3. **헤드 메시지 분량**: 헤드 메시지는 두 줄을 넘어가지 않게 한다. 정제된 단어와 문장 구사 역시 컨설팅 형식 슬라이드를 만드는 데 있어 반드시 필요한 요소다.

4. **본문 구성**: 본문은 헤드 메시지의 근거를 제시하는 형식으로 작성해야 한다.

5. **가독성**: 가독성이 좋아야 한다. 슬라이드에 활용되는 글씨의 경우 헤드 메시지는 최소 18포인트, 본문은 최소 12포인트 이상을 활용해야 한다(단 자료 출처의 경우 10포인트 정도로 작성해도 무방하다). 간혹 하위 주제를 기술할 경우 글씨 크기를 줄이는 방식으로 문서를 작성하는 경우가 있는데, 가독성을 고려한다면 옳지 않은 방식이다.

6. **글꼴 활용**: 글꼴 역시 가독성이 좋은 글꼴을 활용해야 한다. 가독성이 좋지 않은 글꼴 사용을 지양한다. 정해진 글씨체가 있을 경우 해당 글씨체를 활용하고, 그렇지 않을 경우 맑은 고딕(한글), Arial(영문)을 기본으로 활용하면 좋다(인터뷰에서 가져온 인용 문장(Quote)의 경우 명조계열 글씨체 사용을 권장한다).

7. **그래프의 주관화**: 차트를 활용할 경우 자료에서 무엇을 말하고 싶은지 직관적으로 알 수 있도록 구성한다.

8. **정확한 수치 표시**: 차트의 데이터 레이블을 포함해 정확한 수치를 청중에게 전달한다.

9. **단위 표기**: 차트를 활용할 경우 차트의 단위(예: cm, $, kg 등)를 표기한다.

10. **자료 출처 표기**: 슬라이드의 신뢰도를 높이기 위해 자료 출처를 표기한다.

컨설팅 형식의 슬라이드 디자인 표준 프로세스에 대해 1페이지로 정리하면 다음과 같다.

컨설팅(Consulting) 형식 슬라이드 디자인 표준 프로세스
1 화면 비율 변경(디자인-사용자 지정-슬라이드 크기)
2 활용 글꼴 결정(홈 메뉴)
3 슬라이드 마스터 메뉴 진입 후 목차, 본문, 표지 슬라이드 작성
4 표지 작성
5 목차 슬라이드에 실제 아젠다(Agenda) 작성
6 헤드 메시지 작성(글씨 크기는 18포인트 이상 권장)
7 매직 템플릿 가이드를 사용해 슬라이드 본문 구조 결정
8 차트가 필요할 경우 적절한 차트 종류를 결정 후 삽입(삽입-차트)
9 차트 중 강조할 부분을 강조(차트 클릭 후 데이터 요소 서식 메뉴)
10 요소 간 줄맞춤 실시(눈금자 활용)
11 단락 간 간격 조정(홈-단락-줄 간격 옵션)
12 모든 텍스트 상자는 '단어 잘림 허용' 해제 (단락-확장 메뉴-한글 입력 체계-한글 단어 잘림 허용 해제)
13 자료 출처 작성

이제 각 항목에 대해서 좀 더 자세히 알아보자.

: 컨설팅 형식 표준 프로세스 :

1. **화면 비율 변경**: 파워포인트 프로그램을 열고, 원하는 화면 비율을 선택(일반적으로 A4 용지로 인쇄하는 특성을 고려해 4:3으로 작업해도 되지만 16:9 비율도 크게 상관 없음). '디자인─사용자 지정─슬라이드 크기' 메뉴에서 변경 가능

2. **슬라이드에 사용할 글꼴 결정**: 특별한 경우가 아니면 한 가지 글꼴로 통일. 일반적인 본문은 산세리프(고딕계열)체를 주로 활용하고, 인용문 등이 있을 경우 세리프(명조계열)체를 활용. 글꼴 변경은 홈 메뉴에서 가능

3. **슬라이드 레이아웃 작성**: 슬라이드 마스터 메뉴로 들어가 목차 슬라이드, 본문 슬라이드의 레이아웃 디자인, 표지 슬라이드는 선택적으로 작성(자세한 내용은 299페이지 슬라이드 마스터 활용 내용 참고)

4. **표지 작성**: 표지는 일반적으로 해당 회사와 연관 있는 이미지로 작성하며, 제목, 날짜를 필수로 삽입해야 함

5. **미리 작성해 둔 목차 슬라이드에 실제 아젠다를 작성**: 향후 목차 페이지가 더 필요할 경우 해당 페이지를 복사해서 활용. 현재 어떤 아젠다를 다루는지 검은색 막대나 글씨를 굵게(Bold) 표시해주는 등 강조하면 좋음. 예시에서는 색상을 다르게 해 현재 설명할 주제를 설명

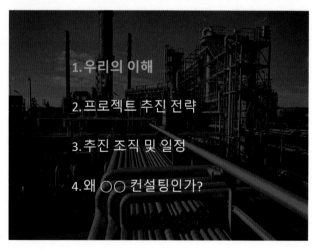

◀ 진행할 주제에 대해 색상 표시 및 굵은 글씨 처리를 통해 강조 효과 표현

6. **미리 작성한 본문 슬라이드에 내용을 작성**: 헤드(리드) 메시지는 해당 페이지 전체를 포괄하는 '주장'이나 '요약'을 적어야 함. 최소 16포인트 이상으로 작성하며(18포인트 이상 권장) 두 줄까지만 작성(한 줄은 상관없으나 두 줄이 넘어가서는 안 됨)

7. **슬라이드 본문의 구조를 결정**: 슬라이드 본문은 '매직 템플릿 가이드'를 활용하면 손쉽게 작성 가능. 작성하려는 내용을 우선 줄글로 작성한 뒤 '접속사' 부분에 주목해서 구조를 결정

▲ 매직 템플릿 가이드. 전달하려는 바를 줄글로 작성한 뒤 접속사에 착안해 슬라이드의 구조를 만들어낼 수 있다.

8. **차트 삽입**: 차트(그래프)가 필요할 경우 적절한 차트 종류를 결정하고 삽입(삽입-차트)

9. **차트 중 강조할 부분을 강조(그래프의 주관화)**: 데이터 레이블과 시계열이 제대로 표시됐는지 체크하고, 차트에 사용된 레이블(차트 값) 단위를 반드시 작성

10. **줄맞춤**: 모든 줄맞춤은 눈금자를 활용해 맞춤(스페이스 바 활용 금지)

11. **단락 간 간격 적절하게 조정 실시(홈-단락-줄 간격 옵션):** 단락 간 간격 조정 시 엔터 키로 조정하지 않고, 단락 메뉴에서 '간격' 부분을 조정. 좁게 조정할 경우 '단락 뒤'를 3포인트로 띄우는 것을 권장하며, 넓게 조정할 경우 '단락 뒤'를 6포인트로 띄우는 것을 권장

12. **단어 잘림 허용 해제:** 모든 텍스트 상자는 '단어 잘림 허용' 해제

13. **자료 출처 작성:** 자료 출처는 보통 슬라이드 왼쪽 아래에 표시

이로써 젠 형식과 컨설팅 형식의 표준 디자인 프로세스를 설명했다. 잘 만든 슬라이드의 조건과 표준 디자인 프로세스를 참고한다면 막연하게 느껴지던 슬라이드 디자인이 한층 더 쉬워질 것으로 생각한다.

Perfect Slide Clinic

파워포인트 친숙해지기

1장과 2장에서는 파워포인트 기능은 소개하지 않고, 슬라이드 분석과 슬라이드 디자인 표준 프로세스를 설명했다. 이제 슬라이드 디자인에 대한 철학을 탄탄하게 다졌으니 실제 파워포인트 프로그램을 활용해 이 디자인 요소를 어떻게 만들어낼지 훈련할 시간이다. 책 도입부에서 강조했듯이 반복된 연습만이 여러분의 슬라이드 디자인 실력을 크게 향상시켜 줄 수 있다. 연습 없는 실력 향상은 결코 존재하지 않음을 명심하기 바란다.

걸음마는 성장 과정에서 자연스럽게 배울 수 있는 행동이다. 당연히 걸음마를 제대로할 수 있어야 달릴 수도 있다. 걷지도 못하는데 달리기만 할 수 있을까? 물론 불가능하다. 슬라이드 디자인 역시 마찬가지다. 고급 기술을 익히기 전 기본기를 튼튼히 다져야 고급 기술도 더욱 쉽게 익힐 수 있다. 이 책을 읽는 여러분 중 파워포인트를 전혀모르는 초심자가 있을 수도 있다. 그러나 거의 대부분의 사람들은 이미 상당 수준 파워포인트에 지식이 있지만, 슬라이드 디자인 자체에 큰 관심이 있기 때문에 현재 이책을 보고 있으리라 생각한다. 만일 여러분이 후자에 속한다면 '파워포인트의 기본'이라는 말에 3장을 생략하고 곧바로 4장으로 건너뛰려는 독자도 있을 것으로 본다. 하지만 지금 이 책을 읽고 있는 여러분이 어떠한 입장이든 간에 기능 소개 부분을 주의 깊게 읽고 넘어가기를 권한다.

만일 여러분이 초심자라면 기본기를 확실하게 익히는 일만으로도 파워포인트를 다루는 기술이 이전보다 훨씬 더 향상될 것이 자명하기 때문이고, 이미 파워포인트를 많이 사용해 본 사람의 경우 평소 잘 사용하지 않았던 방식이나 기존 방식과 비교해 작업 시간을 더 단축할 수 있는 방법을 이 책에 수록했기 때문에 작업 시간을 줄일 수 있다. 또한 어느 정도 숙련된 사람 역시 모든 내용을 잘 알 수는 없다. 사소한 기술 보강을 통해 슬라이드의 품질을 올려줄 수 있는 방법을 깨달을 가능성이 크다. 또한 기능 소개 부분에서 알게 될 내용이 이후 소개할 내용과도 긴밀하게 연결되므로, 가벼이 넘기지 말고 차근차근 읽으며 넘어가도록 하자. 모든 매뉴얼이 그렇겠지만 이 책 역시 컴퓨터를 앞에 놓고 천천히 따라가며 읽어보고 실습한다면 더욱 좋은 효과를 얻을 수 있다.

➕ Office 365란?

이 책에서 설명하는 파워포인트 버전은 마이크로소프트사의 Office 365다. 이에 대해 다소 생소한 독자도 있을 것으로 생각한다. 기존에는 파워포인트 프로그램의 이름을 만들 때, 파워포인트 2007, 파워포인트 2010 등 프로그램이 출시된 연도를 함께 표기하는 경향이 있었다. 이는 소프트웨어 구매 방식의 변화에 따른 마이크로소프트의 새로운 판매 전략이다.

예전의 경우 마이크로소프트 오피스 프로그램은 패키지 단위로 상품을 판매했다. 여러분이 이해하는 그대로 박스 안에 CD나 USB가 들어있고, 그를 통해 프로그램을 설치하는 방식으로 제품을 구성했다. 패키지 방식의 구매는 단시간에 큰 돈을 지출해야 하기 때문에 사용자 역시 구매를 부담스러워 하며 불법 복제가 만연하는 문제가 발생했다. 최근에는 컴퓨터에 CD 플레이어나 USB 포트가 빠진 상태로 출시되는 경우가 흔하다 보니 소프트웨어 개발사 입장에서도 굳이 CD나 USB 등으로 프로그램을 판매할 필요가 없어졌다.

인터넷 환경과 클라우드 환경이 발전하고, 월별로 결제하는 방식이 널리 보편화되자 오피스 프로그램도 이 방식을 차용하기 시작했다. 여전히 패키지 단위에 연도를 붙인 상품도 판매되고 있지만, 월별 결제하는 방식은 일회성으로 비싼 금액을 지불하지 않아도 되므로 소비자들의 부담을 줄일 수 있는 동시에, 모든 구독 모델이 그렇듯 해지하지 않으면 꾸준하게 수익원을 확보할 수 있으므로 마이크로소프트 오피스 역시 구독 모델을 채택하고 있다.

오피스 365는 파워포인트를 비롯해 엑셀, 워드, 엑세스, 원노트 등이 포함되며, 패키지 프로그램이 아니기 때문에 수시로 업데이트가 이뤄진다. 따라서 이 책에서 언급한 메뉴와 구성이 다소 다른 경우가 생길 수 있다. 만약 이 책에서 언급한 내용과 완전히 달라져 어려움을 겪는 경우 저자 이메일(Plusclov@gmail.com)로 메일을 보내면 친절히 설명할 수 있도록 하겠다.

➕ 화면 기본 구성 및 단축키 모음

▲ 오피스를 실행하면 다음과 같은 화면이 보인다. 이는 오피스 2016 버전부터 새로 생긴 형식의 화면이다. 대부분의 경우 '새 프레젠테이션'을 선택하면 된다.

파워포인트 프로그램(앱이라고 부르기도 한다)의 아이콘이나 기존에 생성한 파워포인트 파일을 더블 클릭해서 프로그램을 실행하면 우리가 가장 먼저 마주하게 되는 화면이다. 파워포인트 2010 버전까지는 프로그램 실행 시 곧장 빈 화면이 나왔으나 이제는 기본으로 제공하는 템플릿이 몇 가지 존재한다. 다만 팀끼리 협업하는 경우를 제외하고 다른 사람이 만든 템플릿을 사용할 필요는 없다. 이 화면에서 '새 프레젠테이션'을 선택하면 빈 화면을 볼 수 있다.

이제 빈 화면을 보게 됐다. 빈 화면과 함께 다양한 메뉴가 등장한다. 모든 메뉴 명칭을 일일이 외울 필요는 없다. 그러나 각 부분이 어떠한 역할을 하는지는 알아볼 필요가 있다. 해당되는 부분을 한 번씩 클릭하면서 기능을 알아보도록 하자. 단, 작업하던 파일로 연습했다가는 파일이 망가질 수도 있으니 복사본을 준비하거나 새로운 파일을 연 상태에서 실습하자.

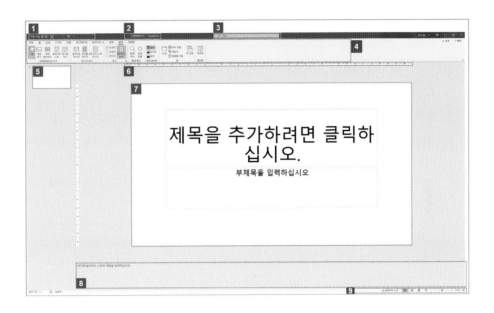

1. **빠른 실행 도구**: 자주 쓰는 기능을 모아놓고 클릭 한 번으로 해결할 수 있게 하는 기능이다. 기본적으로 새로 만들기, 열기, 저장 전자메일, 빠른 인쇄, 인쇄 미리 보기 및 인쇄, 맞춤법 검사, 실행 취소, 다시 실행, 처음부터 슬라이드 쇼, 최근 파일 열기 등의 명령어를 배치할 수 있으며, 그 외의 명령도 추가할 수 있다.

2. **파일 제목**: 파워포인트 파일 제목이 표시된다.

3. **검색창**: 파워포인트에서 제공하는 기능 이름이나 문서에서 특정 단어를 검색할 때 활용한다.

4. **도구 모음 상자**: 도구 모음 상자이다. '홈' 부분을 더블 클릭하면 메뉴를 펼치거나 숨길 수 있다. 홈, 삽입, 디자인, 전환, 애니메이션, 슬라이드 쇼, 검토, 보기의 기능이 있으며, 해당 탭을 클릭하면 다른 메뉴가 표시된다. 또한 해당 탭을 더블 클릭하면 화면 숨김 기능이 작동해 더 넓은 화면에서 본 화면을 편집할 수 있게 된다.

5. **보조 화면**: 주 화면에 표시되는 슬라이드를 간결하게 볼 수 있는 곳이다. 해당 슬라이드를 클릭하면 본 화면이 그 슬라이드로 변경된다.

6. **눈금자**: 슬라이드의 실제 크기를 알려주는 기능을 한다. 주로 텍스트 줄 맞추기를 할 때 사용하기 때문에 컨설팅 형식의 슬라이드에서 자주 사용한다.

7. **본 화면**: 실제 슬라이드를 편집할 때 사용하는 화면이다.

8. **슬라이드 노트**: 해당 슬라이드에 대해 설명이 필요할 경우 메모할 수 있는 공간이다.

9. **슬라이드 보기/슬라이드 쇼/배율 조정**: 슬라이드를 총 3가지의 다른 방식으로 볼 수 있는 기능이다. 기본 보기, 여러 슬라이드 보기, 읽기용 보기 3가지 모드를 지원한다. 옆에 있는 슬라이드 쇼 아이콘을 클릭하면 프리젠테이션을 위한 슬라이드 쇼 화면이 나타난다(F5로도 실행 가능하다).

    또한 본 화면의 크기를 조절할 수 있다. − 표시를 누르면 슬라이드 배율이 줄어들고, + 표시를 누르면 슬라이드 배율이 커진다. 이는 중간에 있는 Bar를 활용해서도 조정 가능하고, Ctrl + 마우스 휠을 사용해 더 쉽게 조정이 가능하다. 최소 10%의 배율에서 최대 400% 배율까지 조정할 수 있다. Bar 오른쪽 옆에 있는 아이콘으로 본 화면을 파워포인트 창에 맞게 조정할 수도 있다.

대부분의 메뉴는 매우 직관적이며, 클릭만으로도 바로 사용 가능하다. 이 중 앞으로 가장 많이 활용하게 되는 부분은 3번 메뉴인 도구 모음 상자다. 도구 모음 상자는 탭마다 서로 다른 기능이 있으며, 활용 여부에 따라 슬라이드 디자인 실력이 매우 달라질 수 있다. 3번 항목인 도구 모음 상자는 항목별로 자세하게 알아보는 시간을 나중에 갖기로 하고, 우선 파워포인트를 사용하는 데 있어 반드시 알아야 하는 단축키를 먼저 알아보겠다.

단축키

PC로 게임을 한 번쯤 해본 사람이라면 단축키를 잘 아는지에 따라 게임 실력이 천차만별로 달라진다는 사실을 이미 알고 있다. 마찬가지로 파워포인트에서도 단축키를 잘 알고 있느냐 없느냐에 따라 작업 시간이 크게 차이 난다. 파워포인트 단축키는 그냥 외워도 되지만, 그 의미를 알고 암기하게 되면 훨씬 쉽게 외울 수 있다. 처음에는 익숙하지 않겠지만 이 페이지나 뒤에 제공하는 단축키 모음집 부분을 별도로 기억했다가 활용한다면 작업 속도가 더 빨라지게 된다. 지금부터 단축키에 대해 함께 알아보자.

파워포인트에서 사용되는 단축키는 Ctrl^{컨트롤}, Alt^{알트}, Shift^{시프트}와 키보드의 다른 키, 또는 마우스 조작과 함께 조합되는 방식으로 사용된다. 또한 각 단축키는 개체를 다루는 데 활용되거나 글씨의 모양, 크기 또는 위치를 조정하는 데 사용하기도 한다.

Ctrl 단축키 모음

화면 확대와 축소

Ctrl 키는 마우스와 조합하면 편리한 기능을 수행할 수 있다. 바로 화면 배율을 간편히 조정할 수 있다. 앞서 설명했듯이 오른쪽 아래 Ctrl 키를 누른 상태에서 마우스 휠을 위로 올리면 화면이 확대되고, 휠을 아래로 내리면 화면이 축소된다.

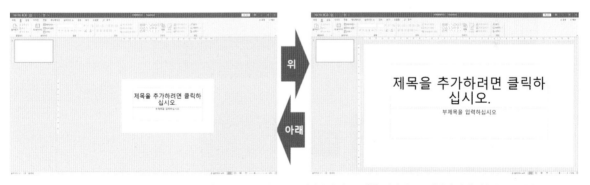

▲ 마우스 커서를 본 화면에 올려놓고 Ctrl 키를 누른 상태에서 마우스 휠을 위아래로 조정하면 화면 배율이 조정된다.

마우스 커서의 위치에 따라 본 화면을 조정할 수도 있고 보조 화면을 조정할 수도 있다.

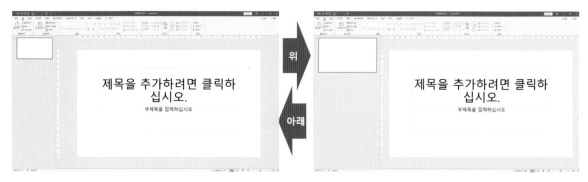

▲ 마우스 커서를 보조 화면 쪽에 둔 상태로 Ctrl 키를 누른 상태에서 마우스 휠을 위아래로 조정하면 보조 화면 배율이 조정된다.

개체 늘이고 줄이기

개체 클릭 후 마우스를 드래그^{Drag}(클릭한 채로 마우스를 끄는 동작)해 개체를 늘이고 줄일 수 있다는 사실은 이미 알고 있으리라 생각한다. 이때 Ctrl 키를 누르고 해당 동작을 하면 좌우 또는 상하를 동일한 비율로 확대할 수 있다. 대각선도 가능하다.

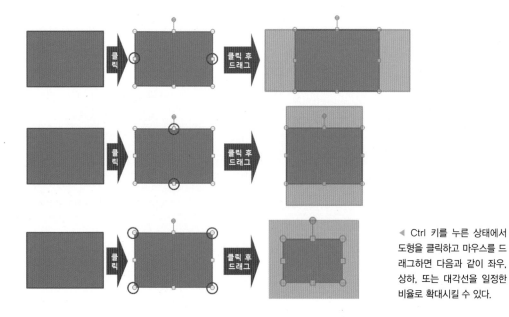

◀ Ctrl 키를 누른 상태에서 도형을 클릭하고 마우스를 드래그하면 다음과 같이 좌우, 상하, 또는 대각선을 일정한 비율로 확대시킬 수 있다.

이 기능은 두 번에 걸쳐서 해야 하는 도형 늘리기 작업을 한번에 할 수 있도록 해준다. 예를 들어 화면 가운데에 있는 텍스트 상자를 양쪽 끝에 동일하게 늘리고 싶을 때 사용하면 유용하다. 또는 반대로 양 끝에 꼭 맞게 배치된 도형이나 텍스트 상자를 양쪽 비율이 달라지지 않도록 조정할 때 활용하면 굉장히 유용하다. 예시를 살펴보자. 1번을 보면 사각형이 왼쪽에 치우쳐 생성돼 있다. 만약 이를 한가운데에 놓고 싶다면 일단 사각형을 늘려 슬라이드 끝까지 늘려 놓은 다음, 마우스로 클릭하고 Ctrl을 누른 상태에서 드래그하면 4번처럼 좌우가 똑같이 줄어든 사각형이 된다.

▲ Ctrl 키를 활용하면 좌우 비율이 함께 줄어들기 때문에 가운데를 중심으로 좌우가 맞는지 조정을 따로 할 필요가 없다.

글 상자 또는 도형을 한가운데에 맞추고 싶다면 일단 개체를 화면에 가득 채우고 Ctrl 키를 활용해 개체를 줄이면 된다. 정중앙에 개체를 맞추고 싶은데 이를 해결하지 못했던 많은 독자에게 유용한 팁이 될 것이다. 또한 이는 추후 컨설팅 형식에서 텍스트 상자를 손쉽게 정렬할 때 유용하게 쓰인다. 좌우 일정하게 여백을 남겨둬야 하는 경우가 종종 발생하므로 미리 알아두는 게 좋다.

특정 개체만 지정해 선택하기

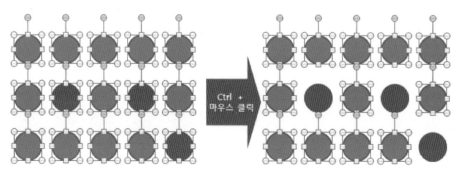

▲ Ctrl 키를 누른 상태에서 개체를 클릭하면 특정 개체만을 제외시키거나 포함시킬 수 있다. 개체 선택 표시가 사라진 것을 확인할 수 있다.

Ctrl 키를 이용하면 특정 개체만 지정해 선택할 수 있다. Ctrl 키를 누른 상태에서 특정 개체를 클릭하면 지정되는데, 계속적으로 Ctrl 키를 누른 상태로 다른 개체를 클릭하면 전에 지정된 개체와 함께 복수 지정이 가능하다. 지정된 개체를 다시 클릭하면 지정이 해제된다. 이를 통해 특정 개체들만 골라서 지우고 싶거나, 특정 개체만 제외하고 나머지 부분을 지우고 싶을 경우 이 기능을 활용하면 더욱 편리하게 작업할 수 있다.

줄 맞춰 개체 복사하기 - Ctrl + Shift

특정 개체를 복사하고 싶을 때 복사/붙이기(Ctrl + C/
Ctrl + V)를 사용하는 경우가 많다. 이 방법을 사용해도
좋지만 또 다른 방법이 있다. 개체를 클릭한 후 Ctrl 키
를 누른 상태에서 마우스를 다른 곳으로 이동하면 개체
를 더 쉽게 복사할 수 있다. 두 방법은 무엇이 다를까?
앞서 언급한 복사/붙이기를 활용할 경우 기존 개체와
줄이 달라진다. 그런데 동일한 개체를 사용하게 되는

▲ 복사/붙이기를 활용하면 다음과
같이 줄이 달라진다.

일반적인 경우 줄을 맞춰 활용하는 경우가 대부분이다. 다음의 예시를 보자.

▲ 일반적으로 동일한 개체는 평행선상에서 활용되는 경우가 많다. 동일한 크기의 세 개체가 일직선으로 나열돼 있다.

이 슬라이드에서 핑크색 점선으로 표시된 부분이 우리가 흔히 사용하는 양식이다. 즉 동일한 크기의 개체는 평행선상에 놓고 활용하는 경우가 흔하기 때문에 개체를 복사/붙이기 할 경우, 다시 줄을 맞춰야 하는 번거로움이 뒤따른다. 이를 간단히 해결해 줄 수 있는 방법이 있다. 바로 Ctrl과 Shift를 함께 활용하면 된다. 개체를 선택한 뒤 Ctrl 을 누르고 마우스를 드래그하면 개체 복사가 가능해진다. 이런 상황에서 Shift 키도 함께 누른 상태에서 개체를 이동시킨다. 개체는 좌우 또는 상하로만 이동이 가능하기 때문에 기존의 개체와 줄 맞추기가 쉬워진다.

이 방법을 사용하면 번거롭게 복사/붙이기 후 다시 줄을 맞출 필요가 없다. 자연스레 작업 속도도 빨라지게 된다.

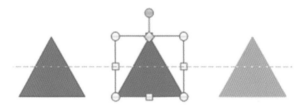

▲ 오른쪽에 생성되는 새 개체는 왼쪽에 있는 개체와 수평선상에서 같은 위치에 놓인다. Ctrl + Shift 키를 조합해 간단히 위치를 맞출 수 있다.

글씨 관련 단축키

Ctrl 키는 글꼴 및 글의 위치를 조정하는 데 사용하는 단축키와 연관이 있다. 대부분의 단축키는 마이크로소프트 오피스 프로그램에서 공통적으로 활용되니 알아두면 편리하게 활용할 수 있다. 또한 무작정 외우기보다 해당 단축키의 의미를 안다면 암기가 훨씬 쉽다.

- **Ctrl + I(Italic)**: 이탤릭체, *이 단축키는 글씨를 비스듬히 눕혀주는 이탤릭체로 만든다. 다시 한 번 누르면 취소된다.*
- **Ctrl + U(Underline)**: 밑줄. <u>이 단축키는 글씨 아래 밑줄을 그어주는 역할을 한다. 다시 한 번 누르면 취소된다.</u>
- **Ctrl + B(Bold)**: 굵은 글씨, **이 단축키는 글씨를 굵게 만들어 준다. 다시 한번 누르면 취소된다.**

이렇게 글꼴 자체를 변경해주는 단축키가 있는 반면, 글의 위치를 바꿔주는 단축키 역시 존재한다. 단 이 단축키는 해당 개체를 클릭 후에 사용해야 동작한다.

- **Ctrl + L(Left: 왼쪽 정렬)**: 글씨를 왼쪽으로 정렬한다.
- **Ctrl + E(cEnter: 가운데 정렬)**: 글씨를 가운데로 정렬한다(모두 알다시피 Ctrl + C는 복사 명령이기 때문에 부득이하게 E를 단축키로 지정했다).
- **Ctrl + R(Right: 오른쪽 정렬)**: 글씨를 오른쪽으로 정렬한다.

▲ 개체를 클릭한 후 단축키를 입력하면 다음과 같이 글 상자 안에서 정렬이 이뤄진다.

프로그램 동작 관련 단축키

Ctrl 키는 파워포인트 프로그램 자체에 대한 동작을 제어하는 기능도 단축키로 지정돼 있다.

- **Ctrl+N(New)**: 새로운 파워포인트 파일 열기
- **Ctrl+O(Open)**: 기존 파일 열기
- **Ctrl+S(Save)**: 파일 저장하기
- **Ctrl+A(All)**: 개체 전체 선택. 단 이 기능은 주 화면을 클릭한 상태에서 사용하면 주 화면에 있는 모든 개체가 지정되고, 보조 화면을 클릭한 상태에서 사용하면 보조 화면의 모든 슬라이드가 선택된다.
- **Ctrl+T(Text)**: 글꼴 변경. 이 단축키는 글씨가 들어있는 개체를 선택한 상태에서 눌러야만 동작한다. 글꼴, 글씨 크기, 색상 등을 선택할 수 있다.
- **Ctrl+P(Print)**: 인쇄를 할 수 있게 한다. 다양한 프린터 관련 설정을 여기서 할 수 있다.
- **Ctrl+Z**: 윈도우 전체에서 사용하는 단축키다. 바로 직전 수행했던 작업을 취소해준다.
- **Ctrl+F(Find)**: 윈도우 전체에서 사용하는 단축키로, 특정 단어를 전체 문서에서 검색해준다.
- **Ctrl+H(cHange)**: 윈도우 전체에서 사용하는 단축키로, 특정 단어를 전체 문서에서 검색해 다른 단어로 바꿔준다.
- **Ctrl+Shift+C/V**: 서식 복사. 특정 개체의 서식을 다른 개체에 그대로 적용한다.

이 중에서 Ctrl+A는 어느 화면을 클릭하고 사용하느냐에 따라 그 방식이 달라진다. 다음 그림처럼 보조 화면을 클릭 후에 Ctrl+A를 누를 경우 모든 슬라이드가 선택된다. 반면 본 화면을 클릭한 후 Ctrl+A를 누를 경우 해당 슬라이드에 있는 모든 개체가 선택된다. 이는 현재 슬라이드에 있는 모든 글꼴을 한번에 바꾸고 싶을 때 유용하게 사용할 수 있다.

▲ 보조 화면을 클릭한 후 단축키를 누르면 전체 슬라이드가 선택된다. 주 화면을 선택한 후 단축키를 누르면 해당 슬라이드에 있는 모든 개체가 선택된다.

추가적으로 알고 있으면 좋을 팁이 하나 더 있다. 글꼴을 바꿀 때에는 **한글 글꼴을 우선 바꾸고 그 다음 영문 글꼴을 바꿔야 한다.** 그렇게 해야 한글도 원하는 글꼴로 지정할 수 있고, 영문도 원하는 글꼴로 지정할 수 있다. 영문 글꼴에는 한글 글씨체가 없지만, 한글 글씨체에는 영어 글씨체 역시 포함되기 때문이다(예: 한글 글꼴을 '맑은 고딕'으로, 영어 글꼴을 'Arial'로 지정하고 싶다면 맑은 고딕 → Arial 순서대로 글꼴을 지정해야 한다).

또한 Ctrl + Z 키에는 간단하지만 유용한 기능이 있다. 우리가 고유명사를 영어로 사용할 때, 이 단어가 등록돼 있지 않을 경우 자동 맞춤법 검사 기능에서 자꾸만 한글로 바꿔버리는 경험을 한 번씩은 했을 것이다. 지금 'Ctrl 키'라는 단어를 입력하고 스페이스 바를 눌러보자. 'Ct기 키'가 돼 있을 것이다. 물론 맞춤법에서 고유 단어로 등록하면 이러한 문제를 해결할 수 있지만, 이런 일이 있을 때마다 단어를 맞춤법 코너에 등록하기는 번거롭다. 이럴 때 단어가 한글로 바뀌면 곧바로 Ctrl + Z를 눌러보자. 원래 쓰려던 단어로 되돌아가 있는 것을 발견할 수 있다(실제로 Ctrl을 타이핑하고 스페이스 바를 누르면 Ct기로 자동 변환되는데, 그 상태에서 Ctrl + Z를 누르면 원하는 대로 글씨가 되돌아가는 것을 볼 수 있다).

참고로 직전 작업 취소는 20번 전까지 했던 작업까지만 취소 가능하다. 무한정 작업 취소가 되지 않으니 파일의 버전 관리와 백업에 신경 쓰자.

Alt 단축키 모음

Alt 단축키는 Ctrl 단축키와는 조금 달리 Alt와 단일 알파벳으로 만든 단축키가 거의 없다. 하지만 몇 가지 단축키를 외워 둘 경우 굉장히 편리하게 주요 기능을 활용할 수 있다. Alt 관련 단축키를 지금부터 알아보겠다.

- **Alt+F(File)+N(New)**: 새로운 프리젠테이션 파일 열기
- **Alt+F(File)+O(Open)**: 기존 작성된 PPT 파일 열기
- **Alt+I(Insert)+P(Picture)+F(File)**: 외부 파일에서 그림 파일 불러오기
- **Alt+I(Insert)+X(teXt)+H(Horizontal)**: 텍스트 상자 만들기 기능이다. 참고로 I+X+V(Vertical)를 누르면 세로형 텍스트 글쓰기 상자가 만들어진다.

사실 Alt와 관련된 단축키는 얼마든지 새롭게 만들 수 있다. Alt 키를 누르게 될 경우 다음과 같이 숫자 또는 문자가 나타나게 되는데, 자신이 특별히 자주 사용하는 메뉴가 있을 경우 이와 같이 외워 놓은 상태에서 활용하면 작업 시간을 단축할 수 있다. 필자의 경우, 텍스트 상자 만들기(I+X+H)와 외부 파일에서 그림 파일 불러오기(I+P+F)는 정말 빈번하게 사용한다. 이 책을 읽는 독자들도 두 개의 단축키는 반드시 익혀두기를 추천한다.

▲ 다음과 같이 Alt 키를 누르면 모든 메뉴에 숫자/알파벳이 표시되는 것을 볼 수 있다.

Ctrl과 Alt, 그리고 Shift의 활용

이번에 언급하려는 내용은 단축키라고 단정지어 부르기는 어렵지만 숙지하고 있을 경우, 파워포인트 작업 시간을 상당 시간 줄일 수 있기 때문에 소개한다. 특히 파워포인트에서 개체를 다룰 경우 Ctrl, Alt 그리고 Shift를 얼마나 잘 다루는지의 여부에 따라 작업 속도가 크게 차이나므로 이 부분을 주의 깊게 읽어보도록 하자.

참고: 지금부터 언급하는 모든 상황은 해당 개체를 클릭하고 이동할 때 적용된다.

- **Ctrl**: 클릭한 개체 복사
- **Alt**: 클릭한 개체 미세 이동
- **Shift**: 클릭한 개체의 좌우, 상하 평행이동

이 세 가지 기능은 서로 조합해서 사용할 수 있다. 즉 Ctrl과 Alt를 조합할 경우 개체를 복사하는 동시에 미세조정이 가능하게 되며, 앞 페이지에서 언급했듯이 Ctrl과 Shift를 함께 사용하면 클릭한 개체와 평행선상에서 이동하는 동시에 개체 복사가 가능해진다. Alt와 Shift를 같이 사용할 경우 개체가 미세하게 움직이는 동시에 수평 또는 수직을 유지하며, 세 키를 동시에 누르면 개체의 평행선상 이동, 미세 이동 및 복사가 동시에 진행된다.

또한 Ctrl과 Shift는 글자 크기를 손쉽게 조정하는 데에도 유용하게 사용할 수 있다. 글이 있는 개체를 선택하고 다음과 같이 입력해보자.

- **Ctrl + Shift + >**: 텍스트 크기를 한 단계씩 키운다.
- **Ctrl + Shift + <**: 텍스트 크기를 한 단계씩 줄인다.

개체를 선택한 상태에서 단축키를 누르면 텍스트의 크기를 키우거나 줄일 수 있다. 이 방법은 서로 다른 글씨 크기를 가진 텍스트에 대한 크기 조절을 한꺼번에 진행할 수 있기 때문에 편리하다.

또한 서로 다른 두 텍스트의 크기의 비율을 유지한 채로 키우거나 줄일 수 있기 때문에 일일이 비율을 따져가며 각각의 텍스트 크기를 지정해 줄 필요가 없어 간편하다. 다음 예시를 보면 '해외 여행'이라는 글과 '계획 세우기'라는 크기가 다른 텍스트가 있다. 일반적으로 문서를 작성할 때 텍스트 크기가 서로 다른 개체는 일괄적으로 글씨를 키우거나 일괄적으로 줄이는 경우가 일반적이다. '해외 여행'이라는 글씨는 키우고, '계획 세우기'라는 글씨를 줄이는 경우는 드물다는 의미다. 즉 '해외 여행'이라는 글씨와 '계획 세우기'라는 글씨를 동시에 키우거나 동시에 작게 만드는 경우가 일반적이다. 이 경우에 있어 Ctrl + Shift + > 또는 < 키를 통해 두 텍스트 간의 크기 비율을 유사하게 유지하며, 일괄적으로 글씨를 키우거나 줄이는 일이 가능해진다.

 다양한 개체에 있는 글씨체를 조정할 때 그 비율을 유지하면서 글씨 크기를 조정하고 싶다면 Ctrl + Shift + > 또는 < 키를 활용해보자.

▲ 개체를 드래그한 후 간단하게 글씨 크기를 조절할 수 있다.

마우스 단축키

실제 단축키로 명명돼 있지는 않지만 단축키와 같이 외우고 사용하면 상당히 편리한 기능이 있다. 이를 이 책에서는 '마우스 단축키'라고 부르겠다. 마우스 단축키는 일단 개체를 선택한 후 오른쪽 마우스 버튼을 클릭하는 것으로 시작한다. 개체를 선택한 후 오른쪽 마우스 버튼을 클릭하면 다음과 같은 메뉴가 나타나는데, 여기서 해당 개체의 글꼴, 글꼴 크기, 줄맞춤, 개체 선 색상 등을 직접 조정할 수 있다. 이 중에서 대표적으로 많이 사용하는 메뉴는 '도형 서식'과 '그림으로 저장' 기능이다.

오른쪽 마우스 버튼을 누른 이후 'O' 버튼을 누르면 도형 서식 메뉴로 들어갈 수 있으며, 도형 서식 메뉴에서는 도형의 테두리 색상, 도형 내부 색상 및 그 외 도형의 다양한 속성을 수정할 수 있다. 이에 대해서는 추후에 자세히 알아보겠다.

'S' 버튼을 누르면 해당 개체를 그림으로 저장할 수 있다. 다양한 소셜 미디어에서 카드 뉴스 형식의 포스팅을 볼 수 있는데, 그림으로 저장하기 기능을 활용하면 간단하게 카드 뉴스 형태의 이미지를 생성할 수 있다.

또한 다수의 개체를 선택한 후 마우스 오른쪽 버튼을 클릭하면 메뉴가 조금 달라진다. 단일 개체를 지정하고 오른쪽 마우스 버튼을 눌렀을 경우에는 회색으로 표시되며 비활성화돼 있는 '그룹화' 기능이 다수의 개체(2개 이상)를 선택하고 오른쪽 마우스 버튼을 누를 경우 선택할 수 있는 메뉴로 활성화된다. 그룹 기능은 개체의 레이아웃과 비율을 유지한 상태로 개체를 이동하거나 늘이고 줄일 때 사용하면 유용한 기능이다. 그룹 관련 기능 활용법은 뒤에서 자세하게 설명하겠다. 마우스 단축키로 그룹을 지정하기 위해서는 오른쪽 마우스 버튼을 클릭한 후 'GG'와 'GU'를 누르면 된다. GG는 선택한 다수의 개체를 '그룹으로 지정'해주는 단축키이며, GU는 지정된 그룹을 해제시키는 기능이다.

▲ 단수 개체 선택 시 나오는 메뉴. 이 중 몇 가지는 단축키로 익혀 두면 좋다.

파워포인트 작업을 하다 보면 여러 가지 개체가 겹치는 경우도 생긴다. 이 경우 개체 간의 앞뒤 관계를 조절해야 하는 경우가 생긴다. 그를 조절하는 단축키는 'RR'과 'KK'이다. R을 두 번 누르면 선택한 개체가 가장 앞으로 나오게 되며, K를 두 번 누르면 해당 개체가 가장 뒤로 위치하게 된다. 실제 예시를 통해 알아보자.

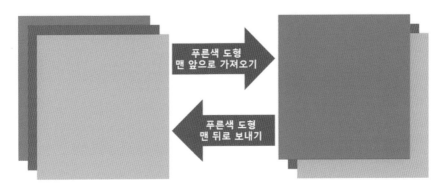

▲ 가장 뒤에 있는 파란색 개체를 선택하고, 오른쪽 마우스 버튼을 클릭 후 RR을 누르면 다음과 같이 파란색 사각형이 개체 중 가장 앞으로 나오는 것을 볼 수 있다.

지금까지 파워포인트 화면의 구성과 전 과정에서 통용될 수 있는 단축키를 알아봤다. 한 눈에 단축키를 볼 수 있도록 필수 기능을 표로 정리했다. 실제로 이 모든 작업은 거의 대부분의 파워포인트 작업에서 활용되기 때문에 지속적으로 익혀둔다면 작업 속도가 더 빨라진다.

▼ 필수 단축키 모음

기능	기능 실행 방법
화면 확대/축소	Ctrl + 마우스 휠
개체 균등 확대/축소	개체 클릭 + Ctrl + 드래그(커서 모양: ↔)
특정 개체만 지정해 선택/해제	Ctrl + 개체 클릭
개체 복사	커서 모양이 ↔ 일 때, 개체 클릭 + Ctrl + 드래그
개체 수평/수직 이동	커서 모양이 ↔ 일 때, 개체 클릭 + Shift + 드래그
개체 미세 이동	커서 모양이 ↔ 일 때, 개체 클릭 + Alt + 드래그
이탤릭체	Ctrl + I
밑줄	Ctrl + U

기능	기능 실행 방법
글씨 굵게	Ctrl + B
글씨 정렬(왼쪽/가운데/오른쪽)	Ctrl + L / E / R
기존 작업 중 파워포인트 파일 열기	Ctrl + O Alt + F + O
개체 전체 선택	Ctrl + A
인쇄	Ctrl + P
특정 단어 검색/바꾸기	Ctrl + F / H
서식 복사/서식 적용	Ctrl + Shift + C / V
외부 파일에서 그림 파일 불러오기	Alt + I + P + F
텍스트 상자 만들기	Alt + I + X + H
글씨 크기 크게/작게	Ctrl + Shift + > / <
슬라이드 쇼 시작	F5
현재 슬라이드부터 슬라이드 쇼 시작	Shift + F5
직전 작업 재실행	F4
개체 속성 메뉴 진입	개체 선택 + 오른쪽 마우스 버튼 + O
개체 그림으로 저장	개체 선택 + 오른쪽 마우스 버튼 + S
개체 맨 앞으로 보내기	개체 선택 + 오른쪽 마우스 버튼 + R + R
개체 맨 뒤로 보내기	개체 선택 + 오른쪽 마우스 버튼 + K + K
그룹 지정	복수 개체 선택 + 오른쪽 마우스 버튼 + G + G
그룹 해제	복수 개체 선택 + 오른쪽 마우스 버튼 + G + U

⊕ 퍼펙트 슬라이드 클리닉

1. 파워포인트 화면은 크게 9부분으로 나눌 수 있다. 이 중에서 가장 활용 빈도가 높은 것은 주 메뉴다.

2. 단축키 사용은 작업 속도를 향상시키는 데 필수 요소다. 파워포인트를 구성하는 단축키는 Ctrl/Alt/Shift와 다양한 키로 조합한다.

3. Ctrl 키의 핵심 기능은 개체 복사 및 균등 확장, Alt 키의 핵심 기능은 미세 이동, Shift 키의 핵심 기능은 평행 이동 기능이다. 모두 개체를 선택한 후 마우스를 통해 이동 가능하다.

4. 개체를 선택한 후 마우스 오른쪽 버튼을 클릭하면 '마우스 단축키'를 활용할 수 있다.

Perfect Slide Clinic

메뉴 파헤치기 I
파일 메뉴

우리는 3장에서 파워포인트의 기본 메뉴 구성 및 단축키 활용을 알아봤다. 이번 4장부터 7장까지 파워포인트 메뉴 탭별로 어떤 기능이 있는지 상세히 소개하고, 슬라이드를 만들 때 어떤 식으로 활용하면 되는지 알아본다. 파워포인트에 있는 기능을 모두 살펴보겠지만, 특별히 많이 활용하는 기능을 더 중점적으로 분석해 활용 예시를 보여주는 방향으로 내용을 구성했다. 이 책에서 간단한 소개로 그치는 기능은 회사 실무 또는 학교에서 파워포인트 활용 시 거의 사용되지 않으니 걱정하지 않아도 좋다. 일단 첫 번째 순서로 파일 메뉴를 자세히 알아보자.

➕ 파일 메뉴

파일 메뉴는 우리가 작성하고 편집하는 파일을 저장하거나 신규 파일을 여는 등 파워포인트 파일 자체를 관리할 수 있는 메뉴다. 대단히 어렵거나 복잡한 메뉴는 아니지만, 반드시 알아야 할 사항이 몇 가지 있으니 이번 장에서 알아보겠다. 파워포인트 프로그램을 열면 가장 왼쪽 상단에 '파일'이라는 메뉴가 있다. 이 메뉴를 클릭하면 파일 메뉴를 볼 수 있다.

▲ 파워포인트 메뉴 중 가장 왼쪽 상단을 클릭하면 '파일' 메뉴를 볼 수 있다.

파일 메뉴는 홈, 새로 만들기, 열기, 정보, 저장, 다른 이름으로 저장, 인쇄, 공유, 내보내기, 닫기, 계정, 피드백, 옵션으로 구성된다. 이 메뉴는 직접 클릭해보면 어렵지 않게 알 수 있다. 강조했듯이 모든 기능을 일일이 나열하기보다는 중요한 기능을 자세하게 설명하는 식으로 책을 구성했으니 참고하기 바란다.

1. **홈**: 새로운 파일을 열거나 기존에 작업하던 파일을 열 수 있다. 기존 파일은 검색창을 통해 검색도 가능하다. 자신이 자주 하는 작업을 고정시켜 둘 수도 있다.

2. **새로 만들기**: 새로운 파일을 생성할 때 사용하는 메뉴다. 파워포인트 어떤 화면에서든 단축키 Ctrl + N(New)를 눌러서 파워포인트 파일을 새로 생성할 수 있다. 다만 '파일-새로 만들기'를 선택하면 파워포인트 버전에 상관없이 활용할 수 있는 다양한 배경 테마를 선보인다. 그러나 어떤 버전에서도 이 디자인을 그대로 사용하는 것은 프리젠테이션 슬라이드를 못 만들어도 괜찮다는 생각과 같으므로 무조

건 '새 프레젠테이션', 즉 빈 화면을 선택하도록 하자. 책 뒷부분에서 자세히 설명하겠지만, 슬라이드 디자인을 젠 형식으로 하든 컨설팅 형식으로 하든 간에 기본적으로 제공하는 테마는 사용하지 않는 편을 권한다. 제대로 된 배경 화면을 만드는 방법은 다시 설명하겠다.

▲ 새로 만들기 메뉴를 클릭했을 때 다양한 디자인 서식이 나오지만 안타깝게도 활용할 만한 디자인 서식은 없다. 곧바로 빈 화면만 표시되는 '새 프레젠테이션'을 선택하자.

3. **열기**: 기존에 저장한 슬라이드 파일을 재작업하기 위해 열려면 바로 이 메뉴를 누른다. 파워포인트 어떤 화면에서든 단축키 Ctrl + O(Open)를 눌러서 기존에 작업하던 파워포인트 파일을 불러올 수 있다. 파일-열기 버튼을 누르면 다음과 같이 최근 사용한 파일 목록을 확인할 수 있다. 하지만 대부분의 경우 우리가 작업할 파일을 파일 탐색기를 통해 불러오는 경우가 대부분이니 참고로 알아두면 된다.

목록 위에 마우스 커서를 올리면 핀 모양을 볼 수 있는데, 이 핀을 클릭할 경우 '고정됨'이라는 메뉴에 파일이 고정돼 쉽게 접근할 수 있다.

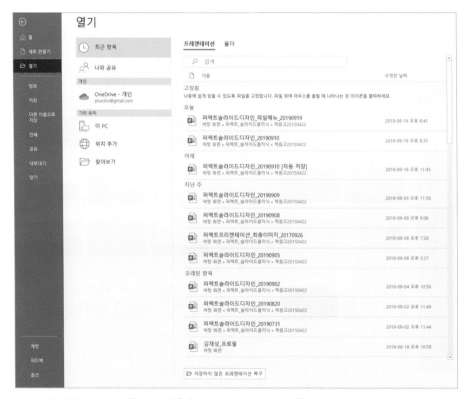

▲ 열기 메뉴를 통해 과거 작업한 파일 목록을 확인하고 목록 중 선택해 파일을 열 수 있다.

4. **저장**: 누르는 즉시 지금 직업 중인 파일이 저장된다. Ctrl + S(Save) 단축키를 사용해 작업 중에도 자유롭게 저장할 수 있다. 참고로 오피스 365 버전의 파워포인트에서는 자동 저장 기능을 사용해 저장 버튼을 누르지 않아도 실시간 저장이 가능해졌다. 기본 메뉴 화면 왼쪽 상단에서 자동 저장 기능을 켜고 끌 수 있다.

5. **다른 이름으로 저장**: Alt + F(File) + A(Another name) 단축키를 사용해 접근할 수 있는 메뉴다. 이번 메뉴는 짚고 가야 할 내용이 제법 많다. 함께 알아보자.

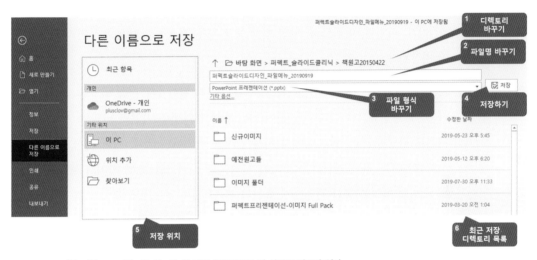

▲ 다른 이름으로 저장 메뉴의 기능은 자주 활용되므로 잘 알아둘 필요가 있다.

(1) 디렉토리(경로) 바꾸기: 이 부분을 클릭하면 현재 사용하는 디렉토리를 변경할 수 있다.

(2) 파일명 바꾸기: 말 그대로 파일명을 바꿀 수 있다.

(3) 파일 형식 바꾸기: 최신 형식의 파워포인트 파일(확장자 pptx), 혹은 과거 형식의 파워포인트 파일(확장자 ppt) 뿐만 아니라 슬라이드 쇼 전용 파일 등 다양한 파일 형태로 파워포인트 파일을 저장할 수 있다. 다만 여기서 가장 자주 사용하는 형태는 당연히 파워포인트 파일(pptx)과 PDF 파일이다. 팀 내부에서 파워포인트 파일을 수정/편집할 경우에는 당연히 파워포인트 파일로 공유하지만, 외부 교육용이나 외부로 문서가 나가는 경우, 문서를 수신한 사람이 임의로

수정/변형하지 못하게 하는 편이 일반적이다. 바로 이때 PDF 파일로 저장해 문서를 발송하면 좋다. 단 PDF 파일로 변형할 경우 파워포인트에 적용한 애니메이션 효과는 모두 사라지게 되니 이 점에 유의해야 한다.

⑷ 저장하기: 파일명, 디렉토리, 파일 형식 등을 모두 지정하고 나서 누르면 파일이 저장된다.

⑸ 저장 위치: 과거 버전의 파워포인트에서는 당연히 로컬 컴퓨터에 파일을 저장하는 게 당연했으나 클라우드 서비스와 무선 인터넷/모바일의 발달로 저장 위치도 다양해졌다. 메뉴 중에서 저장 위치를 선택하면 된다. 특히 마이크로소프트에서는 원드라이브^{OneDrive}라는 클라우드 서비스를 통해 마이크로소프트 오피스 파일을 통합 관리하게 돕는다. 해당 서비스는 별도 요금이 청구될 수 있으니 사용 여부는 개인적인 선택에 맡긴다.

⑹ 최근 저장 디렉토리 목록: 최근 파워포인트 파일을 저장한 디렉토리 목록이 표시된다. 이 목록 중에서 선택하거나 직접 디렉토리를 지정한 다음 저장하면 된다.

6. **인쇄**: 작성한 슬라이드를 출력할 수 있는 메뉴다. 실제 종이로 출력할 수도 있고, PDF 문서로 출력해서 파일로 저장할 수도 있다. 이곳에서 PDF로 출력하는 기능을 활용하거나 '다른 이름으로 저장' 메뉴에서 PDF로 저장하거나 결과는 같으니 더 편한 방식을 사용하면 된다.

⑴ 인쇄 버튼: 다른 설정을 마친 후 누르면 인쇄를 시작한다.

⑵ 복사본: 몇 부를 인쇄할지 결정한다.

(3) 프린터 선택: 프린터 메뉴를 선택하면 현재 컴퓨터와 연결된 프린터 목록 및, 파워포인트 자체에서 사용할 수 있는 소프트카피 인쇄(예: PDF 변환) 등을 선택할 수 있다.

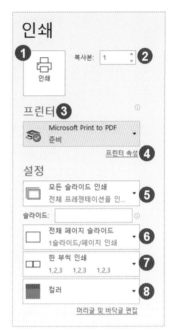

(4) 프린터 속성: 프린터 제조사마다 메뉴는 다소 다르지만 여기서 1장에 몇 개의 슬라이드를 인쇄할지 결정하는 메뉴가 나오므로 반드시 알아둬야 한다. 6번 메뉴에서도 1페이지에 몇 장의 슬라이드를 인쇄할지 결정할 수 있지만, 이 기능을 활용할 경우 슬라이드의 인쇄 면적이 좁아져 가독성에 좋지 않다.

(5) 모든 슬라이드 인쇄: 모든 슬라이드를 인쇄할지, 지금 지정돼 있는 슬라이드만 인쇄할지, 일부 슬라이드만 특정해서 인쇄할지 정할 수 있다. 특히 '슬라이드' 옆에 빈칸이 있는 메뉴를 활용해 다음과 같이 인쇄하고 싶은 슬라이드를 지정할 수 있다.

- **– 표시 활용**: 숫자 사이에 –를 넣으면 인쇄를 시작할 처음 슬라이드와 끝 슬라이드를 지정하게 된다. 예시로 5–9라고 입력하면 5페이지부터 9페이지가 출력된다.
- **, 표시 활용**: 숫자 사이에 ,를 넣으면 독립된 슬라이드를 출력할 수 있다. 예를 들어 5, 9라고 입력하면 5번째 슬라이드와 9번째 슬라이드만 인쇄된다.

(6) 페이지당 인쇄 슬라이드: 이 메뉴에서는 페이지당 인쇄할 슬라이드 개수를 결정할 수 있다. 다만 앞서 말했듯이 이 메뉴를 사용할 경우 슬라이드의 인쇄 면적이 좁아져 가독성에 좋지 않으므로 4번의 프린터 속성을 사용해 여러 장의 슬라이드를 한 페이지에 인쇄하도록 하자.

(7) 인쇄 부수 형태 지정: 여러 부를 인쇄할 때 이 기능을 활용하면 한 부씩 인쇄할 수도 있고, 동일 페이지를 지정 부수만큼 인쇄할 수도 있다. 예를 들어 1-10페이지까지 있는 슬라이드를 3부 인쇄한다고 했을 때 '한 부씩 인쇄'를 선택하면 1-10페이지를 출력 후 다시 1-10페이지를 출력하는 과정을 반복하지만 '한 부씩 인쇄 안함'을 선택하면 1페이지를 세 번 인쇄한 후 2페이지를 세 번 인쇄하는 식으로 진행된다

(8) 컬러 여부 지정: 컬러, 회색조, 흑백을 선택할 수 있다. 컬러는 말 그대로 프린터에서 제공하는 컬러 색상을 활용해 문서의 색상을 동일하게 표현하고, 회색조는 검은색의 명암으로 문서를 표시한다. 흑백은 글씨를 모두 흑색으로 인쇄한다. 물론 컬러 프린터일 경우에 이 모든 기능을 활용 가능하며, 혹시 흑백 프린터를 쓰고 있거나 토너, 잉크가 떨어졌을 경우는 일부 기능을 사용하지 못할 수도 있다.

이 밖에도 머리글과 바닥글 편집 메뉴가 존재하는데, 이는 7장에 나오는 슬라이드 마스터 메뉴에서 다루므로 여기서는 다루지 않는다.

7. **공유**: 마이크로소프트에서 제공하는 클라우드 서비스 OneDrive에 업로드해 파일을 공유하는 기능이다. 혹은 복사본을 첨부해 전자 메일로 전송할 수도 있다. 파일 형태는 가장 자주 활용되는 PPT 파일 형태와 PDF 파일을 선택할 수 있다. 아직까지는 회사에서 메일을 활용해 파일을 주고 받는 경우가 대부분이므로 이 기능은 참고로만 알아도 충분하다.

8. **내보내기**: 여러 가지 파일 형식으로 파일을 저장할 수 있는 기능이다. 자주 사용하지는 않으니 보는 것만으로 충분하다.

9. **닫기**: 파일을 닫는다. 만약 최종 수정한 버전까지 파일이 저장돼 있다면 곧바로 파워포인트 프로그램을 종료하지만, 최종 저장한 이후 수정 사항이 있을 경우 파일을 저장하겠냐고 물어보는 메뉴가 나온다.

10. **계정**: 클라우드 서비스와 프로그램 구독 서비스가 보편화되면서 마이크로소프트에 로그인한 이후 컴퓨터별로 프로그램을 사용할 수 있는 권한을 관리하는 메뉴다.

11. **피드백**: 프로그램에 대한 피드백을 보낼 수 있는 메뉴다.

12. 옵션: 파워포인트의 다양한 메뉴에 대한 설정이 가능하다. 모든 메뉴를 살펴볼 필요는 없지만 다음의 두 기능은 꼭 알아두자.

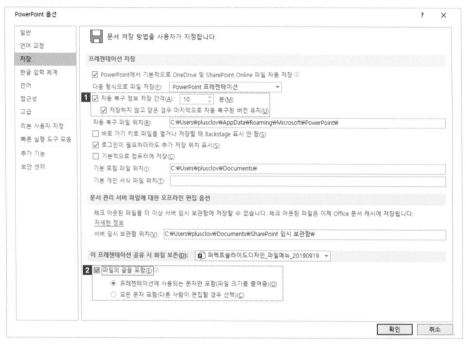

▲ 자동 복구 기능과 글꼴 포함 기능은 반드시 알아야 한다.

(1) 자동 복구 정보 저장 간격 조정 : 기본 10분마다 파일을 자동으로 저장해 파일 유실을 막아주는 기능이다. 작업을 진행하다가 프로그램이 갑자기 멈추는 등의 문제가 발생했을 때 정말 필요한 기능이다. 이 간격을 더 짧게 설정할 수도 있으니 참고하자. 다만 너무 짧은 간격으로 자동 복구 파일 저장을 지정하면 컴퓨터 성능이 좋지 않을 경우 컴퓨터에 과부하가 걸려 속도가 느려지는 문제가 발생할 수도 있으니 5분 혹은 10분마다 자동 복구 정보를 저장하는 수준으로

설정하면 적당하다. OneDrive를 사용하는 경우 실시간으로 저장돼 파일 유실을 막기가 더 쉽다.

(2) **파일의 글꼴 포함** : 내가 작업한 파일에 사용하는 글꼴을 파워포인트 파일 내부에 넣어주는 기능이다. 자신이 직접 작업한 PC를 갖고 발표장에 가는 경우도 많지만, 여전히 파일을 보내고 주최측에서 준비한 컴퓨터로 발표하는 경우 역시 자주 발생한다.

이때 본인이 작성한 슬라이드에서 활용한 글꼴이 상대방 컴퓨터에 설치돼 있지 않다면 글씨가 기본 글씨체로 보여서 디자인 속성을 해칠 뿐만 아니라 글꼴별로 글꼴 너비가 서로 다르므로 레이아웃까지 깨져 열심히 준비한 슬라이드가 대충 만든 슬라이드로 보일 위험이 생긴다. '읽기 전용'으로 파일을 열면 해결할 수도 있지만, 현장에서 파일을 수정해야 할 수도 있는 법. 이때 가장 간단한 해결 방법이 바로 '파일 글꼴 포함'을 체크해 주는 것이다. '프레젠테이션에 사용되는 문자만 포함'을 선택하면 글꼴 중 일부만을 가져오게 된다. 예를 들어 슬라이드에 '가나다라마'라는 문자로만 슬라이드를 작성했다면 이 옵션을 선택하고 '바'를 치면 '바'라는 글자는 우리가 적용한 글꼴의 적용을 받지 못한다. 대신 모든 문자를 포함시키면 추후 편집할 때 모든 글씨를 포괄하므로 이 방식을 택하면 이후에 편집도 자유롭게 할 수 있다. 다만 이 방식으로 파일을 저장하면 파일 용량이 늘어난다는 점은 알아두자.

파일 메뉴는 파일을 시작하고, 편집을 위해 작업하던 파일을 열고, 저장하고 인쇄하는 등 파워포인트 슬라이드를 디자인하는 전후 과정에 관여하는 중요한 메뉴이므로, 필수 기능은 반복적인 사용을 통해 꼭 익혀두자.

Perfect Slide Clinic

메뉴 파헤치기 II
홈 메뉴

간단한 메뉴 몇 가지만 익히면 되는 파일 메뉴와 달리 파워포인트 고수가 되기 위해 반드시 잘 알아야 할 메뉴가 있다. 바로 홈 메뉴가 그 시작점이다. 이제 홈 메뉴를 자세히 알아보자.

파워포인트 메뉴는 각각의 '탭'으로 이뤄져 있다. 다음 그림에서 볼 수 있는 홈, 삽입, 디자인 등을 탭이라고 부르는데, 각각의 탭을 누르면 탭이 갖고 있는 세부 메뉴를 볼 수 있다. 세부 메뉴는 어떠한 개체를 선택하느냐에 따라 활성화되는 경우도 있고, 비활성화되는 경우도 있다.

본격적으로 홈 메뉴 기능을 알아보자. '홈'을 클릭하면 세부 메뉴를 볼 수 있다. 홈 탭의 세부 메뉴는 클립보드, 슬라이드, 글꼴, 단락, 그리기, 편집 등 여섯 가지로 나뉜다. 세부 메뉴 중에는 오른쪽 하단에 작은 화살표가 표시된 메뉴가 있는데, 이 경우 작은 화살표를 누르면 해당 메뉴를 확장해서 볼 수 있다. 지금부터 홈 탭에 속해 있는 여섯 가지 세부 메뉴를 하나씩 알아보겠다.

➕ 클립보드

클립보드 메뉴에서는 개체 또는 텍스트를 복사하거나(Ctrl + C), 오려서(Ctrl + X) 붙일 수(Ctrl + V) 있다. 이 기능은 앞서 언급한 단축키로 해결할 수 있다. 클립보드 세부 메뉴에서 가장 자주 활용되는 동시에, 반드시 활용해야 할 기능은 바로 '서식 복사' 기능이다. 서식 복사는 해당 개체가 갖고 있는 서식, 즉 글꼴, 글씨 크기, 글씨 색상, 개체 색상 등을 그대로 복사해 다른 개체에 사용할 수 있게 해 준다. 서식 복사에서는 다음과 같은 항목을 복사할 수 있다.

서식 복사에서 복사되는 항목
- 글꼴
- 글씨 크기
- 글꼴 배경 색상
- 개체 색상(채우기 색상 및 선 색상)

참고로 서식 복사를 하면 개체 안의 글꼴은 달라지고, 개체의 선, 채우기 등은 똑같이 변하더라도 개체 크기(예: 사각형, 원형 등의 개체)는 달라지지 않는다. 개체 크기까지 똑같이 만들고 싶다면 원래 개체를 복사하면 된다. 서식 복사 활용을 실제 예시를 통해 살펴보자.

첫 번째로 할 일은 다른 개체에 적용할 서식을 복사하는 일이다. 서식을 복사하고 싶은 개체를 마우스로 클릭한다. 이때 마우스로 개체의 가장자리를 클릭해야 한다. 내부를 클릭하면 텍스트의 서식만 복사되기 때문이다.

다음과 같이 개체를 지정한 이후, 활성화된 서식 복사 버튼을 클릭한다. 버튼을 클릭하면 서식이 복사되는데, 복사가 제대로 됐으면 마우스 커서의 모양이 화살표 옆 페인트 붓이 있는 형태로 바뀐다(◥♣).

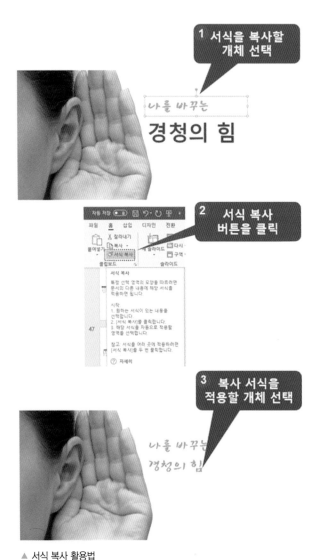

1 서식을 복사할
개체 선택

나를 바꾸는
경청의 힘

2 서식 복사
버튼을 클릭

3 복사 서식을
적용할 개체 선택

나를 바꾸는
경청의 힘

▲ 서식 복사 활용법

이제 서식을 적용할 개체를 클릭한다. 이때에도 개체의 테두리를 클릭해야 복사하려는 모든 서식이 개체 안에 있는 모든 요소에 반영된다는 점을 참고하자. 왼쪽 예시를 보면 '경청의 힘'이라는 글씨가 서식 복사에 의해 글꼴, 글씨 색상, 글씨 크기까지 '나를 바꾸는' 서식과 같아졌음을 확인할 수 있다.

'서식 복사' 부분을 클릭하지 않고도 서식 복사를 할 수 있는 방법이 있다. 개체를 클릭한 다음 단축키(Ctrl+Shift+C)를 써서 서식을 복사하고, 서식을 적용할 개체를 선택한 다음 Ctrl+Shift+V를 통해서 서식을 적용할 수도 있다.

126

➕ 슬라이드

슬라이드 메뉴에서는 슬라이드와 관련된 전반적 메뉴를 다룰 수 있다. 새로운 슬라이드를 만들거나 레이아웃을 조정하고 구역을 나눌 수도 있다. 이 메뉴는 실제로 클릭해 활용하는 빈도는 낮은 편이다. 보조 화면에서 오른쪽 마우스 버튼 클릭으로 슬라이드 메뉴에 표시된 모든 기능 뿐 아니라 추가 작업까지 가능하기 때문이다. 따라서 여기에서는 보조 화면에서 오른쪽 마우스 버튼을 눌렀을 때 나타나는 메뉴를 알아보겠다. 이 부분은 직접 프로그램을 통해 하나씩 누르면서 따라 해 보면 이해가 쉽다.

1. **잘라내기**: 해당 슬라이드를 잘라낸다. 오려 두기 (Ctrl + X)와 같은 기능을 갖는다. 잘린 슬라이드는 삭제된 것이 아니므로 붙이기(Ctrl + V) 단축키를 통해 잘라내기 했던 슬라이드를 다시 붙여 넣을 수 있다. 물론 다른 개체를 복사하거나 잘라낼 경우 기존에 잘라낸 슬라이드는 완전히 사라지니 주의하자.

2. **복사**: 슬라이드를 복사한다. 붙이기(Ctrl + V)를 통해 복사한 슬라이드를 복제할 수 있다.

3. **붙여넣기 옵션**: 다른 곳에서 복사해 온 슬라이드를 붙여 넣을 수 있다. 붙여넣기 옵션 밑에 세 가지 그림이 보인다. 슬라이드를 붙여 넣은 후 세 가지 옵션 중 한 가지를 고를 수 있다. 첫 번째 아이콘을 선택하면 붙여 넣는 곳의 테마를 붙여 넣는 슬라이드에 적용한다. 두 번째 버튼을 누르면 기존 슬라이드의 테마를 그대로 가져온다. 마지막 버튼을 누르면 그림 형식으로 슬라이드를 가져온다. 그림 형식으로 가져 온 슬라이드는 추후 수정이 불가능하다.

4. **새 슬라이드**: 빈 슬라이드를 추가적으로 생성한다.

5. **슬라이드 복제**: 지정된 슬라이드를 복사한다. 복사하기(Ctrl + C)와 같은 기능이다.

6. **슬라이드 삭제**: 지정한 슬라이드를 삭제한다 'Del' 키를 활용해도 같은 효과를 낼 수 있다.

7. **구역 추가**: 슬라이드를 주제별 또는 비슷한 내용별로 묶어 놓고 싶을 때 활용할 수 있는 기능이다. 자주 사용하지는 않는다.

8. **레이아웃**: 슬라이드 마스터에서 작성한 레이아웃을 선택할 수 있는 기능이다. 이 기능은 활용하면 정말 편리하지만 많은 사람이 활용도를 잘 모르는 경우가 많다.

9. **슬라이드 원래대로**: 선택한 슬라이드를 처음 지정한 레이아웃으로 돌려준다. 슬라이드의 형식만 원래대로 되돌릴 뿐, 기존에 작성한 항목은 삭제되거나 수정되지 않는다.

10. **배경 서식**: 슬라이드 배경 색상을 바꿀 수 있다. 젠 형식의 슬라이드를 디자인할 때 주로 사용한다.

11. **사진 앨범**: 외부 파일을 통해 사진을 읽어와 새로운 프리젠테이션 슬라이드 생성과 함께 사진 앨범을 만들어 주는 기능이다. 자주 사용하지는 않는다.

12. **슬라이드 숨기기**: 슬라이드를 숨길 수 있는 기능이다. 숨겨진 슬라이드는 슬라이드 쇼에서 나타나지 않는다. 다시 한번 해당 기능을 선택하면 기능이 해제된다.

지금까지 설명한 메뉴는 대부분 직접 눌러 보면 해당 기능을 어렵지 않게 알 수 있지만, 추가 설명이 있으면 이해가 더 쉬울 메뉴도 존재한다. 밑줄 표시된 3가지 항목은 자주 사용되며 정확히 알고 있을 경우 작업 능률이 향상된다. 그러면 자주 사용하는 붙여넣기 옵션, 레이아웃과 배경 서식에 대해 조금 더 자세히 알아보겠다.

붙여넣기 옵션

앞서 붙여넣기 옵션에서는 3가지 메뉴가 나타난다고 설명했다. 이에 대해 다시 설명하면 다음과 같다. 설명의 편의성을 위해 기존 우리가 작업 중인 문서가 A고, 다른 문서에서 가져온 슬라이드를 B라고 하겠다.

1. **대상 테마 사용**: 새로운 슬라이드를 삽입할 때 원래 슬라이드의 형식을 사용하게 된다. 즉 B에는 A의 테마가 적용된다.
2. **원본 서식 유지**: 새로운 슬라이드를 삽입할 때 새로 삽입되는 슬라이드가 갖고 있는 형태를 그대로 유지한다. 단 슬라이드 비율이 다를 경우 이 비율은 원래대로 유지되지 않는다. 즉 B는 A의 테마가 적용되지 않고 B가 원래 가졌던 테마가 그대로 유지된다.
3. **그림**: 슬라이드를 슬라이드 형태로 가져오지 않고 그림 형태로 가져온다. 자주 사용하는 기능은 아니다.

붙여넣기 옵션에서는 대상 테마를 사용할지, 원본 서식을 유지할지 결정한다. 쉽게 말하면 슬라이드마다 고유한 템플릿이 있는데 내가 외부에서 가져온 슬라이드의 템플릿을 그대로 유지할지, 현재 작업하던 파일에 사용하는 템플릿을 새로 붙이는 슬라이드에도 적용할지를 결정한다고 생각하면 된다. 실제 예시를 통해 알아보자.

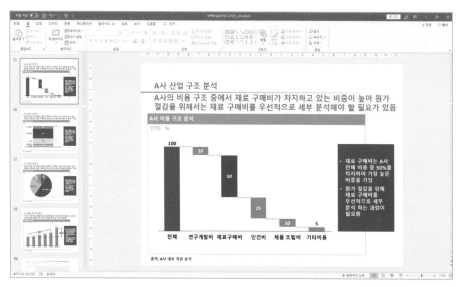

▲ 일반적으로 슬라이드를 작성할 때는 하나의 템플릿을 활용해 팀이 작업하는 경우가 많다.

화면에서 왼쪽을 보면 제목의 위치, 헤드 메시지 크기와 색상 등이 일괄적으로 유사함을 알 수 있다. 팀으로 작업하는 대부분의 회사 업무 특성상, 공통적으로 사용하는 요소는 미리 지정해두면 슬라이드 취합 작업 등이 용이하므로 몇 가지 요소의 위치나 색상, 크기 등을 지정한 뒤 팀원과 공유하게 된다. 이를 템플릿Template이라고 한다.

같은 회사나 팀에서 만들었다 하더라도 어떤 곳에 쓰이는지에 따라 당연히 내부 구성이 달라지고, 필수적으로 동일하게 자리 잡아야 하는 요소(예: 헤드 메시지, 출처 표시 위치, 문서 쪽 번호 등)의 위치나 글씨 색, 글자 크기 등이 달라지는 것은 어찌 보면 당연하다. 실제로 컨설팅 회사 근무 당시 어떤 기업의 프로젝트에 제안서를 제출하느냐에 따라 템플릿이 전면적으로 바뀌지는 않더라도 조금씩은 달라지는 형태를 보였다. 만약 앞에 나온 슬라이드를 작업하다가 활용할 만한 다른 슬라이드를 외부에서 잘라와서 붙여야 하는 상황이 있다고 가정해보자. 실제로 사전에 작성해 둔 자료를 활용하거나 수정해서 활용하는 경우는 회사 생활에서 빈번하게 일어난다. 앞서 언급했듯이 새로 잘라 붙이는 슬라이드를 그대로 붙이면 기존 파일의 통일성을 떨어뜨리기 때문에 원래 작업하던 템플릿에 맞도록 슬라이드를 수정해야 한다.

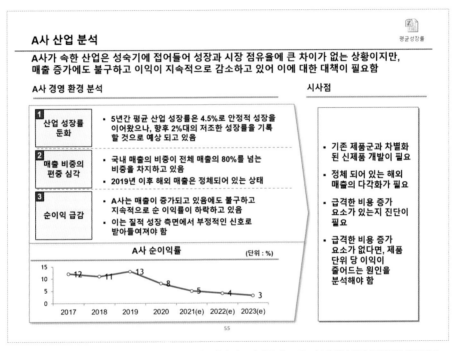

▲ 이 슬라이드 역시 컨설팅 형식의 슬라이드지만 템플릿이 다르기 때문에 그대로 복사해서 쓰면 통일성이 떨어진다.

이때 편리하게 사용할 수 있는 기능이 '대상 테마 사용'이다. 물론 이 기능을 사용한다고 해서 서로 다른 형태의 템플릿이 원하는 형태로 완전히 바뀌지는 않고 후속 작업이 필요하지만, 헤드 메시지 위치, 쪽번호 위치, 자료 출처를 표기할 경우 출처 표기 위치 등의 기본 사항을 지정해 주므로 작업 시간을 단축시켜줄 수 있다. 만약 새로 붙이는 외부 슬라이드의 템플릿을 그대로 유지해도 상관없다면 우선 슬라이드를 붙인 후 '원본 서식 유지'를 선택하면 최초 복사해온 슬라이드의 템플릿을 그대로 유지하면서 우리가 작업하던 문서에 붙이는 일이 가능하다.

슬라이드 레이아웃

레이아웃 메뉴를 누르면 다음 화면과 같이 다양한 기본 레이아웃이 나타난다. 젠 형식은 키워드와 커다란 이미지를 사용하는 것이 대부분이고 키워드 위치도 화면에 따라 변경되는 경우가 잦기 때문에 이 기능을 활용할 일이 그렇게 많지 않지만, 컨설팅 형식의 슬라이드를 만들 때에는 정형화된 글 상자 위치와 크기, 글꼴, 글꼴 크기 등이 대부분 정해져 있기 때문에 이 기능을 활용해 슬라이드에 공통적으로 적용되는 사항을 미리 정해 놓고 작업하면 능률을 향상시킬 수 있다.

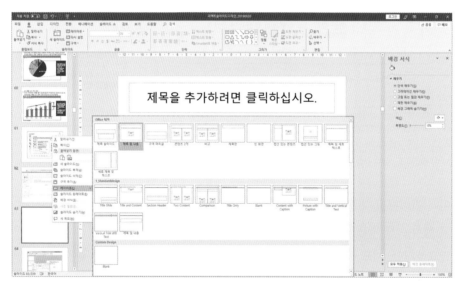

▲ 레이아웃을 선택할 경우 볼 수 있는 화면. 왼쪽 슬라이드 개요에서 오른쪽 마우스 버튼을 누르고 '레이아웃'을 선택하면 볼 수 있다.

앞의 예시 그림에서 보듯이 슬라이드를 선택하고 오른쪽 마우스 버튼을 사용해 레이아웃 버튼을 누르면 다양하게 펼쳐진 레이아웃을 볼 수 있다. 일반적으로 '젠 형식'의 슬라이드에서는 이 레이아웃을 사용하는 경우가 없지만, 문서 형태로 저장하는 컨설팅 형식에서는 이를 적극적으로 활용하게 된다. 레이아웃은 고정된 것이 아니라 슬라이드 마스터에서 수정할 수 있으며(슬라이드 마스터는 뒤에서 자세히 설명하겠다), 원하는 레이아웃을 고르면 슬라이드 레이아웃을 변경할 수 있다.

슬라이드 배경 서식

레이아웃 메뉴와는 반대로 배경 서식은 젠 형식의 슬라이드를 만들 때 많이 사용하는 메뉴다. 젠 형식의 슬라이드는 대부분 검정 배경, 또는 흰색 배경을 번갈아 가며 사용하는 경우가 많기 때문에 이 방법을 이용하면 배경 색상을 아주 간단히 입힐 수 있다. 물론 검은 배경이나 흰 배경이 아닌 다른 배경을 사용할 때에도 이 방식을 활용할 수 있으니 알아두자.

▲ 배경 서식을 바꿔주는 것만으로도 어설픈 젠 형식의 슬라이드를 깔끔한 형식의 젠 형식 슬라이드로 바꿀 수 있다.

먼저 배경 색상을 바꾸려는 슬라이드를 선택하고, 본 화면 또는 보조 화면에서 오른쪽 마우스 버튼을 클릭한다. 이때 '배경 서식' 메뉴가 나타나는데 이를 클릭하거나 옆에 써 있는 알파벳인 B(Back ground)를 직접 입력하면 모드로 진입이 가능하다.

메뉴에 들어간 상태에서 '채우기' 탭을 선택하고(기본으로 선택돼 있다) 단색 채우기를 선택한 이후 '흰색'을 선택하면 된다. 물론 다른 색상도 선택할 수 있다. 색상을 선택하면 자동으로 배경 색상이 달라져 있음을 확인할 수 있다.

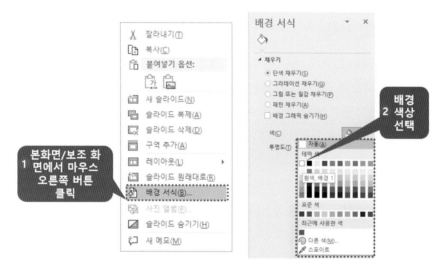

▲ 슬라이드에 배경 색상을 입히는 방법. 흰색 이외의 배경 색상도 이 메뉴를 이용해 적용이 가능하다.

배경 서식 하단에는 '모두 적용'이라는 버튼이 있는데, 이 버튼을 누르면 현재 작업 중인 파일의 모든 슬라이드 배경 색상을 현재 지정한 색상으로 변경한다. 만약 지금 슬라이드의 배경 색상만 변경하고 싶었는데 실수로 '모두 적용' 버튼을 눌렀더라도 걱정하지 말자. 바로 옆에 있는 '배경 원래대로' 버튼을 누르면 원래대로 돌아오기 때문이다. 혹은 Ctrl + Z 버튼을 눌러도 되돌리기가 가능하다.

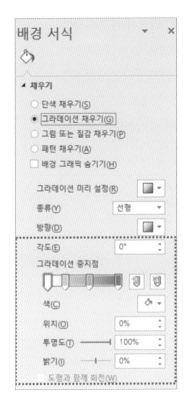

단조로운 배경이 싫다면 그라데이션 효과를 활용해보자.

흰색 배경이나 검은색 배경이 단조로워 보여 다른 배경을 사용하고 싶다면 그라데이션 채우기 메뉴를 활용하자. 왼쪽 예시처럼 배경 서식 메뉴로 들어간 다음 '그라데이션 채우기'를 클릭하면 배경 색상을 변경할 수 있다(파워포인트 파일이 가진 테마 색상에 따라 초기 지정 색상은 차이가 있을 수 있다).

그라데이션 채우기에서 중요한 항목은 각도와 중지점이다. 각도가 0도일 때 화면 왼쪽부터 오른쪽 순서대로 중지점이 지정된다. 각도를 90도로 하면 위에서 아래 순서대로 중지점이 지정된다. 45도라면 어떨까? 왼쪽 상단에서 오른쪽 하단으로 중지점의 색 배열이 달라지게 된다. 실제로 각도를 설정하고 중지점을 클릭한 후 색상을 바꾸면 배경의 색상이 달라지는 모습을 확인할 수 있다. 이 중지점별로 색상을 지정하는 방식을 통해 그라데이션 효과를 낼 수 있다.

중지점은 최초 메뉴를 열었을 경우 4개로 설정돼 있으나 중지점의 오른쪽에 있는 중지점 추가 메뉴와 삭제 메뉴를 통해 중지점 수를 더 늘리거나 줄일 수 있다.

은은하게 옅어지는 다음과 같은 슬라이드 배경을 활용하는 장면은 자주 볼 수 있다. '그라데이션 채우기' 메뉴를 통해 간단하게 이런 슬라이드 배경 화면을 만들어보자.

우선 배경 서식 메뉴로 들어간 후 그라데이션 채우기를 선택한다. 위에서 아래로 옅어지는 배경 화면을 만들고 싶기 때문에 각도 부분을 270도로 설정한다(만일 아래쪽을 더 짙게 배경 화면을 설정하고 싶다면 각도를 90도로 설정하면 된다). 이후 그라데이션 중지점을 고르고, 네 가지 중지점의 색을 모두 같은 색으로 지정한다. 이후 투명도를 조절해 색상을 만들면 된다. 책에 나오는 배경 색상을 만들기 위해 사용한 중지점별 투명도는 다음과 같다.

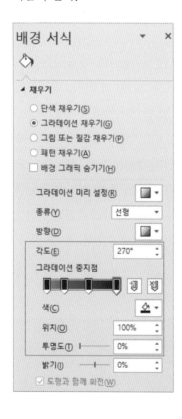

- 중지점 1 투명도: 50% (가장 왼쪽)
- 중지점 2 투명도: 30%
- 중지점 3 투명도: 20%
- 중지점 4 투명도: 0% (가장 오른쪽)

투명도의 경우 필자가 추천하는 수치를 반드시 지켜야 할 필요는 없으므로, 여러분이 원하는 대로 정도를 조절하며 사용하면 된다. 또한 중지점을 더 사용하고 싶을 경우 중지점 오른쪽 옆에 중지점 추가/삭제 버튼이 있다. 다만 일반적으로 중지점은 3~4개를 활용하는 정도로 충분하다.

이 방법은 젠 형식의 슬라이드를 만들 때도 유용하게 쓰인다.

다음의 두 슬라이드를 비교해보자. 젠 형식으로 작성한 위쪽 슬라이드는 오른쪽 글씨와 배경 색상이 유사해서 몇 글자가 제대로 보이지 않는다. 반면 아래쪽 글씨는 모든 글씨가 명확하게 보이는 것을 알 수 있다. 다음 슬라이드를 별도로 클릭한 화면을 보자.

이 슬라이드의 오른쪽을 보면 투명한 박스가 있다. 이 박스를 클릭한 뒤 '도형 서식' 메뉴를 보면 그라데이션 중지점으로 도형이 구성됐음을 알 수 있다. 각도는 0도로 왼쪽에서 오른쪽으로 각각 중지점이 설정됐음을 알 수 있고 첫 번째 중지점은 투명도를 100%, 두 번째 중지점의 투명도는 50%, 세 번째 중지점의 투명도는 20%로 설정했다. 즉 왼쪽에서 오른쪽에 사각형을 배치하고, 왼쪽 끝부분은 완전히 투명하게, 중간부분부터 점차 검은색이 나타나게 함으로써 흰색 글씨체를 잘 볼 수 있게끔 만든 방법이다.

▲ 그라데이션 채우기 효과를 활용하면 젠 형식의 슬라이드 역시 쉽게 만들 수 있다.

만일 직접 색상을 만드는 것이 아니라 특정 그림을 배경 화면으로 사용하고 싶다면 외부 그림파일을 불러오는 방식을 사용하면 된다. 다음과 같이 '그림 또는 질감 채우기'를 선택한 다음 그림 원본 메뉴에서 '삽입'을 선택하면 그림을 어떠한 경로에서 삽입할지 선택할 수 있는 화면이 등장한다. 대부분의 경우 파일을 직접 불러오는 경우가 대부분이므로 '파일에서'를 선택하고 이미지가 있는 위치를 지정해주면 된다.

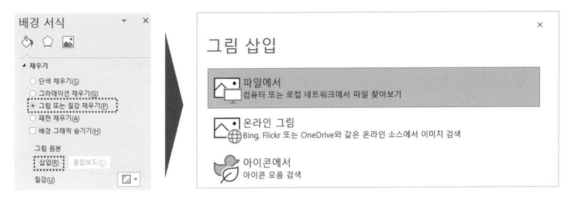

▲ 파일 불러오기를 통해 원하는 그림 파일을 배경 화면으로 만들 수 있다.

파워포인트 초심자의 경우 외부에서 구한 배경을 가져와 사용하기 위해 이미지를 다운받은 뒤 파워포인트 슬라이드에 삽입해 적용했는데, 자꾸만 배경 그림이 움직여서 편집에 애를 먹은 경험이 있을 것이다. 이는 배경으로 쓰고 싶은 이미지를 직접 본문에 가져와 붙이는 방법을 사용했기 때문이다. 방금 언급한 방식처럼 '배경 서식'을 활용해서 이미지를 삽입하면 이미지가 고정돼 있고, 편집 화면에서 선택되지 않기 때문에 작업 중 이미지가 선택돼 움직이거나 실수로 이미지를 지우는 일이 발생하지 않는다. 배경 이미지와 관련된 사항은 추후 슬라이드 마스터를 다루는 부분에서 더 자세하게 이야기하겠다.

앞에서 설명했듯이 슬라이드 메뉴 자체를 클릭해서 작업해야 하는 경우는 거의 발생하지 않는다. 새 슬라이드는 보조 화면에서 슬라이드 사이를 클릭하고 오른쪽 마우스 버튼을 눌러 '새 슬라이드'를 선택하면 비어있는 새 슬라이드를 만들 수 있다.

▲ 새 슬라이드는 보조 화면에서 오른쪽 마우스 버튼을 누르고 '새 슬라이드' 메뉴를 선택하거나 영문 N을 직접 입력하면 쉽게 만들 수 있다.

'구역 추가'의 경우는 주제가 바뀌는 때에 구역을 따로 설정해 보조 슬라이드 화면에서 시각 효과를 줄 수 있는 기능이긴 하나, 자주 사용하지 않으므로 설명은 생략하겠다. 다시 강조하지만 파워포인트의 모든 기능을 섭렵하는 일보다 많이 활용하는 기능을 더 집중적으로 익히는 데 주안점을 두는 편이 작업 능률 향상에 더 도움이 됨을 기억하자.

➕ 글꼴 메뉴

홈 메뉴에서 세 번째로 위치한 글꼴 메뉴는 주 화면에서 텍스트 상자를 선택해야 활성화되고, 그전까지는 비활성화돼 있음을 확인할 수 있다. 즉 텍스트 상자를 클릭하지 않은 상태에서는 글꼴 메뉴를 사용할 수 없다. 텍스트를 쓸 수 있는 개체나 이미 텍스트가 적혀 있는 경우 '글꼴' 상자가 활성화됨을 확인할 수 있다. 각 박스의 명칭 및 기능을 함께 알아보도록 하자.

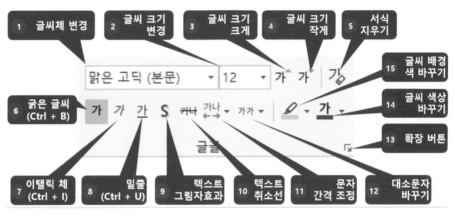

▲ 글꼴 상자에서 개체에 사용되는 글씨를 조절할 수 있다.

1. **글씨체 변경**: 지정한 박스의 글씨체를 변경할 수 있다. 화살표 표시를 눌러 목록에서 선택할 수도 있고, 직접 적용하려는 글씨체를 입력해서 넣을 수도 있다. 단, 글씨체 명을 직접 입력할 경우 띄어쓰기 등도 정확해야 한다는 점을 주의하자. 예를 들어 '맑은 고딕 (본문)'을 '맑은고딕(본문)'이라고 쓰면 글꼴이 자동 지정되지 않는다.

2. **글씨 크기 변경**: 글씨 크기를 변경할 수 있다. 직접 글씨 크기를 소수점 1자리까지 입력할 수도 있고, 목록을 열어 원하는 글씨 크기를 선택할 수도 있다.

3. **글씨 크기 크게**: 글씨 크기를 단계적으로 키운다. 앞서 언급한 단축키 Ctrl + Shift + >와 동일한 기능이다.

4. **글씨 크기 작게**: 글씨 크기를 단계적으로 줄인다. 앞서 말한 단축키 Ctrl + Shift + <와 동일한 기능이다.

5. **서식 지우기**: 글에 적용된 서식을 지운다. 이 기능을 사용하면 기존 레이아웃에 적용된 글 상자의 서식으로 바뀐다(자주 사용하는 기능은 아니다).

6. **굵은 글씨**: 지정한 개체의 글씨를 굵게 만든다(Ctrl + B).

7. **이탤릭체**: 지정한 개체의 글씨를 이탤릭체로 바꾼다(Ctrl + I).

8. **밑줄**: 지정한 개체의 글씨에 밑줄을 그어준다(Ctrl + U).

9. **텍스트 그림자 효과**: 지정한 개체의 글씨에 그림자 효과가 추가된다.

10. **텍스트 취소선**: 글 가운데에 줄을 긋는다.

11. **문자 간격 조정**: 문자 간의 간격을 조정할 수 있다. 매우 좁게, 좁게, 표준으로, 넓게, 매우 넓게, 기타 간격 등으로 조정할 수 있다. 기본적으로는 '표준 간격'으로 설정돼 있다.

12. **대소문자 바꾸기(영문 한정 기능)**: 대소문자를 다양한 방식으로 바꿀 수 있다. 지정된 개체에 있는 문장의 모든 단어를 대문자로 바꿔주거나, 소문자로 모두 바꿀 수 있다. 대문자와 소문자를 바꾸는 기능도 한다. 컨설팅 형식 슬라이드에서 영문의 경우 단어별로 대문자를 활용하는 경우가 많은데, 이럴 때 한 번에 바꿔주기 편리한 기능이니 알아두자.

> 문장의 첫 글자를 대문자로(S)
> 소문자로(L)
> 대문자로(U)
> 각 단어를 대문자로(C)
> 대/소문자 전환(T)

▲ 영문 대소문자 바꾸기 세부 메뉴

13. **확장 버튼**: 글꼴 메뉴에서 확장한 메뉴를 선보인다. 앞서 설명한 부분을 모두 포함하며 추가 메뉴도 제공한다. 앞에서 설명한 내용은 제외하고 '효과' 부분에 대해서만 설명하겠다.

▲ 확장 버튼 클릭 시 다음과 같은 메뉴를 볼 수 있다.

(1) 오프셋: 위 첨자와 아래 첨자를 사용할 때 활용하는 개념이다. −100% ~ 100%까지 입력할 수 있다. −의 경우 아래 첨자를 표시하는 개념으로, −100%는 글의 한 줄 밑으로 글씨를 표시함을 의미하고, 100%는 글의 한 줄 위로 글씨를 표시하는 것을 의미한다. 기본 설정은 0%다.

(2) 소문자를 작은 대문자로: 특정 단어를 강조할 때 해당 단어를 모두 대문자로 표기하는 것은 좋은 방법이다. 그러나 이러한 방법을 너무 자주 사용할 경우 글

전체가 빽빽하게 보일 수 있다는 문제점이 있다. 이 경우 큰 대문자와 작은 대문자를 사용하면 이러한 느낌을 줄일 수 있는데 이를 일일이 글씨 크기를 조절하면서 쓸 필요가 없다. 이 효과를 활용하면 아주 간단하게 소문자는 작은 대문자로 바꿔줄 수 있다.

(3) 모두 대문자로: 드래그한 모든 문자를 대문자로 바꿔주는 기능이다.

(4) 문자 높이 일치: 글자마다 모든 문자의 높이가 다를 수 있다(예: A와 a는 그 높이가 다르다). 이러한 각 문자를 위아래로 늘려서 모든 문자의 길이가 똑같게 만든다. 다만 자주 사용하는 기능은 아니니 참고로만 알아두자.

(5) 밑줄 스타일/밑줄 색: 글에 밑줄을 삽입했을 경우 밑줄의 스타일과 색상을 결정할 수 있다. 그러나 이도 자주 사용하는 기능은 아니다.

이번에는 글꼴 메뉴에서 '문자 간격' 탭을 눌렀을 때 나오는 메뉴를 보자. 우선 간격은 글씨 사이의 간격을 의미한다. 보통, 넓게, 좁게 세 가지로 간단히 선택하거나 값을 직접 지정해 글씨 사이의 간격을 조절할 수 있다.

글꼴 커닝은 글씨 간격이 일정할 경우 오히려 글씨 간 간격이 달라 보이는 경우가 있는데, 글씨 크기가 어느 정도 이상이 되면 이 간격이 더 도드라지게 보이게 된다. 이를 조정해 보정해주는 기능이다. 다음의 예시를 보면 이해가 될 것이다.

PRESENTATION

PRESENTATION

위의 'PRESENTATION'은 커닝 기능을 활용해 글자 간 간격을 조정했고, 아래 'PRESENTATION'은 커닝을 해제한 후 쓴 것이다. 커닝을 적용하면 일반적으로 글자 사이 간격을 동일하게 유지하기 위해 글씨 간격을 다소 좁혀 전체적인 단어의 길이가 커닝 해제 시보다 좁아지는 경향이 있다. 자주 사용하는 기능은 아니니 참고로만 알아두자.

14. **글씨 색상 바꾸기**: 글씨 색상을 지정할 수 있다. 자주 사용하는 색이나 최근 사용한 색은 별도로 표시돼 있어 편리하다.

15. **글씨 배경색 바꾸기**: 글씨 색 주변에 형광펜을 그어주는 듯한 효과를 낸다. 클릭 후 하이라이트하고 싶은 색상을 지정해주면 된다.

➕ 단락 메뉴

단락 메뉴 역시 텍스트 상자를 클릭한 상태에서 사용할 수 있는 메뉴다. 이들은 주로 컨설팅 형식의 슬라이드에서 자주 활용되는 기능이 많다. 따라서 각 기능이 어떤 역할을 하는지 잘 정리해 둘 필요가 있다.

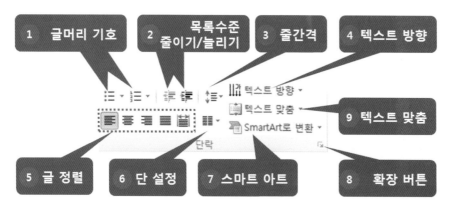

▲ 글 상자의 단락을 조정할 수 있는 기능을 모아뒀다.

1. **글머리 기호**: 일반적으로 불릿 포인트^{Bullet Point}라고 부르기도 한다. 컨설팅 형식의 슬라이드를 작성할 때는 일반적으로 문장을 마침표 부분까지 다 쓰지 않고 정리해서(예: 'ㅇㅇ한다' 대신 'ㅇㅇ함'으로 기록) 글을 쓰기 때문에 이 글머리 기호를 자주 사용한다. 글머리 기호를 적용하고 싶은 텍스트 상자를 클릭하고 글머리 기호 버튼을 누르면 자동으로 적용된다. 번호가 적혀 있는 오른쪽의 글머리 기호 표시 버튼을 누르면 글을 쓸 때 순차적으로 번호가 입력된다. 각각의 기능 옆에 있는 화살표를 사용해 글머리 기호의 모양 및 속성, 크기를 변화시킬 수 있다.

2. **목록수준 줄이기/늘리기**: 인덴팅^{Indenting}이라는 말로 더 많이 사용한다. 이 기능은 자동으로 글의 줄을 맞춰주는 데에 매우 유용하게 사용한다. 오른쪽에 있는 기능을 클릭할수록 글의 단락이 안쪽으로 들어가고, 왼쪽에 있는 기능을 클릭할수록 글의 단락이 왼쪽으로 나온다.

3. **줄 간격**: 문장 간의 간격을 선택할 수 있다. 목록에서 선택할 수도 있고 직접 숫자를 입력할 수도 있다.

4. **텍스트 방향**: 일반적으로는 가로 쓰기가 기본으로 설정돼 있지만, 때로는 세로로 글을 쓰거나 글을 회전해 써야 하는 경우가 있다. 이럴 때 활용할 수 있는 기능이다.

5. **글 정렬**: 글 상자 안에 있는 글을 정렬하는 방식이다. 왼쪽 정렬(Ctrl + L), 가운데 정렬(Ctrl + E), 오른쪽 정렬(Ctrl + R), 좌우 정렬, 균등 분할 등 다섯 가지 방식이 있다. 좌우 정렬과 균등 분할은 그 방식이 비슷하지만 미세하게 다르다. 좌우 정렬 방식은 해당 글 상자에서 두 줄이 넘어가는 경우에 각 줄을 좌우로 늘려서 표기해준다. 만약 해당 문장이 한 줄로 멈춘다면 그 문장은 그대로 놔둔다. 반면 균등 분할 방식은 글의 길이와 상관없이 글 상자 양 끝으로 해당 문장을 늘려 놓는다. 개념의 차이 정도는 알아둘 필요가 있지만, 두 방식 모두 실제로는 잘 활용하지 않으므로 참고만 하자.

6. **단 설정**: 한 개의 텍스트 상자에서 여러 단으로 글을 쓰고 싶을 때 활용하는 기능이다. 자주 활용하지는 않는다.

7. **스마트 아트**: 컨설팅 형식에서 활용하는 몇 가지의 도형을 제공하는데 이를 스마트 아트라 한다. 스마트 아트를 활용하면 텍스트 입력을 통해 도형에 원하는 형식으로 적용할 수 있다. 우선 텍스트 박스에 글을 입력한 뒤(이때 각 개체의 구분은 엔터키로 한다) 원하는 모형을 선택하면 다음과 같이 해당 모형에 입력한 글이 들어가 있음을 확인할 수 있다. 일단 편집이 한 번 끝난 이후에도 추가적으로 텍스트를 입력하면 개수를 늘리거나 이미 적어 둔 텍스트의 수정이 가능하다.

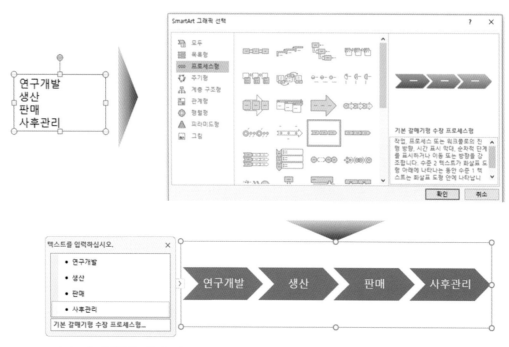

▲ 스마트 아트를 활용한 도형 만들기

8. **확장 버튼**: 단락과 관련해 다양한 세부 조정을 할 수 있는 메뉴다. 확장 버튼을 누르면 다음과 같은 세부 메뉴가 나타나며, 두 가지의 탭에 따라서 메뉴가 다시 세분화된다. 우선 들여쓰기 및 간격 탭을 알아보자. 첫 번째 부분인 '일반' 부분은 앞서 설명한 5번의 글 정렬과 같은 기능이다. 글을 왼쪽, 오른쪽, 가운데, 좌우 정렬할 수 있다. 두 번째 기능인 '들여쓰기'의 경우 텍스트 상자 앞 쪽에서 글씨를 얼마만큼 띄어 쓸지 정해주는 기능이다. 다만 이 기능은 앞서 설명했던 목록 수준 늘리기/줄이기(인덴팅) 같은 기능이기 때문에 자주 사용하진 않는다. 오히려 자주 사용하는 항목은 세 번째로 등장하는 '간격'이다. 텍스트 상자를 이용하면서 많은 사람이 단락 간 공백을 만들기 위해서 엔터를 여러 번 입력하는 경향이 있다. 하지

만 이럴 필요 없이 간격에서 단락 앞과 뒤에 일정 포인트를 입력해주면 별도의 엔터를 추가로 입력할 필요 없이 일정하게 간격이 벌어지는 것을 확인할 수 있다. '단락 앞'의 경우는 바로 전 단락과의 거리를 아래 단락에서 조정하는 것이고, '단락 뒤'의 경우는 지금 단락에서 다음 단락과의 거리를 조정하는 것이다.

▲ 단락 확장 메뉴 중 들여쓰기 및 간격 탭

줄 간격을 조정할 수 있는 메뉴도 3번에 포함돼 있다. 메뉴를 클릭해보면 쉽게 알 수 있지만 1줄, 1.5줄, 2줄, 고정, 배수로 나뉜다. 말 그대로 줄과 줄 사이의 간격을 띄워줄 때 사용하는 메뉴다. 단락 앞과 뒤는 엔터 키를 눌렀을 때의 간격이라면, 줄 간격은 엔터 키를 누르지 않고 문장을 계속 작성해 자동 줄 바꿈이 됐을 때 문장 간 벌어지는 간격이다. 일반적으로 1줄, 혹은 1.5줄을 사용하며, 포인트로 줄 간격을 일정하게 고정해 줄 수도 있고 '배수'를 선택해서 자유롭게 조절할 수도 있다. 참고로 배수 메뉴는 1로 설정할 경우 1줄과 동일하며, 1줄을 기준으로 더 늘리거나 줄이고 싶을 때 숫자를 입력해서 활용하면 된다. 다만 거의 모든 경우 줄 간격을 조정하기보다는 단락 앞과 단락 뒤를 조절하는 편이 문서 정렬에 더욱 용이하다. 모든 줄글이 띄워져 보이는 상태보다 문단별로 글을 띄어쓰기하는 편이 편이 보기에도 좋고 더 자연스럽기 때문이다.

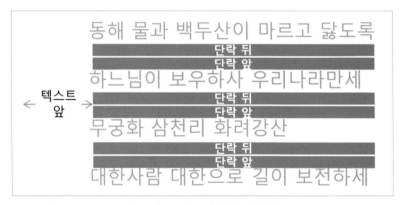

▲ 단락 확장 메뉴에 따라 조절할 수 있는 부분을 도식화하면 이와 같다.

또한 왼쪽 하단에 보면 '탭' 메뉴가 있다. 이는 키보드에서 'Tab' 키를 눌렀을 때 나타나는 간격을 조정할 수 있는 옵션이다.

이번에는 두 번째 탭인 한글 입력 체계 탭에 대해서 알아보자. 다음과 같은 메뉴가 나타난다. 가장 먼저 나타나는 '금칙 처리'는 파워포인트에서 기본적으로 설정하거나 사용자가 변경할 수 있는 '금지 단어' 혹은 '금지 기호' 등을 지정할 수 있다. 문장 부호 끌어 맞춤의 경우 체크한 상태에서는 문장 부호(예: 따옴표 등)가 줄 바꿈되지 않도록 붙여 쓰게 되고, 만약 체크를 하지 않으면 문장 부호도 일반 문자와 동일하게 취급해서 줄 바꿈이 일어난다. 자주 쓰이지 않는 기능이니 참고로만 알아두자.

이 메뉴 중 가장 유의해서 보아야 할 메뉴는 바로 '한글 단어 잘림 허용'이다. 파워포인트에서는 긴 문장을 쓸 때 단어가 잘리면 깔끔하지 못하다는 인상을 줄 수 있는데, 체크박스를 해제하는 일만으로도 이러한 현상을 간단하게 해결할 수 있기 때문이다.

▲ '한글 단어 잘림 허용' 체크박스를 해제하면 한 단어를 끊지 않고 같은 줄에 표시한다.

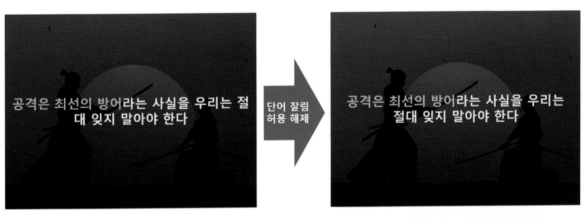

▲ 왼쪽은 단어 잘림 허용을 체크했을 때, 오른쪽은 체크박스를 해제했을 때 모습이다. '절대'라는 단어의 위치 및 끊김이 달라지는 것을 확인할 수 있다.

➕ 그리기 메뉴

그리기 메뉴는 '삽입' 탭에서 사용할 수 있는 다양한 개체 중 텍스트 상자와 도형 일부를 간편하게 쓸 수 있도록 만들어 둔 메뉴다. 또한 이 메뉴를 통해 도형의 스타일을 정할 수 있으며, 도형 윤곽선, 도형 내부 색상을 정할 수도 있다. 이 메뉴는 개체를 선택할 때 활성화된다. 참고로 도형 윤곽선 및 색상은 개체를 선택한 뒤 오른쪽 마우스 버튼 → 도형 서식(O)을 통해 쉽게 메뉴를 열 수 있다.

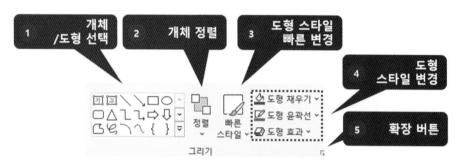

▲ '그리기' 메뉴

1. **개체/도형 선택**: 텍스트 상자 및 도형을 선택할 수 있다. 원 클릭으로 원하는 도형을 삽입할 수 있다는 장점이 있다.

2. **개체 정렬**: 다양한 개체를 동시에 다룰 때 주로 사용하는 메뉴다. 이 메뉴는 젠 형식의 슬라이드와 컨설팅 형식의 슬라이드 모두에서 활용되는 메뉴이기 때문에 반드시 짚고 넘어가야 할 필요가 있다. 정렬 아래에 있는 화살표를 클릭하면 다음의 메뉴로 들어갈 수 있다.

(1) 개체 순서: 슬라이드를 작성하면서 다양한 개체를 겹쳐서 표현해야 하는 경우가 있다. 이 책에서 자주 등장하는 메뉴 소개에서 말 풍선 모양의 개체 역시 핑크색 원형 개체와 보라색 말 풍선을 겹쳐 표현한 것이다. 즉 원형 도형은 말 풍선 도형 앞에 위치하고 있음을 알 수 있다(만약 반대의 경우였다면 원형 도형을 말 풍선 도형이 덮어 원형 도형이 보이지 않는다). 파워포인트에서는 나중에 생성된 도형이 먼저 생성된 도형보다 위로 위치하도록 프로그램돼 있다. 사실 '앞'이라는 표현보다는 '위'라는 표현이 더 적절할 수 있다. 피자 빵(도우) 위에 토핑이 올라가는 걸 보고 도우 앞에 토핑이 있다고 하지는 않기 때문이다. 파워포인트에서 도형을 앞으로 보낸다는 건 다른 도형보다 위에 놓는다는 의미이고, 도형을 뒤로 보낸다는 건 다른 도형보다 밑에 놓는다는 의미라고 기억해두자.

▲ 그리기 세부 메뉴 중 '정렬' 메뉴

다시 본론으로 돌아와 개체가 앞서고 뒤에 서는 일을 '개체 순서' 메뉴를 통해 조정할 수 있다. '맨 앞으로 가져오기'는 해당 슬라이드에서 지정한 개체를 가장 위로 올려놓는다. 반대로 '맨 뒤로 보내기'는 해당 슬라이드에서 지정한 개체를 가장 밑으로 보낸다.

앞으로 가져오기, 뒤로 보내기는 해당 슬라이드에서 지정한 개체를 한 단계 위로 올리거나 한 단계 아래로 내리는 역할을 하게 된다. 여러 장의 카드를 겹쳐서 세워놓고 맨 뒤에 있는 카드를 앞으로 가져오거나 뒤로 보낸다는 식으로 이해하면 이해하기가 더 쉽다. 앞서 단축키에서도 언급했지만 다시 한번 그림으로 설명하겠다.

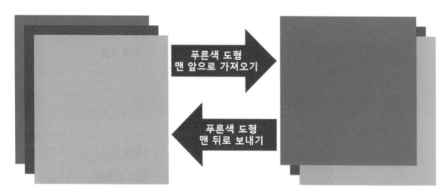

▲ 개체 순서를 앞뒤로 움직일 수 있다.

푸른색, 붉은색 노란색 개체가 겹쳐져 있는 왼쪽 그림 상태에서 푸른색 개체를 선택하고 맨 앞으로 가져오기를 누르면 오른쪽과 같이 푸른색 도형이 가장 위로 나오는 것을 볼 수 있다. 이번에는 다시 오른쪽에서 푸른색 도형을 선택하고 맨 뒤로 보내기를 누르면 왼쪽과 같이 푸른색 도형이 가장 아래로 가는 장면을 볼 수 있다. 여러 개체를 겹쳐서 표현할 때 반드시 활용하는 기능이니 꼭 익혀두자.

(2) 개체 그룹: 다양한 개체를 하나의 개체로 묶어서 편집할 수 있는 기능이다. 복수의 개체를 선택 후 '개체 그룹'의 '그룹'을 누르거나, 오른쪽 마우스 버튼을 누르고 'GG(Group + Group)'를 누르면 그룹이 형성되고, 형성된 그룹을 클릭한 후 오른쪽 마우스 버튼을 누르고 'GU(Group + Ungroup)'를 누르면 지정된 그룹이 해제된다. 물론 개체 정렬 메뉴를 눌러서도 그룹을 만들 수 있지만 단

축키를 익혀두면 훨씬 빠른 작업이 가능하니 꼭 알아두자. 그룹을 활용하면 개체의 틀을 유지한 상태로 크기 변화/이동을 할 수 있는 장점이 있다.

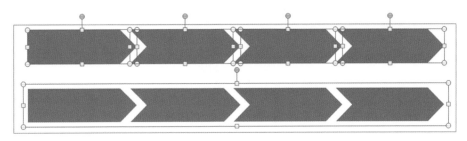

▲ 위는 그룹을 지정하지 않은 개체이고, 아래는 그룹을 지정한 개체다. 그룹으로 개체를 지정하면 개체 선택 시 하나의 개체로 인식한다.

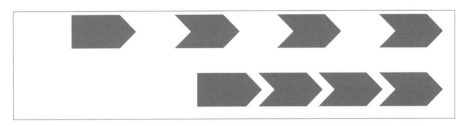

▲ 그룹 지정을 하지 않고 개체를 줄인 모습과(위) 그룹 지정 상태에서 개체를 줄인 모습 (아래). 그룹 지정을 하면 개체의 간격이 유지되는 상태에서 크기가 줄어든다.

(3) 개체 위치 맞춤: 이 기능은 복수의 개체를 선택한 후, 각 개체끼리 줄을 맞추거나 간격을 조정할 때 매우 유용하게 사용하는 기능이다. 특히 컨설팅 형식의 슬라이드를 만들 때 이 기능을 알면 줄을 맞추고 간격을 조정하는 데 쓰는 시간을 대폭 줄일 수 있다. 왼쪽/가운데/오른쪽 맞춤은 메뉴 왼쪽의 그림에서 짐작할 수 있듯이 선택된 개체를 왼쪽/가운데/오른쪽으로 맞춰준다. 다음의 예시를 보자.

◀ 개체 위치 메뉴

우선 개체를 드래그해 지정하면 '슬라이드에 맞춤'과 '선택한 개체 맞춤'을 선택할 수 있는데 '선택한 개체 맞춤'으로 지정해 두고 작업하면 된다. 참고로 '슬라이드에 맞춤'을 지정하면 내가 어떠한 개체를 지정하든 개체가 기준이 되는 것이 아니라 모든 정렬 기준이 슬라이드의 상/하/좌/우가 된다.

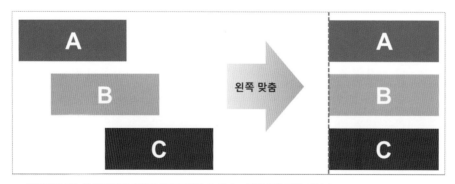

▲ 개체 맞춤 기능을 활용해 각 개체를 쉽게 정렬할 수 있다. 그림은 왼쪽 맞춤 예시다.

개체 A, B, C를 선택한 후 왼쪽 맞춤을 선택하면 세 개체 중 가장 왼쪽에 있는 A의 왼쪽 부분을 기준으로 다른 개체인 B와 C가 맞춰진다. 만약 세 개체를 선택한 후 오른쪽 맞춤을 누르면 A와 B 개체가 C의 오른쪽 부분을 기준으로 맞춰진다. 위쪽 맞춤과 아래쪽 맞춤 역시 지정한 개체 중 가장 위쪽/아래쪽에 있는 개체의 위/아래 부분을 기준으로 맞춰진다.

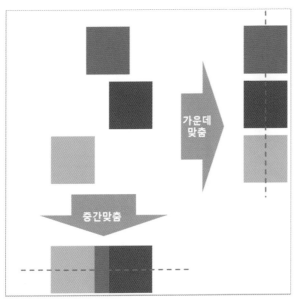

가운데 맞춤과 중간 맞춤의 경우는 조금 다른데, 가운데 맞춤의 경우 선택 된 개체의 세로축 좌표를 계산해 중점을 잡고 해당 위치로 모든 개체를 모두 이동시킨다. 중간 맞춤은 이 반대로 모든 개체의 가로축 좌표를 계산해 중점을 잡고 해당 위치로 지정한 개체를 모두 이동시킨다. 개체 수가 늘어나도 이런 원칙은 똑같이 적용된다. 실제로 해보면 어떤 원리인지 손쉽게 알 수 있다.

▲ 가운데 맞춤은 가상의 세로축을 생성하고, 중간 맞춤은 가상의 가로축을 생성한다.

또한 '가로 간격을 동일하게', '세로 간격을 동일하게' 기능도 굉장히 자주 사용한다. 일반적인 컨설팅 스타일 슬라이드에서는 동일한 도형을 반복해서 사용하는 경우가 많다. 지금까지 이야기한 사항을 실제로 컨설팅 형식의 슬라이드에 어떻게 적용하는지 함께 알아보자.

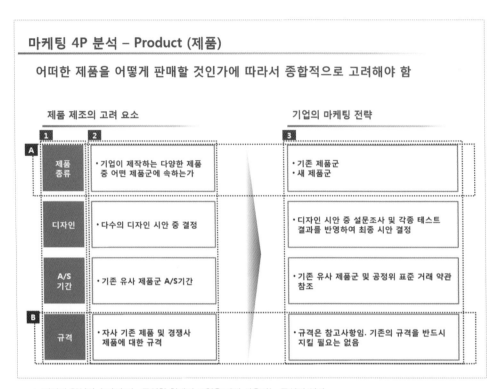

마케팅 4P 분석 – Product (제품)

어떠한 제품을 어떻게 판매할 것인가에 따라서 종합적으로 고려해야 함

▲ 컨설팅 형식의 슬라이드는 동일한 형태의 도형을 많이 사용하는 특성이 있다.

예시 슬라이드 같은 컨설팅 형식의 슬라이드는 비슷한 형태의 도형을 많이 사용하고, 이러한 도형의 줄을 맞추는 작업에 많은 시간을 사용한다. 줄 맞추는 작업을 손쉽게 할 수 있는 방법을 이 부분에서 소개하겠다.

먼저 예시 슬라이드를 보면 A와 B 부분이 모두 가로축에서 일직선상에 있다. 일단 이 상황에서 각각 개체의 위와 아래를 맞춘다. 따라서

ⓐ A에 속한 개체를 지정한 다음 '위쪽 맞춤'을 실행한다. 이를 통해 '제품 종류'와 함께 묶인 세 개의 사각형 박스는 상단 부분이 동일하게 맞춰진다.

ⓑ B에 속한 개체를 지정한 다음 '아래쪽 맞춤'을 지정한다. 이를 통해 '규격'과 함께 묶인 세 개의 사각형 박스는 하단 부분이 동일하게 맞춰진다.

이것으로 A와 B에 있는 개체는 가로줄이 정확히 일치하게 된다. 그 다음을 보자. 이번에는 1번에 속한 개체를 보자. 아마도 이 슬라이드를 만들기 위해 여러분은 '제품 종류'라는 개체를 그대로 복사해 '디자인', 'A/S 기간', '규격'이라는 개체를 만들었을 것이다. 따라서 이들 사이의 간격이 서로 다를 수 있다. 이를 바로 잡기 위해 기준이 되는 개체는 '제품 종류'다. 따라서

ⓐ 1에 해당하는 개체 네 곳을 드래그하여 지정한 후
ⓑ '왼쪽 맞춤'을 통해 이들끼리의 왼쪽 줄을 같게 맞춰준다.
ⓒ 마지막으로 '세로 간격을 동일하게' 기능을 활용하면 개체 간 간격이 일정하게 벌어진다.

2번과 3번에 속한 글 상자도 같은 작업을 통해 좌우, 상하 모든 줄이 딱 맞게 떨어지는 슬라이드를 만들 수 있다. 파워포인트 2010부터는 개체를 이동시킬 때 다른 개체와 줄을 자동으로 맞춰주는 기능이 있지만, 개체 간 간격을 정확하게 같게 만들기 위해서는 다음과 같은 방식을 사용하는 것이 가장 효과적이다. 처음 따라할 때는 어렵지만, 한 번만 이해하면 개체 간 줄이 맞지 않는 경우를 쉽고 빠르게 교정할 수 있다.

이번에는 '회전' 기능을 알아보자. 회전 기능은 특정 개체를 회전시켜서 사용할 때 유용하다. 예를 들어, 다이아몬드(◆) 모양이 필요하다고 하면 사각형(■)개체를 만든 다음 왼쪽이나 오른쪽으로 45도 회전시키면 된다. 개체를 클릭한 다음

◀ 마우스 버튼으로도 회전 가능하다.

개체 위에 나오는 회전 표시를 클릭해서 원하는 방향으로 회전시킬 수 있다. 다만 이 방법을 활용할 경우 정확한 각도를 맞추기 어렵다는 단점이 있다. 정확히 90도를 회전시키고 싶은데 눈대중과 마우스로만 작업하면 이를 맞추기 어렵다(물론 Shift 키를 누르고 개체를 회전시키면 15도 간격으로 회전시킬 수 있다). 이럴 때 손쉽게 90도 회전, 혹은 상하 대칭, 좌우 대칭을 할 수 있다. 바로 개체 위치에서 회전 메뉴를 사용하면 된다.

◀ 회전 메뉴

또한 마우스만으로는 불가능한 '상하 대칭' 좌우 대칭'도 이 메뉴에서는 가능하니 참고하자. 좌우 대칭 같은 경우는 젠 형식의 슬라이드를 작성할 때 자주 활용한다. 슬라이드는 '시선의 이동 방향'을 지키면서 작성해야 청중 주목도를 유지할 수 있기 때문에 왼쪽에서 오른쪽으로 자연스럽게 슬라이드가 읽혀야 하는데, 사진 속에 있는 인물이 있을 경우 실제 슬라이드를 보는 청중의 시선 흐름이 충돌하지 않게 하는 것이 좋다. 다음의 예시를 보자.

두 장의 슬라이드는 비슷해 보이지만 위에 있는 슬라이드는 '청중 시선의 이동 방향'과 이미지 내부에 존재하는 인물의 시선 방향이 왼쪽 → 오른쪽으로 일치한다. 그러나 아래쪽 사진은 청중의 시선 방향이 왼쪽 → 오른쪽으로 이동할 때 이미지 내부 등장인물의 시선 방향이 오른쪽 → 왼쪽으로 이동하고 있어 상호 충돌을 일으킨다. 즉 위의 슬라이드가 아래 슬라이드보다 더 매끄러운 젠 형식의 슬라이드라는 의미다. 만약 이미지 구매 사이트에서 이런 형태의 슬라이드를 찾았다면 좌우 대칭 기능으로 간단하게 좌우를 바꿔서 시선의 이동 방향을 지키는 슬라이드를 만들 수 있다.

▲ 청중의 시선 이동 방향과 이미지 내부의 시선 이동 방향을 일치시키는 슬라이드가 보기에 더 자연스럽다.

좌우 대칭과 상하 대칭을 할 때 알아둘 점이 있다. 바로 좌우 대칭 시 입력돼 있는 텍스트는 영향을 받지 않지만, 상하 대칭을 할 경우에는 입력된 텍스트 역시 상하로 반전된다는 점이다. 이 경우에는 개체에 직접 텍스트를 작성하지 않고 별도로 텍스트 박스를 추가한 다음 원하는 내용을 작성해서 넣으면 간단히 해결된다.

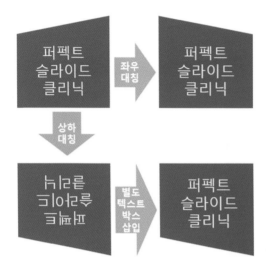

◀ 좌우 대칭은 텍스트 방향이 반전되지 않지만 상하 대칭은 텍스트 방향도 반전됨을 알아두자.

이 밖에도 기타 회전 옵션을 누를 경우 회전 각도를 직접 숫자로 입력해 회전시킬 수 있다. 세세하게 각도를 조정할 수 있지만 자주 사용하는 기능은 아니니 참고로만 알아두면 된다.

'선택 창' 메뉴를 실행할 경우 슬라이드 오른쪽에 보조 창이 열린다. 이 보조 창에서는 현재 슬라이드에 몇 개의 개체가 있는지 표시해주고, 클릭하면 각 개체를 개별 지정할 수 있다. 얼핏 보면 별로 필요 없는 기능일 수도 있지만, 의외로 이 기능이 유용하게 사용될 때가 있다. 바로 내가 선택하고자 하는 개체가 다른 개체 뒤에 가려져 있을 경우나 슬라이드 한 장에 포함된 개체 수가 너무 많아서 내가 원하는 특정 개체만을 드래그 또는 클릭으로 지정하기 어려운 경우다. 다음 예시를 보자.

▲ 다른 개체에 가려져 있는 개체를 선택하고 싶을 경우 '선택 창 메뉴'를 실행해 지정하면 선택이 편리해진다. 오른쪽에서 선택한 'Textbox 11'은 '월경 통증 증상 감소' 부분임을 알 수 있다.

만약 여러분이 이 슬라이드를 만든 후 뒤에 있는 개체의 글, 예를 들어 '월경 통증 증상 감소'라고 나온 부분의 텍스트를 수정하거나 애니메이션 효과를 수정해야 한다고 가정해보자. 여러분은 이를 어떻게 작업할 것인가? 다양한 방법이 있지만 해당 개체를 미세하게 드래그하려고 시도하거나 위에 덮인 개체를 옆으로 옮기거나 아니면 상단에 있는 개체를 일단 지정해 오려두기(Ctrl + X)를 사용해 잠시 없애고 글을 수정한 뒤 다시 붙여넣기(Ctrl + V)를 활용하는 등의 방법을 사용할 것으로 생각한다. 그러나 만약 개체 수가 훨씬 더 많거나 훨씬 더 많은 개체가 겹쳐 있는 경우 이러한 식의 작업은 매우 어렵다. 그럴 때 바로 '선택 창' 메뉴를 켜고 내가 원하는 개체를 선택하면 간단하게 해결된다. 개체가 선택된 상태에서 타자를 치면 해당 개체에 있는 글을 수정할 수 있기 때문에 기존 갖고 있었던 도형 간의 앞뒤 관계나 애니메이션 효과 등을 망가뜨리지 않은 상태에서 간단하게 텍스트만 수정할 수 있다.

계속해서 홈–그리기 메뉴를 설명하겠다.

3. **빠른 스타일**: 개체의 스타일(내부 색상/테두리 색상)을 바꿀 수 있다. 자주 사용하지는 않는 기능이다.

4. **도형 스타일 변경**: 개체를 선택하고 난 뒤 가장 자주 사용하는 기능이다. 이 기능을 활용해 도형의 테두리와 도형 내부의 색상을 결정할 수 있다(이 기능은 도형 클릭 후 마우스 오른쪽 버튼을 누르고 도형 서식(O) 메뉴를 통해서도 사용할 수 있다. 본인에게 더 편한 방법을 선택해서 사용하면 된다). 도형 스타일 변경 메뉴에서는 도형 채우기/도형 윤곽선/도형 효과 총 3가지의 스타일을 변경할 수 있는데, 이 중 주로 사용하는 것은 도형 채우기와 도형 윤곽선 메뉴다. 이에 대해 더 자세히 알아보자.

파워포인트에서 도형은 도형의 내부와 윤곽선으로 구분된다(내가 그린 도형이 '선'일 경우 당연히 윤곽선만 변경할 수 있다). 내부 색상은 '도형 채우기' 기능을 활용해 변경할 수 있고, 윤곽선은 '도형 윤곽선' 기능을 활용해 변경할 수 있다. 마지막으로 '도형 효과' 기능이 있는데, 이를 통해서 도형에 입체적인 효과를 주거나 3차원 효과를 표현할 수 있다. 다만 이는 자주 사용하지 않는 기능이고, 메뉴를 클릭해보는 활동만으로도 어떤 효과가 나타나는지 직관적으로 알 수 있기 때문에 자세한 설명은 생략하겠다.

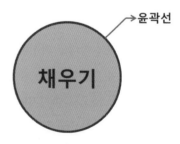

▲ 파워포인트의 도형은 내부와 윤곽선으로 구분되며, '도형 채우기'와 '도형 윤곽선' 메뉴를 통해 각각의 속성을 변경할 수 있다.

(1) 도형 채우기: 말 그대로 도형 내부의 색상을 결정한다. 기본적인 테마 색상 중에서 지정하거나 다른 색상을 지정할 수 있다. 그라데이션 채우기나 그림 등을 채우는 것 역시 가능하다. 도형 채우기 중에서 '채우기 없음'이 있는데, 이는 흰색으로 도형 내부를 채우는 것이 아니라 투명하게 처리하는 것이다. 따라서 '채우기 없음'으로 개체를 지정하면 지정된 개체 뒤에 위치하는 개체가 그대로 보인다.

(2) 도형 윤곽선: 도형을 둘러싸고 있는 선의 색상과 형식, 굵기를 결정할 수 있다. 여기서 종종 사람들이 간과하는 사항을 짚고 넘어가야 한다. 공동 작업을 통해 슬라이드를 작성하면서 분명 도형 크기, 즉 도형의 높이와 너비를 맞췄는데도 도형의 크기가 미세하게 차이 나는 경우가 있다. 이때는 윤곽선 유무와 윤곽선 굵기가 어떻게 돼 있는지 확인해보자. 어떤 사람은 '윤곽선 없음'으로 정해 놓고 작업하는 방식을 선호하는 사람이 있는 반면, 어떤 사람은 윤곽선을 도형 내부 색상과 같게 작업하는 경우도 있기 때문이다. 그러면 도형의 높이와 너비를 맞췄더라도 해당 도형은 윤곽선의 두께만큼 차이가 난다. 어떤 방식이 더 좋다고 할 수는 없다. 그저 통일된 방식으로 작업하면 된다.

5. **확장 버튼**: 앞서 본 '글꼴 메뉴'와 마찬가지로 단락 메뉴 역시 '확장 버튼'이 존재한다. 확장 버튼을 클릭하면 다음과 같은 메뉴를 확인할 수 있다. 대다수의 메뉴는 앞서 설명한 메뉴다(나는 이 메뉴 안에 개체 스타일과 관련된 요소가 모두 들어있기 때문에 이 메뉴로 작업하는 방식을 선호한다. 이 메뉴는 여러 번 언급했듯이 개체를 선택하고 오른쪽 마우스 버튼을 누른 뒤 '도형 서식(O)'메뉴를 선택하거나 알파벳 O를 눌러서 진입 가능하다). 파워포인트 2010까지는 이 기능을 선택할 경우 팝업 창이 떠서 메뉴를 선택할 수 있었는데, 이후 버전부터는 오른쪽에 해당 메뉴가 나타난다. 직접적으로 설명을 해주지는 않고 다음과 같은 네 가지의 아이콘이 나타나는데 각 아이콘은 사

용자가 선택한 개체의 특성에 따라 나타날 때도 있고 나타나지 않을 때도 있다.

예를 들어 '텍스트' 개체를 선택하면 '그림' 메뉴는 나타나지 않는다. 그림 메뉴는 그림을 자르거나 그림의 색상을 변경하는 메뉴이므로 글 개체에서는 할 수 있는 활동이 없기 때문이다. 어떤 개체를 선택했느냐에 따라 이름이 '그림 서식' 혹은 '도형 서식'으로 변경되기도 한다. 각각의 아이콘은 마우스를 아이콘 위에 올리면 설명을 볼 수 있으니 참고하자. 확장 버튼을 눌러서 나타나는 메뉴는 앞서 설명했거나 실제로 자주 사용하지 않는 기능이기에 설명을 생략하고, 반드시 알고 있어야 하는 '텍스트 상자' 메뉴를 설명하겠다. 텍스트 상자 메뉴는 곧바로 글을 쓸 수 있는 개체를 선택했을 때 활성화된다(외부에서 가져온 사진은 그림으로 인식해서 곧바로 텍스트를 쓸 수 없다). 메뉴로 들어가는 방법은 두 가지다.

⑴ 도형 옵션에서 '크기 및 속성'을 선택하면 크기, 위치, 텍스트 상자 등 세 가지 메뉴가 보이는데 그중에서 '텍스트 상자'를 선택한다.

⑵ 혹은 '텍스트 옵션'을 클릭한 뒤 '텍스트 상자'를 클릭해도 같은 메뉴로 들어갈 수 있다.

어떤 메뉴로 들어가더라도 동일한 메뉴를 만나게 되니 한 가지만 알아두면 된다.

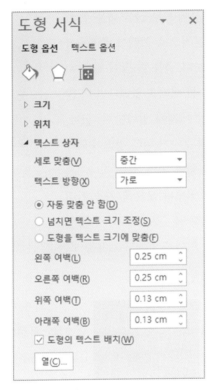

▲ 텍스트 상자 메뉴

컨설팅 형식의 슬라이드를 디자인할 경우 한 장의 슬라이드에도 많은 개체가 포함된다. 또한 컨설팅 형식의 슬라이드는 글이 많은 특성을 지니므로 개체 안에 더 많은 글을 삽입해야 할 경우가 있다. 그런데 분명 여백이 있는 것 같은데도 불구하고 글이 더 들어가지 않는 경우가 있다. 통일성을 추구해야 하는 컨설팅 형식의 슬라이드에서 해당 개체의 크기만 더 크게 키울 수도 없고, 해당 박스만 글씨를 더 작게 하기도 쉽지 않다. 이럴 때 사용하는 방법 중 하나가 바로 여백을 조정하는 일이다. 일반적으로 개체를 생성하면 개체는 다음과 같이 구성된다.

즉 개체의 테두리 내부에 모두 글을 적을 수 있는 것이 아니며, 기본적으로 여백이 존재하기 때문에 예상했던 것보다 글을 더 많이 넣을 수 없는 것이다. 따라서 이 여백을 없앤다면 더 많은 글을 같은 크기의 개체에 입력할 수 있다. 한 가지 팁을 더 말해 준다면 왼쪽 정렬이 되는 글의 경우는 왼쪽 여백을 없앨 경우 지나치게 상자가 빡빡해 보일 있으니 오른쪽/위쪽/아래쪽 여백만 0cm로 조절하는 것이 좋고, 중간 정

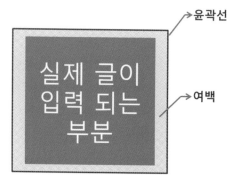

윤곽선

여백

▲ 파워포인트의 모든 도형은 다음과 같이 윤곽선, 여백 및 텍스트 입력 부분으로 나뉜다.

렬을 한 경우는 모든 여백을 없애도 개체를 보는 데 큰 무리가 없다. 실제 비교 예시를 보자.

퍼펙트 슬라이드 클리닉 활용해서 슬라이드 고수 됩시다

퍼펙트 슬라이드 클리닉 활용해서 슬라이드 고수 됩시다

왼쪽의 도형과 오른쪽의 도형은 크기가 완전히 같다. 그런데 왼쪽 도형의 경우 왼쪽과 오른쪽에 여백이 존재하므로 '클리닉'과 '활용해서' 부분을 한 줄에 쓰지 못하고 줄 바꿈

이 된 반면, 오른쪽 도형의 경우는 좌우의 여백을 없앴기 때문에 '클리닉' 부분과 '활용해서' 부분을 한 줄에 작성할 수 있다. 글씨 크기를 줄일 필요 없이 동일한 개체에 더 많은 텍스트를 넣을 수 있는 방법이니 꼭 알아두자.

여백 메뉴 위와 아래에는 각각 두 개의 메뉴가 있다. 먼저 세 가지 항목인 '자동 맞춤 안 함', '넘치면 텍스트 크기 조정', 도형을 텍스트 크기에 맞춤' 항목을 고르면 각각 텍스트가 개체 안에 작성되는 방법이 달라진다. 직접 실습해보면 바로 알 수 있다. 다음 예시를 보자.

▲ 텍스트 메뉴에서 선택에 따라 달라지는 텍스트 속성

먼저 '자동 맞춤 안 함' 상태로 텍스트를 계속 쓰면 텍스트가 개체 상하단을 넘어서 쓰이는 것을 볼 수 있다. 두 번째로 '넘치면 텍스트 크기 조정'을 선택한 뒤 텍스트를 계속 적어 나가면 개체에 텍스트가 가득 찰 때마다 자동으로 글자 크기가 작아지는 것을 볼 수 있다. 이 상황에서 글씨를 일부만 남기고 삭제해서 본래 글씨 크기가 개체 안에 충분히 들어갈 공간이 확보되면 본래 글씨 크기로 되돌아온다. 마지막으로 '도형을 텍스트 크기에 맞춤'을 선택하면 현재 작성된 텍스트의 양만큼 도형 크기가 바뀌는 것을 알 수 있다. 글씨를 많이 쓰면 개체는 상하로 계속 늘어나게 된다.

이번에는 여백 메뉴 아래를 보면 '도형의 텍스트 배치'라는 항목이 있다. 쉽게 말하면 '도형의 텍스트 배치'의 체크 유무에 따라 도형 밖으로 텍스트가 빠져 나오는지 그렇지 않은지가 결정된다. 예시를 보면 이해가 훨씬 빠르다.

▲ 도형의 텍스트 배치 체크 유무에 따른 글의 배치

'도형의 텍스트 배치'는 상하가 아닌 좌우로 텍스트가 개체를 벗어나서 쓰일 수 있느냐를 결정한다. 이미 눈치챘겠지만 컨설팅 형식의 슬라이드에서 개체를 활용할 때 권장하는 형식은 **'자동 맞춤 안 함'과 '도형의 텍스트 배치'를 선택한 형태**다. 도형 내부에 삽입하는 텍스트의 양에 따라 도형의 크기가 변해서도 안 되고 도형에 얼만큼의 텍스트를 넣든 텍스트의 크기도 바뀌지 않는 편이 좋기 때문이다. 단 텍스트가 본문 밖으로도 빠져나올 수 있으므로, 지정해 둔 개체 밖으로 텍스트가 빠져 나오지 않는 수준으로 글을 작성하는 연습은 필요하다.

➕ 편집/음성 메뉴

홈 탭의 마지막 메뉴는 편집/음성 메뉴다. 사실 두 가지 메뉴이지만 편집/음성 메뉴는 비교적 그 기능의 수가 적기 때문에 함께 소개한다. 우선 편집 메뉴는 기능이 단순해서 간과하기 쉽지만 문서를 작성하고 최종적으로 퇴고할 때 반드시 필요한 기능이 포함돼 있기 때문에 한 번은 짚고 넘어가야 하는 메뉴이기도 하다. 편집 메뉴에서 제공하는 기능을 함께 알아보자.

▲ 편집 메뉴 기능

1. **찾기**: 말 그대로 슬라이드 전체 내에서 원하는 단어를 찾아주는 기능이다. 앞서 단축키를 설명할 때 이야기했지만 Ctrl + F 키를 통해 동일한 기능을 사용할 수 있다.

2. **바꾸기**: 바꾸기 기능은 글 바꾸기와 글꼴 바꾸기 기능으로 나뉜다. 글 바꾸기는 단어 또는 문장을 선택해 원하는 단어 및 문장으로 바꿀 수 있는 기능이다. 이는 Ctrl + H 단축키를 통해 같은 기능을 사용할 수 있다. 글꼴 바꾸기의 경우는 선택한 개체의 글꼴을 바꿀 수 있도록 해 주는 기능이다. 다만 기존 메뉴에서 바꾸는 것이 더 편하기 때문에 활용도가 높지 않은 기능이다.

3. **선택**: 선택 메뉴는 개체 모두 선택/특정 개체 선택/선택 창 총 3가지로 구분된다. '개체 모두 선택' 기능은 해당 슬라이드에 있는 모든 개체를 한 번에 선택할

수 있는 기능이다. 이 기능은 주로 글꼴을 한꺼번에 바꿀 때 유용하게 활용되며 Ctrl + A 단축키를 이용해 동일한 기능을 사용할 수 있다. '특정 개체 선택'의 경우 개체의 가장 자리를 클릭하거나 드래그하는 방식으로 선택할 수 있고, '선택 창'의 경우 앞서 언급한 개체 위치 부분에서 나온 선택 창과 완전히 동일한 기능이다.

음성 메뉴는 파워포인트 2016 이후 나온 기능이다. 최근 나오는 대부분의 PC는 마이크 혹은 카메라를 탑재하고 있기 때문에 말로 하면 해당 음성을 텍스트로 받아 적어주는 기능인데 활용도는 낮으니 참고로만 알아두자.

지금까지 홈 메뉴를 알아봤다. 상당히 방대한 양이기 때문에 한 번 책을 읽어봤더라도 모든 기능을 기억하기는 쉽지 않으리라 생각한다. 따라서 반드시 기억해야 하는 기능과 원래 설명이 있는 페이지를 다시 수록하니 이 페이지는 꼭 기억했다가 생각나지 않는 기능을 찾아보는 데 활용하자. 책 옆에 포스트잇 등을 활용해서 색인 작업을 해두면 편리하다.

⊕ 퍼펙트 슬라이드 클리닉   　**홈 메뉴 요약 정리**

1. **서식 복사**: 개체의 크기를 제외하고 개체 내부의 글꼴과 개체 색상 등을 복사해서 변경시킨다. '클립보드−서식 복사' 메뉴를 활용하거나 Ctrl + Shift + C/V를 통해서 서식 복사 및 서식 적용을 할 수 있다(세부내용 125페이지).

2. **슬라이드 붙여넣기 옵션**: 다른 파일에서 슬라이드를 복사해서 붙여 넣을 경우 3가지의 옵션을 택할 수 있다. '대상 테마 사용'은 새로운 슬라이드를 삽입할 때 원래 작업 중이던 슬라이드 형식을 사용하고, '원본 서식 유지'를 사용할 경우 비율을 제외하고 새로 삽입된 슬라이드가 기존 갖고 있던 형태를 그대로 유지하며 삽입된다(세부내용 129페이지).

3. **슬라이드 배경 서식**: 배경 색상을 바꾸고 싶은 슬라이드를 선택하고 오른쪽 마우스 버튼을 눌러 뒤 '배경 서식' 메뉴를 선택하거나 영어 알파벳 B를 선택해서 원하는 배경 색상을 선택한다. 보통 흰색 혹은 검은색을 선택하거나 그라데이션 채우기를 통해 배경 색상을 선택할 수도 있다(세부내용 133페이지).

4. **글꼴 메뉴 모음**: 글씨체, 글씨 크기, 색상 등을 변경할 수 있다(세부내용 141페이지).

5. **단락 메뉴**: 글머리 기호 설정, 목록 수준(인덴팅) 줄이기/늘리기, 줄 간격 설정, 글 정렬 및 스마트 아트 등의 메뉴를 사용할 수 있다(세부내용 146페이지).

6. **단락-확장 버튼(1)**: 단락 메뉴 확장 버튼을 눌러서 나오는 두 개의 메뉴 중 '들여 쓰기 및 간격' 메뉴에서는 '간격'에서 단락 앞, 단락 뒤의 공간을 조정하는 메뉴를 꼭 기억해야 한다(세부내용 148페이지).

7. **단락-확장 버튼(2)**: '한글 입력 체계' 메뉴에서는 '한글 단어 잘림 허용'을 반드시 체크 해제한 상태로 작업해야 더 깔끔한 슬라이드 작성이 가능하다(세부내용 150페이지).

8. **그리기 메뉴**: 도형 개체 선택, 개체 정렬 및 도형 선과 채우기 색상을 결정하는 메뉴다. 이 중 개체를 선택한 뒤 오른쪽 마우스 버튼을 클릭 후 도형 서식(O)을 통해 쉽게 개체 속성 변경 메뉴를 열 수 있다(세부내용 152페이지).

9. **그리기-정렬**: 개체 순서를 정하고(예: 맨 앞으로 가져오기, 맨 뒤로 보내기) 개체 간 정렬, 개체를 회전시키거나 개체를 그룹으로 묶을 수 있다(세부내용 152페이지).

10. **그리기-정렬-개체 순서**: 개체 간 순서를 지정할 수 있다. 원하는 개체를 선택한 뒤 개체를 앞이나 뒤로 보낼 수 있다(세부내용 153페이지).

11. **그리기-정렬-개체 그룹**: 개체를 묶어서 편집할 수 있는 기능. 그룹/그룹 해제를 하고 싶은 개체를 선택 후 오른쪽 마우스 버튼을 누른 뒤 GG(Group + Group)를 누르거나 GU (Group + Ungroup)를 사용해 그룹 지정/해제가 가능하다(세부내용 154페이지).

12. **그리기-정렬-개체 위치 맞춤**: 왼쪽, 오른쪽, 가운데, 중간, 아래 맞춤을 할 수 있다. 가로 간격을 동일하게, 세로 간격을 동일하게 메뉴도 자주 활용된다(세부내용 155페이지).

13. **그리기-정렬-개체 회전 기능**: 개체를 선택한 후 회전 표시를 클릭해 개체를 돌리거나 개체 위치 메뉴에 있는 회전 메뉴를 통해 개체를 회전시키거나 대칭 이동을 할 수 있다(세부내용 159페이지).

14. 그리기-도형 스타일 변경: 개체 선택 후 윤곽선, 테두리 등을 바꿀 수 있는 메뉴다. 이 기능은 도형 클릭 후 마우스 오른쪽 버튼을 누르고 도형 서식(O) 메뉴를 통해서도 접근할 수 있다(세부내용 164페이지).

15. 그리기-확장 버튼: 텍스트 상자 메뉴를 통해 도형 내부의 여백을 조정할 수 있다(세부내용 165페이지).

메뉴 파헤치기 III
삽입 메뉴

삽입 메뉴는 파워포인트 슬라이드를 구성하는 다양한 개체를 삽입할 수 있는 메뉴다.
파워포인트를 구성하는 다양한 개체 중 거의 대부분이 이 메뉴를 활용해 삽입된다는
사실을 알아둘 필요가 있다. 특히 이 메뉴에서 표, 도형, 차트는 모든 슬라이드에서 가
장 자주 사용하는 개체이므로 이를 다루는 법을 잘 알아두면 슬라이드를 효과적으로
작성할 수 있다. 삽입 메뉴 활용법을 함께 알아보자.

삽입 메뉴는 크게 슬라이드, 표, 이미지, 일러스트레이션, 추가 기능, 링크, 메모, 텍스트, 기호 그리고 미디어로 구성된다. 슬라이드 메뉴는 홈 메뉴에서 설명한 내용과 완전히 동일하기 때문에 이번에는 설명을 생략하겠다. 삽입 메뉴에 있는 모든 메뉴를 살펴보겠지만 삽입 메뉴에서 꼭 알아야 할 메뉴는 표, 이미지 및 텍스트 메뉴라는 점은 미리 알아두면 좋다. 지금부터 삽입 메뉴를 하위 메뉴별로 자세히 알아보자.

표

표를 삽입할 수 있는 기능이다. 클릭하면 기본적으로 10×8까지의 표를 만들 수 있다. 물론 이보다 더 많은 셀을 가진 표를 만들 수도 있다. 이러한 표를 만들기 위해서는 하단에 있는 '표 삽입' 버튼을 클릭하면 간단히 해결된다. 표 그리기 버튼을 클릭하면 기존 생성된 표를 나누는 등의 기능을 손쉽게 사용할 수 있다. 또한 파워포인트 슬라이드에 엑셀에서 사용되는 스프레드시트(수식 입력 및 계산이 가능한 표)를 삽입할 수도 있다. 하나씩 눌러 실행해보면 크게 어렵지 않은 기능이기 때문에 금방 이해 가능하다. 이렇게 만든 표는 앞에서 언급한 '개체'와 유사한 속성을 지닌다. 왜 동일한 속성이 아니라 유사한 속성인지는 곧 설명하겠다.

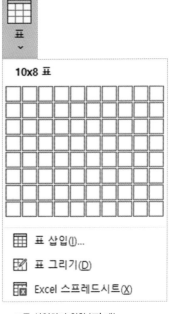

▲ 표를 삽입하기 위한 '표' 메뉴

우리가 원하는 표를 만들기까지는 참 간단하다. 실제로 표에 행과 열을 삽입하거나 삭제하는 일도 그리 어렵지 않다. 만든 표에서 오른쪽 마우스 버튼을 지정하면 다음의 메뉴를 볼 수 있다. 표 내부에 있는 요소까지 편집할 수 있도록 메뉴가 구성돼 있는데, 이 중 표 편집과 직접적으로 연관되는 메뉴는 셀 병합, 셀 분할 그리고 삽입, 삭제 메뉴다. 표 선택 메뉴는 표 전체를 선택해주는 메뉴이므로 굳이 선택할 이유는 없고 음영처리가 되지 않은 부분만 집중해서 보면 된다.

1. **셀 병합**: 표에서 2개 이상의 셀(칸)을 선택한 뒤 오른쪽 마우스 버튼을 누르면 '셀 병합' 메뉴가 활성화된 것을 확인할 수 있다. 이 버튼을 누르면 지정한 셀이 합쳐진다. 만약 각 셀 안에 텍스트가 있는 경우 텍스트는 모두 보존되지만, 셀 중 가장 왼쪽 상단에 있는 셀 서식을 그대로 가져온다.

2. **셀 분할**: 말 그대로 셀을 분할할 때 사용한다. 셀 분할 버튼을 누르면 행과 열별로 셀을 어떻게 분할할지 정할 수 있는 화면이 나온다. 원하는 대로 숫자를 지정하면 원래 셀이 지정한 숫자대로 분할돼 있음을 알 수 있다. 만약 여러 개의 셀을 지정하고 셀 분할을 실시하면 지정한 숫자에 셀의 개수만큼 분할되는 것을 확인할 수 있다. 셀을 분할할 경우에는 다른 셀과 줄맞춤이 불가능할 경우 기존 서식을 유지하고, 다른 셀과 줄맞춤이 가능한 경우 줄을 맞추면서 근접한 셀의 서식을 그대로 가져오는 특징이 있다.

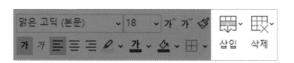

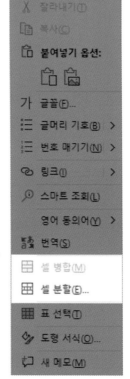

◁ 표 선택 후 오른쪽 마우스 버튼을 누르면 볼 수 있는 메뉴. 표를 작성하면서 활용할 수 있는 다양한 메뉴가 있지만, 표 본연의 프레임을 잡기 위해서는 셀 병합, 셀 분할, 셀 삽입, 삭제 이 네 가지 메뉴로 충분하다.

셀 병합과 셀 분할을 알기 쉽게 다음 그림으로 정리했다.

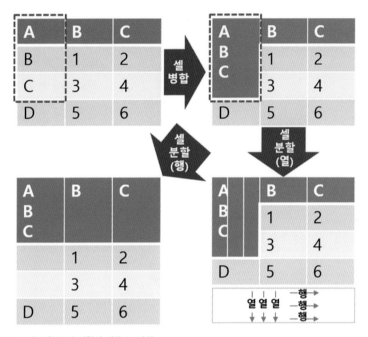

▲ 셀 분할과 셀 병합에 따른 표 변화

많은 사람이 '행'과 '열'을 헷갈리는 경우가 많다. 행과 열을 헷갈리면 분할 과정에서 우리가 원하지 않는 엉뚱한 모양으로 표가 분할되는 모습을 보게 된다. 위 예시 그림의 오른쪽 하단에 행과 열을 구분할 수 있도록 표시했으니 참고해서 행과 열을 분할하도록 하자. **열의 개수를 늘리면 세로축이 여러 개 늘어나고, 행의 개수를 늘리면 가로축이 여러 개로 늘어난다는 사실을 기억하자.**

계속해서 셀 삽입과 셀 삭제를 알아보자.

3. **셀 삽입**: 지정한 셀을 기준으로 상단, 하단, 왼쪽, 오른쪽에 셀을 삽입할 수 있는 메뉴다. 삽입 옆에 있는 화살표 버튼을 누르면 다음과 같이 확장된 메뉴를 확인할 수 있다. 그림으로 쉽게 확인할 수 있듯이 왼쪽, 오른쪽, 위쪽 그리고 아래쪽에 각각 열과 행을 삽입할 수 있다. 기준이 되는 지점은 파워포인트 편집자가 커서를 올려놓은 지점이다. 실제 예시를 통해 알아보자.

▲ 표 삽입 메뉴를 통해 쉽게 열 또는 행을 삽입할 수 있다.

다음의 예시를 보면 표 삽입에 대해 쉽게 알 수 있다.

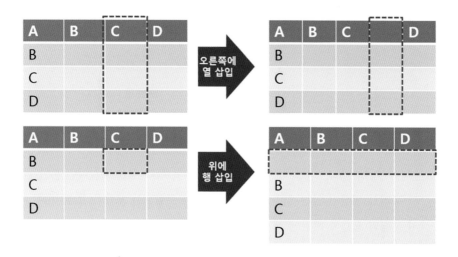

첫 번째 경우는 C열을 드래그해서 지정하고 '오른쪽에 열 삽입'을 했을 때 표가 변경되는 모습이다. 보는 바와 같이 C열 옆에 새로운 열이 추가됐음을 알 수 있다.

그 아래의 예시는 (C, B) 셀을 지정하고(해당 칸을 마우스 클릭해 커서를 놓으면 된다) 위에 행 삽입을 하면 B행 위에 새로운 행이 추가됐음을 알 수 있다. 여기서 한 가지 의문을 갖는 독자들이 있으리라 생각한다. 앞의 예시에서는 열 전체를 지정하고 열 삽입을 했고, 아래 예시에서는 열 전체를 지정하지 않고 하나의 셀만 지정한 뒤 행을 삽입했다. 만약 위의 예시와 같이 C열을 모두 드래그한 다음 위에 행 삽입을 하면 어떻게 될까? 예상한 대로 4개의 행이 A행 위에 생기게 된다. 열의 경우도 마찬가지다.

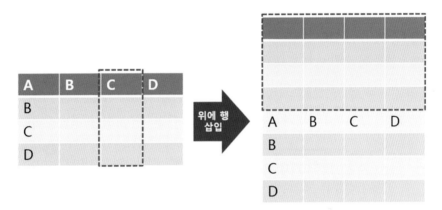

▲ 지정한 열에는 4개의 행이 속하므로 4개의 행이 새로 삽입되는 것을 확인할 수 있다.

설명만으로는 다소 어렵게 느낄 수 있으나 직접 몇 번 다뤄보면 크게 어렵지 않게 행과 열을 삽입할 수 있다.

4. **셀 삭제**: 지정한 셀을 기준으로 열이나 행을 삭제할 수 있다. 참고로 이 기능은 지우려는 셀을 모두 지정하고 Ctrl + X(잘라내기) 단축키를 사용해도 된다. 만약 여러 열이나 여러 행을 지정할 경우 삽입되는 방식과 동일하게 삭제되니 참고하도록 하자. 표 전체를 지우고 싶다면 표 삭제 메뉴를 선택하거나 표 윤곽선을 클릭해서 표 전체를 지정한 다음 Ctrl + X(잘라내기) 단축키를 통해서도 손쉽게 표 전체를 삭제할 수 있다.

▲ 표 삭제 기능

이제 표 만드는 방법을 알았으니 만들어 둔 슬라이드와 어울리도록 표의 테두리와 색상을 변경할 차례다. 먼저 표 내부 색상을 바꿔보자.

표 내부의 색상은 오른쪽 마우스 버튼을 클릭하면 볼 수 있는 '도형 서식' 메뉴에서 개체와 동일한 방식으로 손쉽게 바꿀 수 있다. 하지만 문제는 표의 선 색깔을 바꾸려 할 때 발생한다. 이 역시도 도형 서식에서 바꿀 수 있다고 생각하지만 막상 선 색상을 바꾸기 위해 들어가보면 선 색상 관련 메뉴가 비활성화돼 있다. 즉 도형 서식 메뉴를 사용해서는 선 색상을 바꿀 수가 없는 것이다. 이곳에서 표 색상을 바꿀 수 없다는 사실 때문에 어떤 사람들은 워드 프로그램이나 엑셀에서 작성해 해당 표를 그대로 가져와 붙이기도 한다. 하지만 간단하게 해결할 수 있는 방법이 있다. 바로 **표를 클릭한 상태에서 활성화되는 '표 디자인' 탭을 클릭하는 방법**이다. 이 부분에서 '테두리'라는 메뉴를 선택하면 표의 테두리를 지정해줄 수 있다. 또한 옆에 있는 '테두리 그리기' 메뉴를 사용하면 테두리 색상과 테두리별 굵기 및 선 서식도 시성 가능하다. 직관적인 메뉴 구성이니 표를 만든 후 활용해보면 손쉽게 표의 테두리와 표 내부 색상을 지정할 수 있다.

▲ '표 디자인' 탭에서 표의 테두리를 바꿀 수 있다.

➕ 이미지

▲ 이미지 메뉴

슬라이드 제작에 필수격인 이미지를 삽입할 수 있는 메뉴다. 삽입할 수 있는 이미지는 그림, 온라인 그림, 스크린샷, 사진 앨범으로 나누는데, 사진 앨범의 경우 슬라이드 쇼를 통해 기존에 갖고 있던 사진을 삽입하면 별도의 파워포인트 파일을 만들면서 지정한 그림 파일을 디지털 앨범 형식으로 만들어 주는 기능이다. 다만 이 기능은 우리가 지향하는 슬라이드 제작과는 다소 거리가 있기 때문에 이번 책에서는 설명을 제외하겠다. 궁금한 독자가 있다면 메뉴를 클릭하고 사진 몇 장을 지정해보면 손쉽게 어떤 기능인지 파악할 수 있다. 그럼 나머지 메뉴를 설명하겠다.

1. **그림**: '그림' 메뉴를 클릭하면 곧바로 파일 탐색기가 열리고, 원하는 그림을 삽입할 수 있게 준비된다(앞서 언급했듯이 우리는 그림을 불러오는 단축키가 Alt + I + P + F라는 것을 이미 알고 있다). 그림 파일을 삽입하는 또 다른 방법은 탐색기에서 원하는 그림 파일을 클릭하는 방식이다. 그림 메뉴를 클릭하면 파일 탐색기가 열리고 여기서 원하는 그림을 선택하면 작업 중인 슬라이드로 그림이 삽입된다. 단축키 사용과 메뉴 선택 모두 동일한 기능이니 본인에게 편한 방식을 사용하면 된다.

2. **온라인 그림**: 온라인 그림 메뉴를 클릭하면 인터넷에서 특정 주제와 관련된 이미지를 가져올 수 있다. 다만 단순 검색을 통해 가져오는 이미지이므로 저작권을 신경 써야 할 경우에는 사용하는 데 있어 주의가 필요하다. 만약 무료 이미지를 사용하고 싶다면 저작권 문제가 없는 pixabay.com이라는 사이트 활용을 추천한다.

3. **스크린샷**: 또한 파워포인트에서는 자체 스크린샷 기능을 제공한다. 보통 캡처 프로그램을 활용하거나 Ctrl + Prt Scr 키를 활용해 캡처하는 경우가 많을 텐데, 스

크린샷 기능을 활용하면 원하는 화면만 잘라서 곧바로 파워포인트 프로그램에 삽입할 수 있으니 적절하게 활용하면 좋다.

메뉴에 대해 알아본 결과, 이미지 메뉴에서는 '그림' 메뉴만이 주로 활용됨을 알 수 있다. 그러나 이 메뉴 역시 앞서 언급한 단축키 Alt + I + P + F를 활용할 수 있다는 점도 알아두자.

➕ 일러스트레이션

▲ 일러스트레이션 메뉴

▶ 기본 도형 메뉴. 다양한 메뉴를 활용해 슬라이드를 만들 수 있다.

모든 삽입 메뉴 중에서 가장 자주 사용하는 메뉴가 바로 그림, 텍스트 및 일러스트레이션 메뉴다. 특히 일러스트레이션 메뉴 중에서도 도형과 차트는 정말 자주 활용하는 메뉴이므로 앞으로 여러분의 손을 가장 많이 거쳐 갈 것이다. 다시 말해 이 부분은 매우 주의 깊게 읽고 실제로 여러 번 실습해야 함을 의미한다.

1. **도형**: 먼저 첫 번째 메뉴인 도형을 자세히 알아보자. 도형 메뉴를 클릭하면 다음과 같은 펼침 화면을 볼 수 있다. 가장 상단에는 '최근에 사용한 도형'이 표시되고, 그 다음으로 선, 사각형, 기본 도형, 블록 화살표, 수식 도형, 순서도, 별 및 현수막, 설명선, 실행 단추 등이 표시된다. 어떤 슬라이드를 작성하느냐에 따라서 사용하는 도형도 조금씩 차이를 보이겠지만, 이 기본 도형만 완전히 정복해도 여러분은 매우 세련된 컨설팅 형식의 슬라이드를 작성할 수 있다(젠 형식의 슬라이드는 이러한 도형을 자주 사용하지 않기 때문에 젠 형식의 슬라이드를 작성할 때는 활용도가 높지 않은 편이다).

모든 도형을 일일이 살펴볼 필요는 없다. 하지만 도형이 가진 공통 속성을 알아야 할 필요는 있다. 몇 가지 도형 사례를 통해 도형 다루는 법을 알아보겠다.

186

일반적으로 도형 메뉴에서 하나의 도형을 선택하면 몇 가지 표시가 나타나는 것을 확인할 수 있다(참고로 이 도형은 모서리가 둥근 사각형이다). 크기 조절, 도형 회전, 모서리 조절 순서로 설명하겠다.

(1) 크기 조절: 좌우, 상하 및 대각선에 보이는 흰색 사각형 및 흰색 원 표시를 클릭한 후 드래그하면 도형 크기를 변화시킬 수 있다.

▲ 도형 선택 및 기본 변형 방법

상하단에 있는 사각형을 마우스 클릭해 선택한 후 드래그하면 세로 방향으로 도형이 늘어나거나 줄어들고, 좌우에 있는 사각형을 클릭 후 드래그하면 가로 방향으로 도형이 늘어나거나 줄어든다. 대각선에 있는 원형을 마우스 클릭해 선택한 후 드래그하면 가로와 세로 모든 방향으로 도형을 늘리거나 줄일 수 있다. 이때 도형 윤곽선에 위치한 흰색 도형이 아닌, 그 외 선 부분을 클릭하고 드래그할 경우 도형 크기는 변하지 않고 슬라이드에서 위치만 바뀐다.

(2) 도형 회전: 파워포인트에서 만드는 선이 아닌 모든 도형은 생성했을 때 초록색 원 모양이 함께 표시되는데 이를 클릭 후 선택하고 드래그해 도형을 회전시킬 수 있다. 단축키 부분에서도 설명했지만 Shift 키를 누른 상태에서 도형을 회

전시키면 도형이 15도씩 회전하므로 다른 도형과의 줄을 맞추는 데 유용하게 사용할 수 있으니 참고하길 바란다.

(3) 모서리 조절: 노란색 다이아몬드 모양을 클릭하면 도형 모서리를 조절할 수 있다. 이는 모서리가 둥글거나 화살표의 화살 크기를 조절하는 도형 등에서 주로 활용된다. 말풍선 모양의 경우 노란색 다이아몬드 모양은 말풍선 꼬리 부분을 조절할 수 있는 기능이 있다. 앞 페이지에서 본 예시 도형에도 세 가지의 말풍선이 있고 각각 말꼬리 길이가 다른데, 이 역시 각 말풍선을 선택했을 때 등장하는 노란색 다이아몬드 모양을 클릭해 조정한 결과다.

사다리꼴의 경우 노란색 다이아몬드 모양은 윗변의 길이를 조절하는 데 사용된다. 여기까지는 직관적으로 활용법을 익힐 수 있다.

그러나 기본 도형만으로 모든 도형을 만들어내기는 어렵다. 예를 들면 노란색 다이아몬드 모양을 클릭한 상태에서 사다리꼴의 모서리 부분을 조절할 때는 양쪽 모서리가 똑같게만 조절된다(도형에서 사다리꼴을 클릭한 후 노란색 다이아몬드 모양으로 조정해보면 금세 알 수 있다). 하지만 양 변이 다르거나 조금은 다른 형태의 모양이 필요할 때도 있다. 다음의 예시를 보자. 이 예시에서 중간에 있는 도형, 즉 A를 확대하는 듯한 그라데이션 도형에 주목하자. 이 형태는 컨설팅 형식 슬라이드에서 어떠한 개체의 구성 요소를 더욱 세부적으로 파악하고 싶을 때 사용하는 도형이다. 다만 방금 전 설명했듯이 이 도형은 파워포인트의 기본 도형만으로는 만

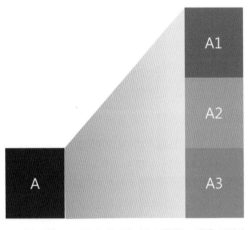

▲ 기본 도형으로 만들 수 없지만 자주 사용하는 도형은 어떻게 만들어야 할까?

들 수가 없다. 사다리꼴을 기본으로 해당 도형을 만들어야 하는데, 노란색 다이아몬드 모양을 선택해서 아무리 움직여도 양쪽 점이 동시에 움직이기 때문이다.

양쪽이 동시에 움직이면 A와 A1 그리고 A3의 끝 부분에 정확하게 일치시키기 어렵다. 기본 도형만으로 만들 수 없는 이런 형태의 도형은 어떻게 만들어야 할까?

이때는 '점 편집' 기능을 활용하면 된다. 일단 점 편집을 하기 전 내가 원하는 도형과 가장 유사한 형태의 기본 도형을 찾은 다음 해당 도형을 클릭하고, 오른쪽 마우스 버튼을 눌러 '점 편집' 메뉴를 선택한다. 점 편집 메뉴로 들어가면 도형 주변에 붉은 테두리가 생긴다. 이를 원하는 모양대로 편집하면 된다. 원하는 도형을 선택한 후, 오른쪽 마우스 버튼을 누르면 '점 편집' 메뉴로 들어갈 수 있다. 점 편집 상태의 도형은 도형 주변에 붉은색 테두리가 생긴다. 이때 생긴 점을 클릭하고 드래그하면 자유롭게 도형 모양을 변형시킬 수 있다. 만약 기본으로 정해진 점 위치가 아닌 다른 곳을 변형시키고 싶을 경우 이 상태에서 다시 오른쪽 마우스 버튼을 클릭하면 다음과 같은 메뉴를 볼 수 있고, 여기서 '점 추가'를 선택한 다음 원하는 위치에 점을 추가하면 된다. 점 편집 기능을 통해 기본 도형에 없는 도형도 변형해서 만드는 일이 가능해졌다.

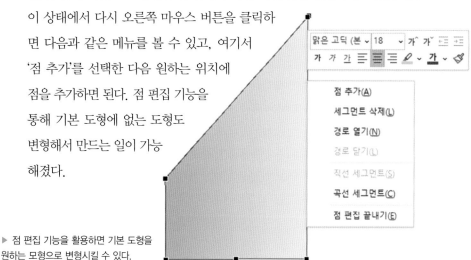

▶ 점 편집 기능을 활용하면 기본 도형을 원하는 모형으로 변형시킬 수 있다.

그 외 다른 변형은 '도형 서식' 부분에서 거의 모든 모양을 변경할 수 있다. 이 부분은 홈 메뉴의 '그리기' 메뉴에서 설명했으므로 더 자세한 설명이 필요한 경우 '그리기 메뉴' 부분을 다시 한번 읽어보면 도움이 될 것이다.

2. **아이콘**: 선택해보면 직관적으로 이해할 수 있다. 아이콘의 경우는 컨설팅 형식에서 활용할 수 있는 아이콘이 여러 가지 저장돼 있다. 컨설팅 형식의 슬라이드는 고해상도 이미지보다 간단한 아이콘 형태로 상황을 도식화해서 표현하는 경우가 많으므로 이곳에서 아이콘을 찾아서 활용해도 좋다.

3. **3D 모델**: 파일 또는 온라인에서 3D 모델을 가져올 수 있다. 3D 모델이기 때문에 개체를 삽입한 뒤 클릭해서 회전시키면 3D 형태로 다른 면을 확인 가능하다. 다만 일반적인 슬라이드에서 잘 활용하는 기능은 아니므로 참고로만 알아두자.

4. **스마트 아트(SmartArt)**: 스마트 아트를 활용하면 정해진 틀에 내가 원하는 내용을 삽입할 수 있다. 기본 도형을 활용해 생각의 틀 잡기가 어려운 초심자에게는 상당히 유용한 기능이다. 물론 파워포인트에 익숙해질수록 스마트 아트 기능과는 점차 멀어지게 된다. 스마트 아트는 '홈 메뉴'의 '단락 세부 메뉴'에서 이미 설명했으므로 궁금한 사항이 있다면 앞 부분으로 돌아가 다시 익혀보기를 바란다(직접 눌러가며 실습해보는 것이 가장 좋은 방법이다).

5. **차트(그래프)**: 이번에는 차트를 알아보자. 컨설팅 형식의 슬라이드에는 도표와 차트가 많이 등장하므로 이는 꼭 자세히 알아둬야 한다. 차트 메뉴를 클릭하면 다음과 같은 화면을 만날 수 있다. 다양한 차트 서식이 있어서 어떤 차트를 활용해야 할지 다소 헷갈릴 정도다.

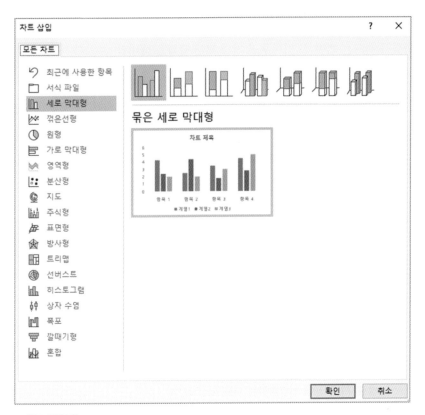

▲ 차트 삽입 메뉴

여기 있는 모든 종류의 차트를 다 활용할 필요는 없다. 그래프를 통해 정보를 가장 효과적으로 전달할 수 있는 그래프는 상황마다 정해져 있기 때문이다. 실제로 가장 많이 사용하는 차트 종류는 **폭포형(워터폴) 차트, 세로 막대형 차트, 꺾은선형 차트, 원형 차트** 정도다. 나머지 차트는 굳이 알지 않아도 좋다. 우리에게 생소한 차트는 청중에게도 생소한 차트이기 때문이다. 자주 활용하지 않는 만큼 다소 독특해 보이는 효과는 있겠으나, 청중들에게 익숙하지 않은 형식의 차트는 오히려 슬라이드 해석을 어렵게 만들어 집중력을 떨어뜨리는 결과를 낳는다. 청중 주목도를 높이는 일이 슬라이드 디자인의 기본이 돼야 한다. 앞서 언급한 4가지의 차트 종류를 만드는 법만 잘 익혀두면 거의 모든 상황을 대비할 수 있다.

다만 다른 종류의 차트를 굳이 익히지 않아도 된다는 말이 차트만드는 법을 대충 익혀도 된다는 뜻은 아니다. 방금 언급한 4가지 차트와 그 차트를 서로 조합한 복합 차트는 철저하게 사용법을 익혀야 한다. 4가지 차트와 복합 차트의 예시를 한 가지씩 알아보자. 차트를 생성하는 법뿐만 아니라 **그래프의 주관화** 원칙을 명확히 지키는 차트 작성법을 설명하겠다.

⑴ 차트만들기 기본: 차트만드는 법을 설명하기 전에 모든 차트에 적용될 내용을 정리해보자. 이 부분을 통해 그래프의 주관화 원칙을 지키는 효과적인 차팅 기술을 알 수 있다. 다시 강조하지만 이 부분에서 설명하는 내용은 여러분이 작성하게 된 모든 차트에 동일하게 적용되는 동시에, 동일하게 적용해야만 하는 내용이니 주의 깊게 읽도록 하자. 차트를 만들 때는 어떤 종류의 차트든 다음의 9가지 순서를 따라서 만든다.

: **발표자의 주장을 뒷받침하는 차트 작성 9단계** :

1. 목적에 맞는 차트 유형을 선택한다.
2. 내가 원하는 만큼의 계열과 항목 수로 조절한다.
3. 데이터를 입력한다. 데이터에는 항목 이름, 계열 이름 및 각각의 데이터 값이 포함된다.
4. 데이터 축과 데이터 가로선이 반드시 필요하지 않은 경우 삭제한다.
5. 데이터 레이블 표시 기능을 통해 데이터의 레이블을 표기한다.
6. 그래프 중에서 강조할 부분을 강조한다. 색상 또는 강조선 등을 활용한다.
7. 슬라이드 배경 색상과 차트의 배경 색상을 일치시키거나 유사하게 한다.

8. 차트 왼쪽 상단 부분에 단위를 기입한다.

9. 추가로 그래프별 특성을 살려서 더 보기 좋게 하는 작업이 필요할 경우 해당 작업을 실시해 차트를 완성한다.

파워포인트에서 차트를 만들면 파워포인트 내부에 별도 창으로 엑셀이 등장한다. 이 엑셀을 통해 차트의 내부 데이터를 편집하게 된다(이 책은 엑셀을 다루는 책은 아니므로 필요한 내용만 설명하겠다).

1) **목적에 맞는 차트 유형 선택:** 예시로 가장 자주 활용하는 차트인 세로 막대형 차트를 만들어보자. 차트 삽입 버튼을 누른 후 세로 막대형 차트를 선택한다. 상단에 보면 다양한 형태의 새로 막대형이 등장한다. 순서대로 묶은 세로 막대형, 누적 세로 막대형, 100% 기준 누적 세로 막대형, 3차원 묶은 세로 막대형, 3차원 누적 세로 막대형, 3차원 100% 기준 누적 세로 막대형, 3차원 세로 막대형 차트를 확인할 수 있다(각 이름은 차트 위에 마우스 커서를 올려보면 쉽게 확인이 가능하다). 이 중에서 우리가 주로 활용할 차트는 가장 앞의 두 종류다. 나머지 그래프는 활용도가 낮고 특히 3차원 형식의 그래프는 청중 주목도를 오히려 떨어뜨리는 부정적인 효과를 가져오므로 사용하지 않는 편이 좋다.

묶은 세로 막대형 그래프를 선택하고 확인 버튼을 누르면 다음과 같은 항목을 확인할 수 있다. 상단에는 엑셀이 팝업 형태로 나타나 데이터를 수정할 수 있다. 계열 1,2,3과 항목 1,2,3,4가 기본적으로 보인다. 일반적으로 계열은 각기 다른 품목을 나타내고(예: 제품 A,B,C 혹은 국가 A,B,C 등) 항목은 일반적으로 시계열 혹은 동등한 수준의 비교 대상을 나타낸다.

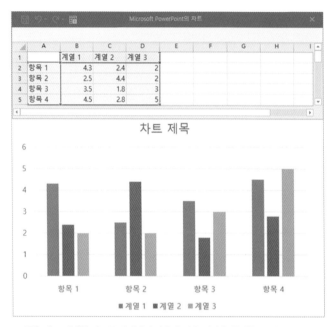

▲ 묶은 세로 막대형 차트를 선택하면 다음과 같은 화면을 확인할 수 있다.

예를 들어 한국, 미국, 중국, 일본의 국가별 가솔린차, 경유차, 전기차 규모를 나타낸다고 하면, 계열 1,2,3은 각각 가솔린차, 경유차, 전기차가 되고, 항목 1,2,3,4는 각각 한국, 미국, 중국, 일본이 되는 식이라고 생각하면 된다. 조금만 익히면 손쉽게 이해할 수 있다.

2) 계열과 항목 수 조정: 계열의 개수와 항목의 개수는 데이터 수정을 통해 조정 가능하다. 만약 작성하려는 그래프가 3가지 항목, 2가지 계열만 필요하다고 가정해보자. 이 경우 엑셀 시트에서 푸른색 부분(데이터가 들어가는 부분) 오른쪽 하단 모서리 부분에 존재하는 작은 점 부분에 마우스 커서를 놓고 클릭한 뒤 드래그하면 계열의 개수와 항목의 개수를 조절할 수 있다. 최초 항목보다 더 늘릴 수도 있고 줄일 수도 있다.

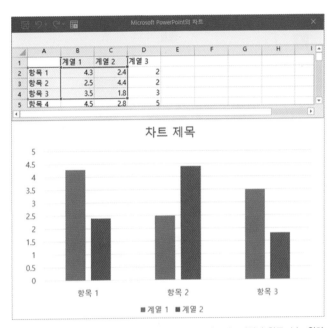

▲ 기본으로 등장하는 계열과 항목 수에서 수를 줄인 모습. 계열과 항목 수는 원하는 대로 늘이고 줄이는 게 가능하다.

3) 데이터 입력: 입력하려는 데이터를 엑셀에 기입한다. 이때 데이터 값 뿐만 아니라 계열 이름, 항목 이름도 입력하도록 하자. 차트 제목의 경우는 엑셀에서 입력하지 않고 파워포인트 편집 화면에서 입력이 가능하다.

4) 데이터 축과 가로선 삭제: 많은 사람이 차트를 효율적으로 만드는 방법을 깊은 고민 없이 기본으로 제공되는 차트 양식을 그대로 활용하는 경우가 많다. 하지만 제공되는 차트를 조금만 손보면 그래프의 주관화 원칙을 지켜 청중 주목도를 높일 수 있게 차트를 바꿀 수 있다.

기본 차트를 생성하면 다음과 같은 항목이 필수적으로 함께 따라온다.

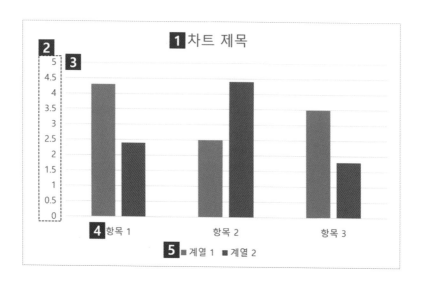

1. **차트 제목**: 텍스트를 수정해 차트 제목 작성을 할 수 있다.
2. **데이터 축**: 데이터 숫자를 개략적으로 표현하는 기능을 한다.
3. **데이터 가로선**: 데이터 숫자를 개략적으로 표현하는 기능을 한다. 데이터 축과 기능이 같다.
4. **항목 이름**: 항목별로 이름이 표시된다. 엑셀의 데이터를 수정해 반영 가능하다.
5. **범례(계열 이름)**: 계열별로 이름이 표시된다. 엑셀 데이터를 수정해 반영 가능하다.

차트 자체는 당연히 필요하므로 제외하고, 기본적으로 생성되는 차트 항목 중 반드시 필요한 부분은 몇 가지나 될까? 반드시 필요한 항목은 차트 제목, 항목 이름, 범례 세 가지뿐이다. 데이터 축과 데이터 가로선은 아주 예외적인 경우가 아니라면 삭제하는 편이 더 좋고, 필요하다고 말한 세 가지 요소 중 차트 제목, 계열 이름은 기본적으로 제공하는 형태를 사용하기보다는 변경을 통해 활용하는 편을 권장한다. 즉 기본으로 제공되는 형식 중 온전하게 사용하는 경우는 '항목 이름' 하나뿐이고 나머지는 모두 바꿔 사용해야 한다.

있는 대로 쓰면 되지 왜 없애거나 바꿔야 하는지 의아하게 여기는 독자가 많을지도 모르겠다. 하지만 슬라이드는 프리젠테이션의 일부이며, 프리젠테이션의 목적은 청중의 행동 유발이라는 대전제를 생각하면 당연히 슬라이드도 청중이 행동하도록 디자인해야 한다. 데이터 축, 가로선을 없애야 하는 이유도 이와 연관돼 있다. 실제로 데이터 축이 꼭 필요한 경우는 매우 드물다. 왜일까? 위에 있는 엑셀 데이터 없이 항목 1에 있는 계열1 푸른색 막대 그래프가 정확히 어떤 숫자를 나타내는지 알 수 없기 때문이다. 정확하게 정보를 줄 수 없는 데이터 축은 굳이 필요가 없다. 동일한 관점에서 데이터 축과 연계된 가로축 역시 굳이 있을 필요가 없다. 각 부분을 클릭한 후 Del 키를 누르면 손쉽게 삭제가 가능하다.

앞으로 모든 차트를 만들 때는 "축과 가로줄이 필요한가?"라는 질문을 반드시 스스로 해보길 권한다. 그리고 거의 모든 경우에 축과 가로선이 필요 없다는 사실을 알게 될 것이다. 데이터를 명확하게 보여줄 수 있는 다른 방법이 존재하기 때문이다. 바로 '데이터 레이블 추가' 기능이다.

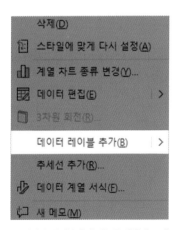

▲ 데이터 레이블 추가 메뉴를 사용해 그래프 위에 직접 데이터 값을 표시할 수 있다.

5) 데이터 레이블 추가: 차트 중에서 그래프 부분을 클릭한 뒤 오른쪽 버튼을 누르면 '데이터 레이블 추가'라는 메뉴를 확인할 수 있다. 이 부분을 클릭하면 그래프 윗 부분에 데이터 값이 직접 표시된다. 가로선을 통해 어림잡는 것보다 훨씬 정확하므로 이 방법을 사용하는 편이 좋다.

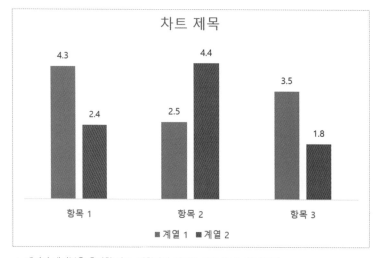

▲ 데이터 레이블을 추가한 차트. 명확하게 데이터 값을 알 수 있게 됐다.

여기서 한 가지 놓치기 쉬운 부분을 알아보자. 현재는 그래프의 데이터 값이 소수점 한자리까지 표시돼 있다. 그런데 어떤 자료에서는 소수점 아래 자리가 더 적게 표시돼 정수 부분까지만 표시하거나, 소수점 둘째 자리까지 표기해야 하는 경우도 있다. 이때는 오른쪽 마우스 비튼을 누르고 '데이터 편집' 메뉴로 들어가면 메뉴에서 다음과 같은 아이콘을 볼 수 있다(초록색 Bar 왼쪽에 있는 아이콘 중 비활성화된 아이콘이 아닌 활성화된 네 번째 아이콘). 이 아이콘을 클릭하면 데이터 편집이 미니 엑셀 창이 아닌 별도 엑셀 파일로 열린다.

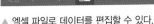

▲ 엑셀 파일로 데이터를 편집할 수 있다.

▲ 데이터 레이블의 소수점 수를 엑셀 메뉴에서 조정 가능하다.

별도 파일로 열린 엑셀 메뉴에서 데이터 부분을 마우스로 드래그하고, 표시 형식에서 다음의 두 메뉴를 활용해 소수점 표기 수를 늘리거나 줄일 수 있다. 점선으로 표시된 부분의 왼쪽 메뉴는 소수점 수를 더 늘리게 되며, 오른쪽 메뉴는 소수점 수를 줄이는 메뉴다.

6) **강조할 부분 강조**: 이 책의 부록 1 – 퍼펙트 슬라이드 디자인 필수 개념 10 (360페이지 참고)에서 그래프의 주관화라는 개념을 다시 언급한다. 차트(그래프)는 단순히 객관적인 자료를 보여주기 위함이 아니라 내가 주장하려는 바를 뒷받침하는 근거 자료로 활용해야 한다. 따라서 밋밋하게 그래프를 놔두기보다 강조할 부분을 강조해서 청중의 시선이 쏠리도록 해야 한다. 여러 근거를 뒷받침해야 자료로 가치를 지니지만 방대한 자료 중에서 우리가 주장하려는 바는 보통 한 가지로 정해져 있기 때문이다.

지금껏 만들어온 차트가 만일 '국가별 경제 성장 전망'이며, 이 중 한국의 2025년 경제 성장 전망치가 미국이나 일본보다도 뒤쳐질 것이라는 내용을 담고자 한다면 단순히 차트만 그려놓기보다 다음과 같이 한국의 경제 성장 전망에 하이라이트를 해주고, 그중에서 위기가 올 것이라는 2025년 데이터 레이블을 굵게, 그리고 붉게 표시함으로써 자료로써의 가치를 지니는 동시에 주장하는 바를 명확히 청중에게 각인시킬 수 있다.

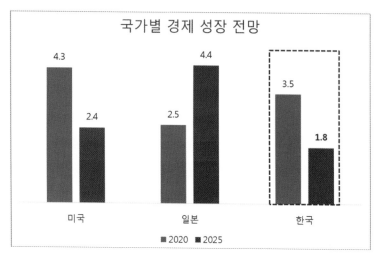

▲ 단순하게 자료만 나열해서는 안 된다. 차트에는 발표자가 주장하려는 의도가 담겨야
한다. 이를 '그래프의 주관화'라고 한다.

데이터 수정을 마친 뒤에 다시 데이터를 수정하고 싶은 경우라면 차트를
선택하고, 오른쪽 마우스 버튼을 클릭한 뒤 '데이터 편집' 메뉴를 선택하
면 다시 엑셀 시트가 나타나며 데이터 재수정이 가능해진다.

7) **슬라이드와 차트의 배경 색상 일치**: 슬라이드를 디자인하며 늘 생각해야 하
는 부분은 바로 '일체감'이다. 즉 슬라이드와 슬라이드를 구성하는 요소
가 일체감이 들지 않을 경우 청중들은 "저 자료 대충 만들었네."라고 판
단한다. 설령 정말 공들여 자료 조사를 하고 시간을 들인 자료라 하더라
도 마찬가지다. 이런 일은 아주 사소한 부분에서 드러난다. 다음 예시를
보자.

▲ 배경과 이미지의 색상을 일치시키지 않으면 다음과 같은 일이 발생한다.

두 슬라이드의 차이는 단 하나뿐이다. 바로 배경 색상과 이미지의 배경 색상을 맞췄는지의 여부다. 하지만 왼쪽 슬라이드는 깔끔하게 잘 만들어진 슬라이드 같지만, 오른쪽 슬라이드는 대충 만든 슬라이드로밖에 보이지 않는다. 우리가 만드는 차트 역시 마찬가지다. 슬라이드 배경 색상과 같거나 최대한 유사하게 맞춰야 한다. 검은색 배경이라면 검은색으로, 흰색 배경이라면 차트의 배경색을 흰색으로 바꿔주자. 만약 단색의 슬라이드 배경 화면을 사용하지 않을 경우 '채우기 없음'을 선택해주면 된다. 앞서 만든 예시를 한 번 바꿔보자. 지금까지는 슬라이드 배경색이 흰색이었기 때문에 사실 차트 배경색을 바꿀 필요는 없다. 하지만 슬라이드 배경 색상이 검은색일 경우를 가정하고 차트의 배경색을 바꿔보자. 차트에서 색상을 바꿔야 하는 영역은 '그림 영역'과 '차트 영역'이다. 각 영역을 클릭하면 해당 영역의 배경 색상을 바꿀 수 있다. 오른쪽 마우스 버튼을 클릭하면 개체 색상을 변경할 때의 메뉴가 나타난다. 여기서 '채우기' 부분을 슬라이드 배경 색상과 동일하게 변경하면 된다.

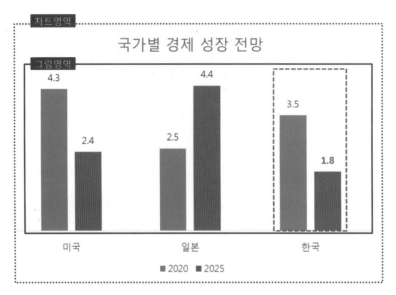

▲ 차트는 그림 영역과 차트 영역으로 구분된다.

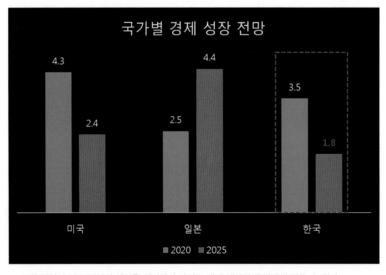

▲ 그림 영역과 차트 영역의 색상을 변경해 슬라이드 배경 색상과 동일하게 만들 수 있다.

이 같이 차트의 배경색을 변경할 경우 기존 설정한 글씨 색상이 잘 보이지 않을 수 있다. 실제로 '국가별 경제 성장 전망'이라는 제목과 데이터 레이블과 각 국가명 및 항목 이름은 검은색 배경에서는 잘 보이지 않는 색상이었다. 따라서 이 부분을 마우스로 클릭해서 지정한 뒤 흰색으로 같이 변경해야 한다.

8) 단위 기입: 차트를 만들면서 정말 중요한 부분이지만 간과하고 잊어버리는 경우가 자주 발생하는 부분이 있다. 바로 '단위'를 기입해 주는 일이다. 지금까지 만들었던 차트에서 1.8이 어떤 단위로 쓰였는지 기입하지 않는다면 자료 가치가 크게 훼손된다. 따라서 차트를 거의 다 만든 단계에서 "내가 단위를 기입했나?"를 점검하고, 기입하지 않았다면 차트에 단위를 넣자. 단위는 왼쪽 상단에 기입하는 것을 추천한다.

9) 추가 작업: 차트 종류별로 그래프를 더 예쁘게 만드는 작업이 필요하다면 해당 작업을 진행하고 차트를 마무리하면 된다. 이 부분에서는 제목 위치 및 범례 위치를 옮겨주면 좋다. 특히 범례의 경우 하단부에 놓는 것보다는 차트의 오른쪽 상단부에 옮기는 것을 권한다. 범례를 클릭해서 지정한 후 마우스를 드래그해 위치를 옮기거나 범례 서식 메뉴에서 범례 위치를 조정할 수도 있다.

이 과정을 토대로, 실제 슬라이드에 차트를 삽입하면 이런 모습이 된다.

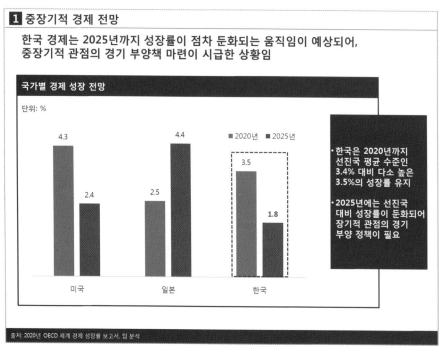

출처: 2020년 OECD 세계 경제 성장률 보고서, 팀 분석

▲ 그래프의 주관화를 통해 작성한 막대 차트

지금까지 차트를 만드는 방법을 순서대로 알아봤다. 발표자의 주장을 뒷받침하는 차트 작성 9단계를 기억하고, 차트를 만들면 누가 보더라도 명확한 메시지를 지닌 차트를 완성할 수 있다.

이제부터는 앞서 언급한 차트별 작성 방법 및 유의 사항을 알아보겠다. 우선 가장 활용도가 높은 폭포(워터폴) 차트부터 알아보자.

(2) 폭포(워터폴) 차트 작성: 지금까지 폭포 차트를 잘 사용하지 않았다면 다소 생소할 수도 있는 형태다. 하지만 폭포 차트는 기존 꺾은선 그래프나 막대 그래프로 표시하던 형태를 훨씬 더 명확하고 정교하게 보여줄 수 있다. 과거 파워포

인트 2010 버전까지는 기본 차트 종류에 폭포 차트가 포함되지 않아 수백만 원을 주고 외부 프로그램을 구입해 사용하거나 꼼수를 써서 막대 길이를 비례식으로 계산해 그래프를 그리는 방법을 사용했다. 하지만 이후 버전의 파워포인트부터는 폭포 차트가 기본 차트로 제공되기 시작했다. 외부 프로그램과 비교해 아직 완전하지는 않지만 환영할 일이다.

폭포 차트는 어떤 대상을 심층 분석할 때 주로 활용된다. 다음의 예시를 보자. 이 예시에서는 회사 매출이 어느 곳에서 나오는지 분석돼 있고, 왼쪽에는 전체 합이 나와 있다. 보통 이런 구조를 만들 때 원형 차트를 많이 사용했으리라 생각한다. 하지만 원형 차트는 100% 비율을 나타내는 경우가 아닌 경우 여러 가지 측면에서 불편하다. 폭포 차트는 그 단위가 퍼센트이든, 다른 단위든 자유롭게 활용할 수 있다. 실제 매출을 금액으로 표기해도 활용이 가능하다는 의미다. 지금껏 원형 차트로 그려온 모든 차트는 폭포 차트로 바꿔 그려도 무방하다.

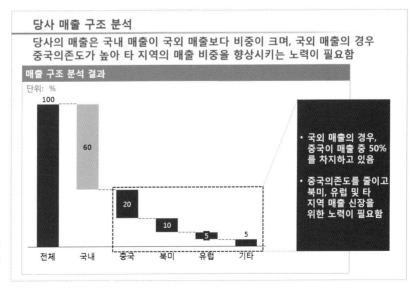

▶ 폭포 차트 예시. 폭포 차트는 어떤 대상을 분석할 때 자주 활용된다.

이제 실제로 이 차트를 만들어보자. 파워포인트 프로그램에서 삽입→차트를 선택하고 차트 종류 중에서 '폭포' 형태를 고르면 다음과 같은 초기 설정을 볼 수 있다. 이 그래프에서 방금 예시로 본 차트를 직접 만들어보자. 일단 우리는 6개의 항목이 필요한데, 기본 그래프에는 8개의 항목이 표시돼 있으므로 6개로 줄이는 작업이 필요하다.

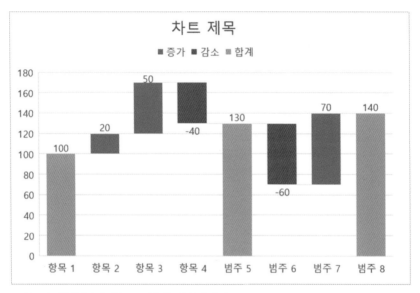

▲ 폭포 차트를 선택하면 기본으로 이런 차트를 볼 수 있다.

그런데 이상하다. 마지막 부분 범주 7과 8을 지웠더니 차트의 오른쪽 부분이 빈 상태로 남은 차트가 보인다. 만약 8개보다 더 많은 요소가 필요해서 엑셀에 항목 이름을 작성하고 데이터 값을 입력해도 차트에 표시가 되지 않아 난감한 상황이 생긴다. 이는 다른 차트를 작성할 때도 가끔씩 일어나는 문제다. 막대 차트의 경우는 데이터 범위를 조정할 수 있도록 처음부터 표시되지만 폭포 차트의 경우는 그렇지 않아 어떻게 데이터를 수정해야 할지 모를 수 있다.

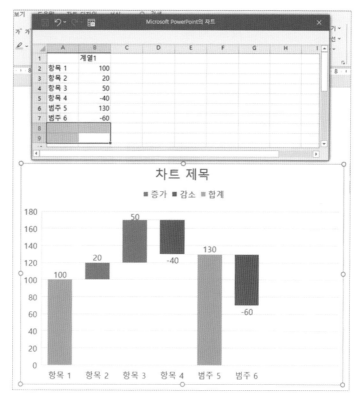

▲ 엑셀에서 데이터를 지우거나 추가해도 원하는 항목 수가 나타나지 않을 때가 있다.

결론부터 말하자면 모든 차트를 작성할 때 엑셀 값을 지우거나 추가하지 말고 데이터 범위를 재지정 해주는 작업을 해야 올바르게 데이터를 추가하거나 삭제할 수 있다. 데이터 범위를 지정하는 법을 알아보자.

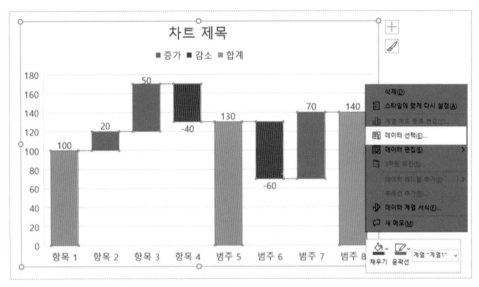

▲ 그래프 영역을 클릭한 뒤 오른쪽 버튼 버튼을 눌러 데이터 선택 메뉴로 들어갈 수 있다.

우선 차트 중에서 그래프 영역을 클릭한다. 그래프 영역을 클릭하면 그래프 모서리마다 푸른 점이 나타나 그래프가 현재 선택됐음을 알 수 있다. 이 상태에서 오른쪽 마우스 버튼을 누르면 '데이터 선택'이라는 메뉴가 활성화돼 있음을 확인할 수 있다. 이 메뉴를 누르면 다음과 같은 화면을 볼 수 있다.

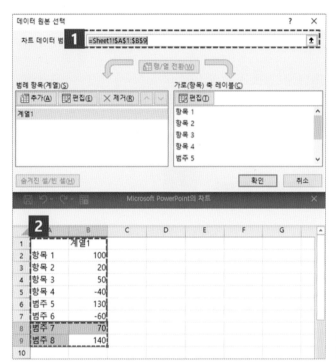

▲ 데이터 선택 메뉴를 통해 우리가 원하는 데이터 범위를 지정해줄 수 있다.

이 화면에서 우선 '차트 데이터 범위'라는 곳에 범위가 지정돼 있는 것을 확인할 수 있다. 일단 이 부분을 완전히 지우자. 기존 설정된 범위를 삭제하지 않으면 엑셀 시트에서 원하는 데이터 범위를 정한다 해도 수식이 망가져 제대로 범위가 지정되지 않기 때문이다. 데이터 범위를 삭제한 이후에는 엑셀 시트에서 우리가 원하는 만큼의 데이터를 드래그해서 지정하자. 이 과정에서 자주 하는 실수가 있다. 바로 '계열' 부분을 드래그하지 않아 빠뜨리는 일이다. 이번처럼 한 가지의 계열만 있을 경우는 큰 문제가 없지만 계열이 여러 개일 경우에는 차트가 원하는 모양대로 나오지 않을 수 있으니 계열 이름까지도 꼭 함께 지정해주자.

이제 우리는 다음과 같은 그래프를 볼 수 있게 된다.

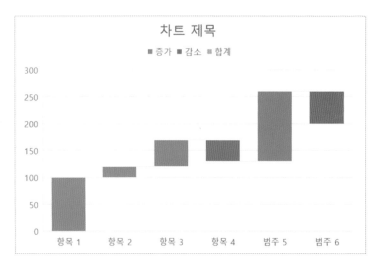

◀ 데이터 범위를 우리가 바라는 대로 6개 항목으로 만들었다.

이제 실제 데이터와 데이터 이름을 넣는다. 일단 데이터 레이블(증가, 감소, 합계가 표시된 부분)은 데이터를 수정하면서 필요가 없어졌으므로 삭제한다. 마찬가지로 '차트 제목' 부분도 추후 슬라이드에서 별도 삽입할 예정이므로 삭제한다. 해당 부분을 클릭하고 Del 키를 누르면 삭제 가능하다.

지금부터는 각 항목의 이름과 값을 입력할 차례다. 그래프 영역을 클릭하고 오른쪽 마우스 버튼을 눌러 데이터 편집 메뉴로 들어간다. 대부분의 경우 폭포 차트는 왼쪽에 총합을 두고, 그 내부 구조를 흩트려 뿌리듯 나열한다고 생각하면 좋다. 기존 그래프에는 100을 쓰고, 점차 아래로 내려가게 하려면 순서대로 −60, −20, −10, −5, −5를 입력하면 된다. 입력하면 다음과 같은 차트를 확인할 수 있다. 이제는 우리가 슬라이드에서 본 차트와 꽤 비슷해졌다.

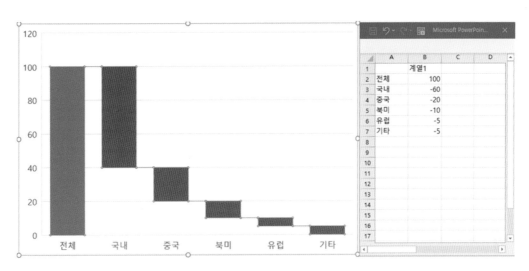

▲ 데이터 편집 메뉴를 활용해 항목의 이름과 값을 삽입했다.

일반적으로 차트를 만드는 과정에서 설명했듯이 의미 없는 가로축과 가로선을 지우고 데이터 레이블, 즉 데이터 값을 각각의 막대 위에 직접 표기해줄 차례다. 그래프 영역을 클릭한 뒤 오른쪽 버튼을 누르면 메뉴가 나타나는데 그중에서 '데이터 레이블 추가' 버튼을 누르면 각 값이 그래프 위에 표기된다. 바로 이 지점이 외부 프로그램으로 만든 폭포 차트에 비해 아쉬운 점이다. 파워포인트 폭포 차트에서 데이터 레이블 값을 추가하고 나면 '전체' 항목을 제외한 나머지 데이터 레

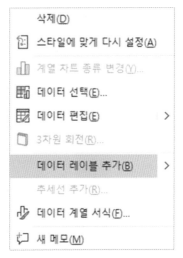

▲ 파워포인트가 기본 제공하는 폭포 차트에서는 데이터 레이블을 추가해서 데이터 값을 입력하기 어렵다.

이블에는 모두 음수가 표기돼 있다. 그러나 우리는 이 그래프에서 모두 양수 값을 적어야 한다. 단위가 %이기 때문이다. 문제는 엑셀에 기입된 데이터에 있다. 차트를 만드는 과정에 입력된 값이 그대로 들어갔기 때문이다.

이는 폭포 차트 유형에서만 나타나는 문제로, 현재로서는 수동으로 데이터 레이블을 표시해줘야 한다. 혹시 추후에 데이터를 수정할 경우 데이터 레이블을 수동으로 고쳐주는 작업도 직접 해줘야 함을 잊지 말자. 텍스트 상자를 활용해 데이터 레이블을 수동으로 입력하면 이제 각 막대의 색상을 바꿔 줄 차례다. 그래프 영역을 클릭하면 전체 그래프가 선택되는데, 색상을 바꾸려는 그래프를 다시 한번 클릭하면 해당 그래프만 지정된다. 이 상태에서 오른쪽 마우스 버튼을 클릭하고 데이터 요소 서식을 선택한 뒤 '채우기' 메뉴를 사용해 해당 그래프의 색상을 변경하면 된다.

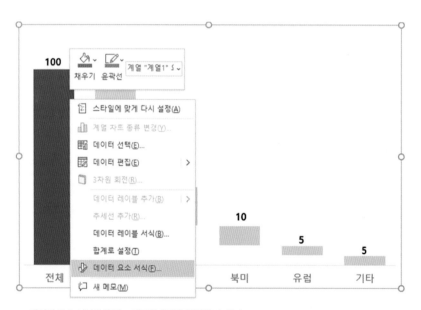

▲ 데이터 요소 서식에서 각 그래프의 색상을 변경할 수 있다.

다른 그래프의 색상도 원하는 대로 바꿔준다. 이 과정을 통해 슬라이드에서 본 차트와 동일한 차트를 만들었다. 이 차트를 삽입하고 단위를 입력하고 나머지 슬라이드 디자인을 마치면 최초 예시로 등장했던 슬라이드와 동일한 슬라이드를 만들 수 있다.

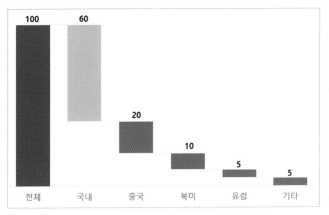

◀ 완성된 폭포 차트

이를 통해 우리는 폭포 차트를 만드는 법을 배웠다. 폭포 차트를 설명하면서 나온 내용 중 데이터 범위를 지정해주는 일, 차트 색상 변경 등은 다른 차트를 만들 때도 동일하게 적용되는 부분이니 잘 알아두자.

(3) 꺾은선 차트 작성: 이 책을 읽는 독자들이 지금껏 가장 많이 사용해온 차트 두 종류를 고르라면 아마도 가장 먼저 언급한 막대 차트와 지금부터 함께 알아볼 꺾은선 차트라고 생각한다. 다만 지금껏 꺾은선 그래프를 과연 목적에 맞게 활용해왔는지는 다시 생각해볼 필요가 있다. 다음의 그래프를 보자. 그래프에서는 안드로이드 운영 체제가 점유율 40%를 돌파했다는 내용을 주된 메시지로 담고 있다. 이처럼 같은 차트로도 내가 주장하는 바에 따라 차트 디자인이 달라져야 한다.

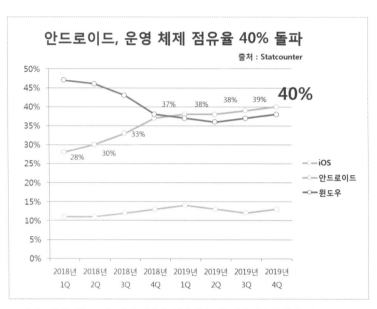

안드로이드, 운영 체제 점유율 40% 돌파

출처 : Statcounter

▲ 이 차트에서는 안드로이드 운영 체제의 점유율에 초점을 맞춰 디자인했음을 알 수 있다.

이 차트를 좀 더 설명하자면 다음과 같다. 앞선 설명에서는 왼쪽의 축과 데이터 가로선은 대부분의 경우에 필요가 없으니 지워야 한다고 언급했는데, 이 차트에는 축 서식과 가로선이 그대로 남아있다. 실수한 것일까? 그렇지 않다. 이 차트에서 말하려는 바를 더욱 명확히 전달하기 위해 다음과 같이 표현한 것이다. 즉 iOS는 10에서 15% 사이를 왔다 갔다 하고 있다는 정도를 가로선만으로 충분히 알 수 있고, 윈도우 역시 45%가 넘는 점유율에서 40% 밑으로 떨어졌다는 사실을 가로선으로 짐작할 수 있다. 특히 윈도우와 안드로이드의 그래프는 2018년 4Q와 2019년 1Q에 매우 근접하게 붙어 있는데, 이런 상황에서 데이터 레이블을 모두 표시하면 오히려 차트가 복잡해져서 청중들이 의미를 해석하는 데 더 많은 시간이 걸릴 수밖에 없다. 동일한 차트임에도 이야기하려는 바가 다르다면 차트를 구성하는 방식도 달라져야 한다. 다음 예시를 보자.

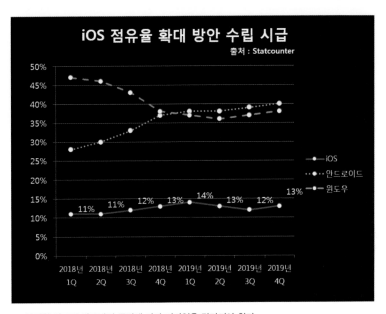

iOS 점유율 확대 방안 수립 시급

출처 : Statcounter

▲ 동일한 차트도 발표자의 주장에 따라 디자인은 달라져야 한다.

이 차트는 방금 전의 차트와 내용이 완전히 같다. 그러나 이번에는 'iOS 점유율 확대 방안 수립 시급'이라는 주제로 같은 차트를 놓고도 이야기하려는 바가 달라졌다. 이 경우에는 안드로이드와 윈도우는 그리 중요하지 않다. 지지부진하게 10%~15% 사이에 갇혀있는 iOS의 점유율을 확대해야 한다고 경각심을 주는 자료이기에 iOS의 그래프 색상도 '위기'를 표시하는 붉은색으로 표시돼 있다. 이 책에서는 기본적인 원칙을 독자들에게 설명하고 있지만, 모든 경우를 다 알려줄 수는 없다. 즉 차트를 작성하면서도 "내가 이 차트로 청중에게 말하고 싶은 바는 무엇인가?"를 생각하고, "그 생각을 가장 쉽게 청중들에게 전달하려면 차트에는 어떤 구성 요소를 남기고, 어떤 구성 요소를 강조해야 하는가?"를 반드시 고민해야 한다.

꺾은선 차트의 첫 번째 예시로 보여준 그래프를 함께 만들어보자.

우선 꺾은선형 차트를 선택하면 7가지 종류의 꺾은선 차트를 볼 수 있다. 가장 추천하는 형태의 차트는 4번째에 있는 '표식이 있는 꺾은선형' 차트다. 참고로 누적 꺾은선형, 100% 기준 누적 꺾은선형 차트는 잘 활용하지 않는다. '누적 꺾은선형' 차트는 각 계열이 가진 누적값을 그래프로 쌓아 올린 차트인데, 이런 형태는 누적 세로 막대형 차트로 표현하는 방법이 청중들이 이해하기가 쉽다. 즉 우리는 꺾은선 그래프 중에서 표식이 있는 꺾은선형 차트만 잘 다루면 된다.

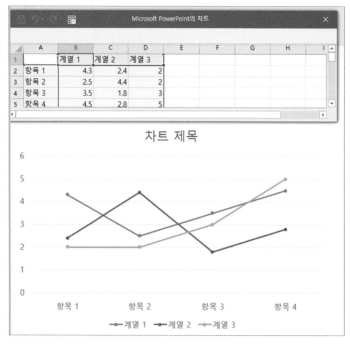

▲ 꺾은선 차트 생성 시 나타나는 기본 차트

삽입 → 차트 → 꺾은선형 → 표식이 있는 꺾은선형 차트를 선택하고 확인을 누르면 지금까지 그랬듯이 엑셀 시트와 초기 버전의 차트를 만날 수 있다. 초기에는 항목이 4개, 계열이 3개로 지정돼 있다. 우리가 그리려는 차트는 계열이 3개, 항목은 8개가 필요하므로 엑셀에서 범위를 수정해 항목의 개수를 바꾼다. 차트를 클릭하고 오른쪽 마우스 버튼을 눌러 데이터 편집 메뉴로 들어가 푸른색 오른쪽 하단 부분 작은 사각형(푸른색)에 커서를 가져다 대면 커서 모양이 ↔로 바뀌는데, 이때 클릭하고 드래그해서 계열의 개수와 항목의 개수를 조절할 수 있다.

참고로 꺾은선 차트에서는 앞서 설명한 막대 계열 차트(폭포 차트, 막대 차트)와 달리, 그래프를 선택해도 '데이터 선택' 메뉴가 존재하지 않으니 데이터 편집 메뉴에서 항목과 계열의 개수를 조절하자.

	A	B	C	D	E
1		계열 1	계열 2	계열 3	
2	항목 1	4.3	2.4	2	
3	항목 2	2.5	4.4	2	
4	항목 3	3.5	1.8	3	
5	항목 4	4.5	2.8	5	
6	항목5	4.3	2.4	2	
7	항목6	2.5	4.4	2	
8	항목7	3.5	1.8	3	
9	항목8	4.5	2.8	5	

▲ 데이터 선택 메뉴에서 엑셀 편집을 통해 계열 수와 항목 수를 조절할 수 있다.

다음과 같이 항목과 계열 수를 조절하고, 임의로 데이터를 넣으면 차트가 바뀌어 있음을 확인할 수 있다. 이제 우리가 실제로 삽입해야 하는 값과 항목 이름, 그리고 계열 이름을 입력한다. 입력이 끝나면 다음과 같은 차트를 볼 수 있다.

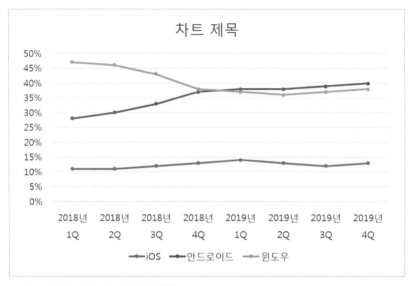

▲ 데이터와 항목 이름, 계열 이름을 입력했다.

이제 우리가 작성한 그래프와 같이 각 그래프의 색상을 바꿔 줄 차례다. 안드로이드에는 녹색을, 윈도우에는 푸른색을, iOS에는 은색을 사용했다. 눈치가 빠른 분이라면 이 색상이 각 브랜드의 정체성, 즉 BI[Brand Identity]를 활용해 지정한 색이라는 사실을 알 수 있다. 색상은 각 그래프를 클릭한 뒤 변경할 수 있다. 그래프를 클릭한 뒤 데이터 계열 서식을 선택하고, 채우기 및 선 메뉴를 통해 선 색상을 바꿀 수 있다.

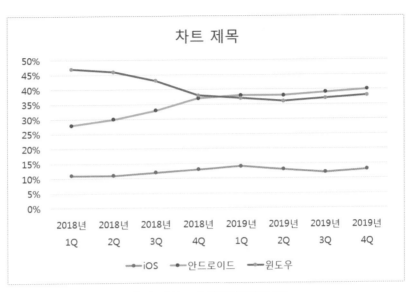

▲ 선 색상을 바꿔도 표식의 색상은 바꾸지 않으므로 별도로 변경해야 한다.

그런데 이상하다. 우리가 원하는 대로 선 색상은 바꿨는데, 여전히 동그란 점 부분은 색상 변화가 없다. 이 부분은 바꿀 수 없을까? 아니다. 바꿀 수 있다. 참고로 이 점을 '표식'이라고 한다. 특정 항목에서의 값을 두드러지게 표현하기 위해 사용되는 방식이다.

그래프를 클릭한 후 다시 오른쪽 마우스 버튼을 눌러보자. 그리고 데이터 계열 서식을 보면 가장 상단에 '선', '표식'이라는 메뉴가 보인다. 바로 여기에서 '표식'을 선택하면 점 색상을 변경할 수 있다.

파워포인트 2016 이후 버전에서는 표식이 자동으로 원형 형태로 보이지만, 그 이전 버전은 삼각형 혹은 사각형이 표식으로 나와 있어 미적 관점에서 좋지 않았다. 따라서 과거 버전을 사용하고 있다면, '표식 종류'를 변경할 수 있으니 '원형'으로 변경하기를 권장한다.

▲ 표식 메뉴를 선택한 다음 색상을 바꾸면 표식의 색상을 변경할 수 있다.

표식은 앞서 언급했던 도형과 똑같다. 즉 선이 아니라 도형 개체다. 이 말은 윤곽선과 채우기가 모두 가능하다는 의미다. 우선 선의 색상을 BI와 동일하게 바꿔주고, 채우기 색상을 흰색으로 하기를 추천한다. 이는 심미적 관점에서 더 나은 결과를 얻을 수 있기 때문이다. 이렇게 표식의 색상도 BI와 일치시켰다. 여기에 추가로 '차트 제목' 역시 삭제했다. 원래 메시지는 컨설팅 형식의 슬라이드에서 헤드 메시지로 작성하면 되기 때문에 굳이 차트 안에 넣지 않아도 된다.

220

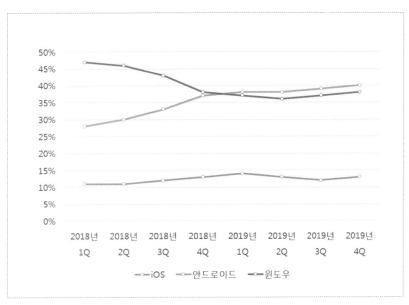

▲ 표식의 윤곽선 색상을 선 색상과 일치시키고 채우기는 흰색으로 표현해서 일치감이 있어 보인다.

이제 데이터 레이블을 넣어보자. 처음에 설명했듯이 이번 차트를 통해 강조하려는 점은 '안드로이드가 점유율 40%를 돌파했다'는 내용이므로 안드로이드와 관련 있는 그래프를 클릭하고, 오른쪽 마우스 버튼을 누른 뒤 '데이터 레이블 추가'를 통해 데이터 레이블을 입력한다.

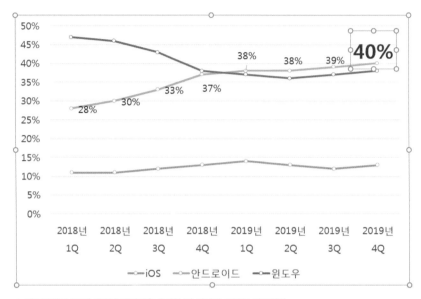

▲ 안드로이드 OS에 데이터 레이블을 추가한 뒤 마지막 40%를 강조했다.

처음 데이터 레이블을 삽입하면 그래프 부분과 데이터 값이 겹치는 경우가 있다. 이 경우 가독성을 해칠 수 있으므로 위치를 조금씩 조정한다. 데이터 레이블을 클릭한 뒤 조정하려는 데이터 레이블을 다시 클릭하면 해당 데이터 레이블만 선택된다. 이 상태에서 데이터 레이블을 드래그하면 위치 조정이 가능하다. 특히 2019년 4Q에서 40%에 진입했으므로 해당 레이블은 강조할 필요가 있다. 데이터 레이블을 클릭하면 지정한 그래프 전체의 데이터 레이블이 선택되는데, 이때 내가 수정하고자 하는 네이터 레이블을 다시 클릭하면 다음 이미지와 같이 단독으로 수정이 가능해진다. 글씨 크기를 키우고 글씨를 굵게 처리하면 간단하게 40%라는 수치를 강조할 수 있다.

마지막으로 수정할 내용은 범례 위치다. 보통 범례는 차트 오른쪽에 표기해야 시선의 이동 방향을 지킬 수 있다(시선의 이동 방향은 좌 → 우, 상 → 하 방향이다).

따라서 하단에 범례가 존재하는 것보다는 오른쪽에 존재하는 편이 더 좋다. 범례 부분을 클릭하고 오른쪽 마우스 버튼을 통해 범례 서식 메뉴로 들어갈 수 있고, 여기에서 범례 위치 변경해 범례 위치를 정할 수 있다. 이렇게 수정을 거친 후 출처를 텍스트 박스로 만들어 넣으면 꺾은선 그래프가 완성된다. 이제 처음 예시로 본 차트와 동일한 차트가 완성됐다.

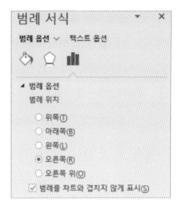

▲ 범례 서식 메뉴를 통해 범례 위치를 바꿀 수 있다.

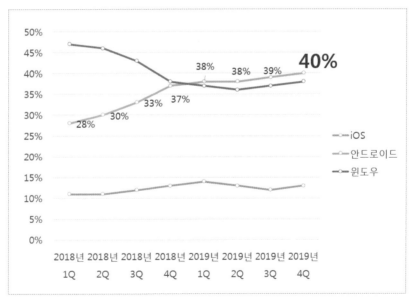

▲ 완성된 꺾은선 그래프

(4) 원형 차트 작성: 사실 원형 차트는 자주 활용하는 차트인 동시에 굳이 쓸 필요가 없는 형태이기도 하다. 원형 차트는 폭포(워터폴) 차트로 대체할 수 있는데다 폭포 차트가 원형 차트보다 장점이 많기 때문이다. 그러나 폭포 형태의 차트에 익숙하지 않은 직장 상사의 기호를 맞춰야 할 때도 있고, 특정 회사별로 선호하는 차트 종류가 다를 수도 있으니 참고로 알아두자. 우선 예시를 살펴보자.

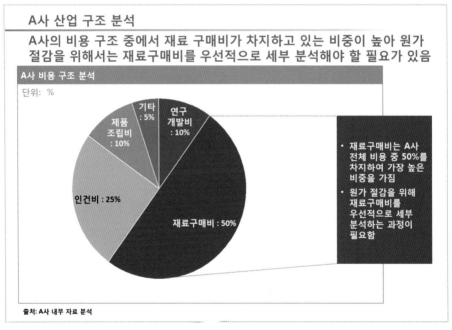

▲ 원형 그래프 예시

기본으로 제공되는 원형 차트에서 수정해야 하는 첫 번째 부분은 바로 범례(예: 재료구매비, 인건비 등)를 각 원형 면적으로 옮기는 일이다. 이는 시선의 이동 방향을 지키기 위해 필요하다. 오른쪽에 범례가 있을 경우 청중은 범례와 왼쪽의 차트를 번갈아가며 봐야 하므로 항목이 많아지면 많아질수록 청중은 혼란스러워진다. 따라서 가능한 한 각 면적 안으로 범례 값을 옮기는 게 좋다.

두 번째로 차트에서 중요한 부분을 표시하는 일을 반드시 해야 한다. 물론 이 작업은 다른 종류의 차트에서도 해야하지만, 특히 원형 차트는 시선의 이동 방향을 지키기 어려운 유형이므로 차트를 통해 내가 말하려는 바를 명확하게 해야 한다. 가장 쉽게 이를 구현하는 방법은 중요한 요소만 색상을 다르게 하고, 나머지 요소는 동일한 색상을 명도만 다르게 해 표현하는 방법이다. 미리 제시한 원형 차트에서도 '재료구매비'를 이야기하는 일이 목적이므로 재료구매비는 붉은 계열로 색상을 표시했고, 나머지 부분은 푸른 계열로 각각 명도만 바꿔서 표기했다.

그럼 실제로 이 슬라이드에 나온 차트를 직접 만들어보자. 차트 삽입 메뉴에서 '원형 차트'를 선택하면 다섯 가지 종류가 나온다. 이 중에서 첫 번째 차트만 알아보겠다. 어떤 차트를 막론하고 3차원의 차트는 오히려 청중 주목도를 떨어뜨리므로 사용할 이유가 없고, 원형 대 원형, 원형 대 가로 막대형 차트는 폭포 형식 차트를 활용하는 편이 더 명확하므로 사용하지 않아도 된다. 도넛 형태의 차트는 사실 일반 원형 차트와 사용처가 다르지 않다. 따라서 디자인 취향에 따라 원형 차트를 사용하거나 도넛 차트를 사용하면 된다. 다만 만드는 형식은 완전히 똑같기 때문에 원형 차트 한 가지만 설명하겠다.

처음으로 차트를 생성하면 엑셀 표와 함께 4개의 데이터가 등장한다. 이제는 익숙하리라 생각한다. 우리가 삽입해야 하는 데이터는 총 5가지이므로 데이터 범위를 수정하도록 하자. 엑셀 표에서 오른쪽 하단 부분을 클릭하고 드래그하여 늘려주도록 하자.

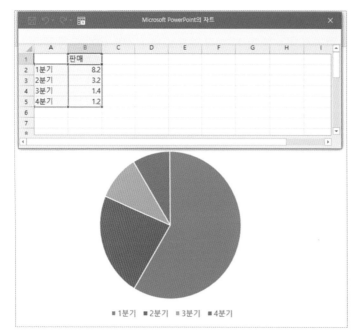

◀ 기본으로 생성한 원형 차트

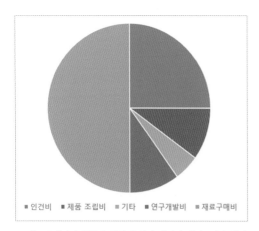

▲ 재료구매비가 왼쪽에 위치해 있어 예시 슬라이드처럼 확장
하는 형태로 표기하기 어렵다.

그 다음 데이터를 입력하면 다음과 같은 차트를 볼 수 있다. 그런데 우리가 예시로 본 슬라이드와 비교하니 모양이 다르다. 색상은 바꿀 수 있지만 우리는 '재료구매비'에 대한 시사점을 끌어내는 형태로 슬라이드를 구성해야 하기 때문에 이와 같이 왼쪽 방향에 재료구매비가 있으면 예시와 같은 형태로 표현하기가 어렵다.

그런데 차트는 일반 개체처럼 회전시키기도 불가능하다. 어떻게 해야 할까? 방법은 데이터를 입력하는 순서에 있다. 원형 차트에서 데이터는 12시 방향부터 시계 방향으로 채워진다. 즉 우리가 최초로 원하는 형태로 차트를 만들고자 한다면 가장 처음에는 연구개발비, 두 번째로 재료구매비, 그 다음은 인건비, 제품 조립비, 기타 순서로 데이터를 입력하면

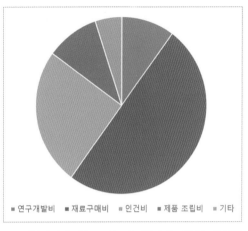

▲ 12시부터 시계 방향으로 차트가 채워진다는 사실을 기억하면 내가 원하는 형태로 원형 차트를 구성할 수 있다.

된다. 알고 나면 아주 간단하지만 모르면 차트 수정이 내 맘대로 되지 않아 고민하는 경우가 생긴다. 방금 이야기한 순서대로 데이터를 입력하면 예시에 등장한 차트와 동일한 형태를 볼 수 있다.

이제 강조할 부분으로 정해둔 '재료구매비' 부분을 강조할 차례다. 앞서 설명했듯이 강조할 부분은 다른 색상을 사용하고, 강조하지 않을 부분은 동일한 색상을 사용하되 명도를 서로 다르게 해서 각 영역을 변경하면 된다. 그래프 영역을 클릭하고 수정할 영역을 다시 한번 더 클릭하면 해당 영역만 클릭할 수 있다. 각 영역의 색상을 변경한 이후 범례를 삭제하고 그래프마다 데이터 값과 각 데이터의 명칭을 입력한다. 데이터 레이블을 추가한 뒤 데이터 명칭만 텍스트 박스로 입력하면 데이터 수정을 하더라도 데이터 값이 자동 업데이트되므로 편리하다. 데이터 값과 데이터 명칭을 입력하고 가독성이 좋게 색상 등을 조절하면 원형 차트가 완성된다.

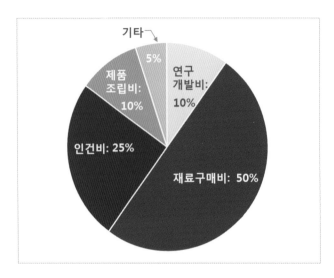

▶ 데이터 레이블과 데이터 목록을 원형 그래프 안에 삽입해 시선의 이동을 최소화하는 원형 차트를 완성했다.

원래 예시로 제시했던 차트와 살짝 다른 부분이 있다. 바로 '기타' 부분이다. 원형 차트를 활용하다 보면 지금과 같이 칸이 좁아 데이터 목록을 안에 넣지 못하는 경우가 생기는데, 이럴 경우 바깥으로 빼고 화살표를 연결해 표현하면 된다. 활용한 화살표는 기본 도형에는 존재하지 않고 선과 화살표 선 두 가지를 조합해서 만들어낸 것이다. 원하는 도형을 만든 다음 그룹으로 지정하면 하나의 개체처럼 편집이 가능해 편리하다.

(5) **복합 차트 – 두 가지 이상의 차트 복합 사용:** 지금까지 알아본 차트면 대부분의 자료를 시각화해 표현할 수 있다. 지금부터는 기존 차트에서 갖고 있는 고정 관념을 딜어주는 자트를 만들어보자.

1) **추세의 표현:** 일정 기간 동안 항목의 변화를 추세라고 한다. 예를 들어 A 회사의 5년간 매출 추이 같은 것을 추세라고 한다. 여기에서 질문을 해보자. 추세를 표현할 때 일반적으로 어떤 차트를 사용하는가? 아마도 대다

수 독자들은 '꺾은선 그래프'라고 대답할 것이다. 맞다. 일반적으로 추세를 나타낼 때는 꺾은선 그래프를 자주 활용한다. 그러면 5년간의 평균 성장률을 해당 차트에 동시에 표기해야 한다면 어떨까? 만약 이를 꺾은선 차트로 표현하면 부자연스럽다. 기준이 서로 다른데 동일한 형태인 '선'으로 표현했기 때문이다. 두 가지 서로 다른 기준의 선이 섞이면 사람들은 차트 해석에 어려움을 겪게 되며 심미적 관점에서도 좋지 않다. 이 차트에는 '평균 성장률'과 '연도별 성장률'이 섞여 있고, 연평균 성장률도 선으로 표현되고 연도별 성장률도 선으로 표현돼 있어 다소 어색하게 보인다.

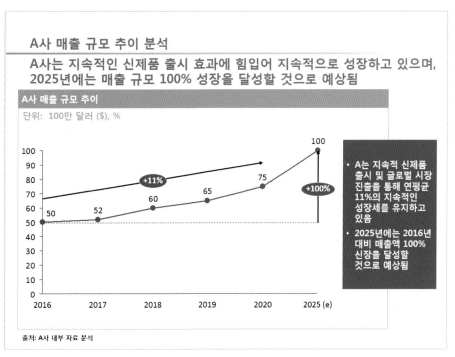

▲ 서로 다른 기준의 선이 섞이면 차트 해석이 어려워진다.

따라서 각기 다른 기준을 한 화면에 표기하기 위해서는 동일한 유형을 사용하지 않는 것이 좋다. 그렇다면 이 차트는 어떤 형식으로 나타내는 편이 좋을까? 추천하는 양식은 다음과 같다.

다음 슬라이드에서 각 매출 규모는 막대 차트로 나타내고, 연평균 성장률은 선으로 표현했다. 다른 유형의 개체를 활용했기 때문에 청중이 차트를 해석하는 데 큰 어려움이 없다. 이처럼 한 장의 슬라이드에 서로 다른 기준의 차트를 넣어야 한다면 형태가 다른 차트를 삽입하면 차트를 해석하는 과정을 다소 쉽게 만들 수 있다.

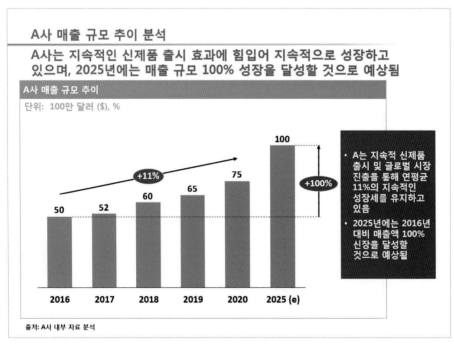

▲ 연도별 매출 규모는 막대 그래프로, 연평균 성장률은 선으로 표현하니 차트 해석이 한결 쉬워졌다.

230

그리는 방법은 아주 간단하다. 이 순서대로 직접 따라 그려보도록 하자.

1. 차트를 열고 묶은 세로 막대형 차트를 삽입한다.

2. 데이터 편집을 통해 항목 수를 6개로 조정하고, 각각의 값과 목록 값(연도)을 입력한다.

3. 가로선과 가로축을 삭제한다.

4. 데이터 레이블을 추가해 직접 데이터 레이블을 추가한다.

5. 목록(막대 그래프) 색상을 변경한다.

6. 선을 선택하고 끝이 화살표가 있는 선을 선택한다. 이는 삽입 메뉴에서 기본 도형에 있다.

7. 타원을 삽입해서 화살표의 가운데 형태에 놓는다. 이후 타원형 개체 안에 텍스트(+11%)를 삽입한다.

8. 직선을 선택한다. 한 개의 선은 2016년부터, 한 개의 선은 2025년 옆에 그린다. Shift를 누른 상태로 선을 만들면 손쉽게 곧은 가로선을 그릴 수 있다.

9. 두 개의 선을 선택하고 도형 서식을 선택해 점선으로 변경한다(오른쪽 마우스 버튼 클릭 후 → 선 종류에서 점선 선택).

10. 실선 화살표를 골라 두 점선 사이에 수직으로 표기하고, 타원형 도형을 위에 삽입해 놓는다. 이후 타원형 개체 안에 텍스트를 삽입한다(+100%).

2) 여러 개체의 추세 표현: 많은 분이 추이, 추세를 떠올리면 머리 속에 한 종류의 차트만 떠오르는 경향이 강하다. 어떤 차트를 생각했을까? 그렇다. 바로 꺾은선 차트다. 꺾은선 차트는 소수의 항목이 어떤 식으로 변화하는지 볼 때에는 좋은 선택이 될 수 있다. 하지만 항목이 한 가지거나 3종류를 넘어가는 다수의 항목이라면 꺾은선 차트보다는 다른 차트를 권장한다. 바로 세로 막대형 차트다. 그 이유는 다음과 같다.

- 1종류의 추세를 보는데 꺾은선으로 차트를 구성할 경우 슬라이드가 텅 비어 있는 느낌을 주므로 좋지 않다.
- 4개 이상의 항목의 추세를 동시에 보여주기에 꺾은선 차트는 너무 혼란스러운 느낌을 준다.

그렇기 때문에 몇 가지 종류의 항목 추세를 보더라도 꺾은선 차트보다는 막대 차트를 권장한다. 물론 2가지, 3가지 항목의 추세를 보기 위해서라면 꺾은선 차트를 사용한다 해도 무방하다.

다른 이야기로, 처음 막대 차트의 유형을 설명할 때도 다른 차트가 아닌 세로 형태의 막대 차트를 권장했다. 이 역시 명확한 이유가 있다. 바로 세로 형태의 막대 차트여야 슬라이드에서 일어나는 시선의 이동 방향을 지킬 수 있기 때문이다.

우리가 슬라이드를 보는 시선은 좌 → 우, 그리고 좌우 이동이 끝나면 상 → 하로 움직인다. 그런데 만약 위에서 아래로 막대 차트가 구성될 경우 위에서 아래로 내려온 시선을 다시 오른쪽 상단으로 올려서 나머지 개체나 도형을 읽어야 한다. 이 책에서 예시로 보여준 컨설팅 형식의 슬라이드를 이미 눈여겨 본 사람은 알겠지만 왼쪽에 널찍하게 도표나 차트를 삽입하고 오른쪽에 시사점을 적는 경우가 많다. 이 시사점을 가장 읽기 편하게 시선을 이동시키려면 세로 막대형 차트를 삽입하는 편이 좋다. 특히 여러 항목의 추세를 보려는 목적이라면 더더욱 세로 형태의 막대 차트를 활용해야 한다. 이 역시 시선의 이동 방향을 고려하는 형식이기 때문이다. 실제 예시를 보자.

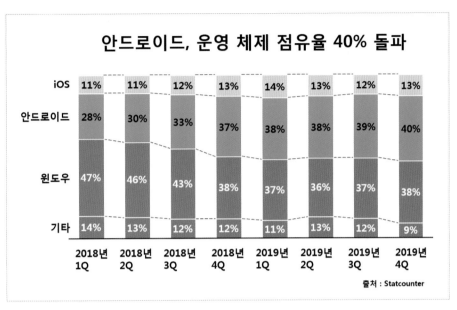

안드로이드, 운영 체제 점유율 40% 돌파

	2018년 1Q	2018년 2Q	2018년 3Q	2018년 4Q	2019년 1Q	2019년 2Q	2019년 3Q	2019년 4Q
iOS	11%	11%	12%	13%	14%	13%	12%	13%
안드로이드	28%	30%	33%	37%	38%	38%	39%	40%
윈도우	47%	46%	43%	38%	37%	36%	37%	38%
기타	14%	13%	12%	12%	11%	13%	12%	9%

출처 : Statcounter

▲ 4개의 다른 항목을 복잡하지 않게 표현하기 위해 세로 형식 막대 차트를 활용했다.

이 차트에는 네 개의 다른 항목이 존재한다. 꺾은선 차트를 활용하면 다른 점유율이 뒤엉켜 보이기 때문에 청중이 그래프 해석에 어려움을 겪는다. 하지만 지금과 같이 세로형 막대 차트를 활용하면 안드로이드의 점유율이 점차 늘어나고, 윈도우의 점유율은 줄어들고 있음을 손쉽게 확인할 수 있다.

그럼 세로형 말고 가로형 막대 차트는 어떨까? 필자는 여전히 세로형 막대 차트를 추천한다. 헤드 메시지처럼 '안드로이드 OS'를 이야기한다고 가정하면 현재 안드로이드는 차트의 두 번째에 위치해 있다. 만일 가로형 막대 차트로 이 차트를 변경하면 언제나 가장 오른쪽에 iOS가 있어 가장 중요하게 나타내야 하는 안드로이드 OS가 바로 보이지 않으므로 심리적으로 다소 거리감이 생긴다. 또한 이 차트는 8개 시기에 대한 추세를 보여주는데, 파워포인트 문서가 가로가 더 긴 형태로 활용되는 걸 감안하더라도 더 많은 시기를 추가했을 때 그래프 내부의 데이터 레이블 등을 삽입하기도 쉽지 않아진다. 즉 아주 특별한 경우가 아니라면 세로 막대형 차트를 활용하는 편이 데이터 해석의 용이성과 심미적 관점 모두를 만족시키는 방법임을 강조하고자 한다.

마찬가지로 이 차트를 직접 만들어보자.

1. 차트에서 세로 막대형 차트를 선택한다. 세부 차트 선택에서 '100% 기준 누적 세로 막대형' 차트를 선택한다.

2. 데이터 편집 메뉴를 통해 항목의 개수와 계열의 개수를 편집해준다. 여기서는 시계열이 항목, 각각의 OS 명칭이 계열이다.

3. 적절한 데이터 값을 삽입한다. 불필요한 가로축과 가로선은 삭제한다.

4. OS별 적절한 색상으로 변경한다. 각 그래프를 2번 클릭한 뒤 오른쪽 마우스 버튼을 눌러 '도형 서식' 메뉴 → 채우기를 통해 변경 가능하다.

5. 데이터 레이블 레이블 추가 메뉴를 사용해 데이터 레이블을 추가한다.

6. 선별로 추세의 변화를 나타내기 위해 그래프 요소별로 선으로 이어준다. 이 작업은 꼭 필요하진 않지만 추세를 파악하게 하는 데 도움을 주므로 삽입하자. 단 이 작업은 수동으로 해야 한다. 우선 기본 도형에서 선을 하나 불러온다. 여러 개의 동일 형식 선을 그릴 예정이므로 우선 선의 유형을 수정한다. 선의 색상을 짙은 회색으로 바꾸고 선 유형을 전선으로 바꿨다. 이제 이 선을 계속 복사해 붙이기(Ctrl + C/Ctrl + V)를 하며 개체와 개체를 연결해준다.

7. 출처와 헤드 메시지를 적어 넣어 슬라이드를 완성한다.

지금까지 여러 장의 페이지를 할애해 차트의 작성 방법을 알아봤다. 지금까지 충실하게 차트를 만드는 법을 따라하고 혼자 익혀봤다면 이제는 이 설명을 보지 않더라도 손쉽게 차트를 완성할 수 있고, 만약 어려움을 느끼는 경우에도 차트만드는 방법을 설명한 내용을 보면서 따라하면 손쉽게 차트를 작성할 수 있게 되었으리라 생각한다.

차트는 많은 연습이 필요한 분야다. 재즈 아티스트들이 다양한 곡을 즉흥 연주할 수 있는 이유는 기본기를 탄탄하게 지닌 상태에서 곡 마디마디를 이어 붙였을 때 자연스럽고 좋은 연주가 된다는 것을 오랜 연습을 통해 알기 때문에 가능하다. 여기에 나오는 차트를 기본으로 연습하다 보면 추후 더 복잡한 차트를 만들거나 새로운 유형의 차트를 마주하게 됐을 때 내가 주장하는 바를 충실하게 보여주는 차트를 만들 수 있게 될 것이다.

➕ 추가기능/링크/메모 기능

이어 소개할 기능은 추가 기능, 링크 및 메모다.

'추가 기능'은 파워포인트 자체에서 제공하는 기능이 아닌 외부 프로그램 중 파워포인트에 호환되는 기능을 가져올 수 있는 기능이다. '추가 기능 가져오기'를 클릭하면 다양한 애플리케이션App을 볼 수 있다. 이 중 사용자가 원하는 프로그램을 구매하거나 무료로 사용할 수 있다. 대부분의 프로그램은 마이크로소프트 스토어에 등록된 프로그램으로, 슬라이드 작성을 조금 더 편하게 해 주거나 발표 시 보조 도구로 활용하는 기능이 주를 이룬다. 사실 이 기능은 파워포인트뿐만이 아닌 마이크로소프트 오피스 프로그램(예: 워드, 엑셀, 파워포인트 등)별로 추가 등록해 문서 작성을 도와주는 외부 프로그램이라고 보면 된다. 이 중에서 자주 사용하는 외부 프로그램이 있다면 '내 추가 기능'에 등록해서 사용할 수도 있다. 다만 이 부분은 참고로만 알아두면 된다.

'링크' 기능은 슬라이드에서 슬라이드를 연결하거나 외부 사이트 혹은 외부 파일로의 연결, 특정 동작을 실행할 수 있게 하는 기능이다. 확대와 축소 기능부터 알아보자. 확대/축소 기능을 클릭하면 '요약/구역/슬라이드' 확대 혹은 축소를 할 수 있다. 간단히 설명하면 특정 슬라이드를 모아 한 장의 슬라이드로 보여주는 기능인 동시에, 모여 있는 슬라이드를 클릭하면 본 슬라이드로 넘어가게 해주는 기능이다. 다만 실제 발표 환경에서는 자주 사용하지는 않으니 이런 기능이 있다는 정도로만 알아둬도 충분하다.

'링크' 메뉴 안의 '링크'는 문서 안의 개체를 선택하면 링크 메뉴가 활성화된다. 이때 화살표 부분을 선택하면 '링크 삽입' 메뉴를 볼 수 있는데 이 메뉴에서 ① 다른 파일,

② 외부 웹사이트, ③ 현재 슬라이드 중 다른 슬라이드, ④ 새로운 문서를 만들어서 링크 ⑤ 누르면 아웃룩(마이크로 소프트의 메일 보내기)으로 연결되는 메일 보내기 기능을 활용할 수 있다.

특히 현재 슬라이드 중 다른 슬라이드로 이동하는 기능은 종종 쓸 때가 있다.

컨설팅 형식의 슬라이드에서는 발표로 슬라이드를 활용하던 도중 세부 내용을 설명하기 위해 부록Appendix에 자세한 내용을 수록하는 경우가 많은데, 이럴 때 하이퍼링크를 활용해 본문에서 부록으로 갔다가 다시 본문으로 돌아오게 할 수 있다(첫 슬라이드에 내용을 축약하고 자세한 내용을 풀어주는 기법을 폴더링Foldering이라고 한다).

▲ 폴더링 기법을 활용한 슬라이드. 때로는 중요한 부분만 설명해야 하는 경우가 있다.

예를 들어 다음과 같은 구조를 가진 슬라이드를 발표한다고 가정해보자. 물론 모든 내용을 설명하는 것이 가장 효과적인 발표겠지만 시간이 부족해 모든 부분을 설명하기 어렵고, '페이스북 전용 앱'을 제공하는 것이 중점적인 성공 요인이었기 이 부분부터 강조해 설명한다는 상황을 가정하겠다. 만약 원래 순서대로 슬라이드를 넘기려면 첫 슬라이드에서 네 번째 슬라이드까지 일일이 넘겨서 설명하고 돌아와야 한다. 하지만 링크 기능을 사용하면 해당 페이지로 곧장 넘어가서 설명하고 다시 돌아올 수 있다. 다음의 그림을 보자. 먼저 '페이스북 전용 앱 제공'이라는 개체 부분을 클릭한 후 '링크' 메뉴를 클릭한다. 이후 '링크 삽입' 메뉴를 클릭하면 '하이퍼 링크 삽입'이라는 창이 보인다.

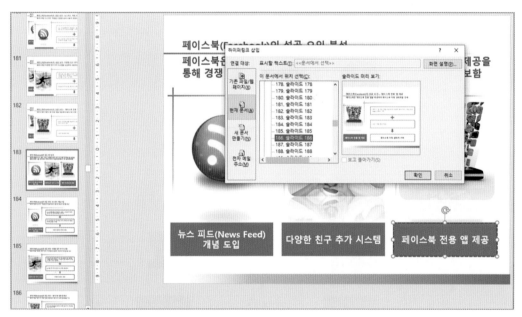

▲ 특정 개체를 지정해 '링크'를 삽입하면 다른 슬라이드로 곧장 이동이 가능하다.

이곳에서 '현재 문서' 부분을 선택하면 슬라이드 목록이 나오는데, 우리가 이동하려는 슬라이드 페이지는 본 문서 기준 186번째 슬라이드다. 이 슬라이드를 클릭하고 확인을 누른다. 이제 준비는 끝났다. 이 슬라이드로 발표를 진행하다 첫 요약 페이지에서 마우스를 움직여 '페이스북 전용 앱 제공' 부분에 마우스 커서를 가져가면 클릭할 수 있는 형태로 변하게 되며, 클릭하면 요약 페이지 바로 뒤에 존재하는 두 장의 페이지를 건너뛰고 세부 설명 페이지 중 세 번째인 '페이스북 전용 앱 분석'에 관련된 슬라이드로 곧바로 이동한다.

남은 시간을 점검하면서 발표를 진행하다가 발표할 시간이 넉넉하다면 네 장의 슬라이드를 모두 설명하고, 만약 시간이 촉박하면 핵심만 전달하도록 앞의 자세한 슬라이드 두 장은 건너뛰어도 된다. 준비한 슬라이드를 아무 설명도 없이 휙 넘어가며 진행하는 방식보다는 훨씬 더 매끄러워 보이기 마련이다. 예시로는 두세 페이지를 건너뛰는 정도로 설명했지만, 만약 수백 페이지가 넘는 슬라이드에서 한참 뒤에 있는 슬라이드로 갔다가 다시 되돌아오는 과정을 일일이 넘겨가면서 진행할 수는 없다. 생각해 보라. 3페이지에서 100페이지로 넘어갔다 다시 4페이지로 돌아오는 진행이 있다면 누가 그 수십 페이지를 휙휙 넘기는 장면을 달갑게 봐주겠는가? 이런 경우 링크를 삽입해서 매끄럽게 진행한다면 잘 준비된 발표자라는 인상을 청중에게 남길 수 있다.

이번에는 '실행' 버튼을 알아보자. 실행 버튼은 삽입−텍스트 메뉴의 '개체' 버튼과 함께 조합해 많이 사용한다.

▲ 텍스트의 개체 메뉴와 링크 메뉴의 실행 메뉴는 서로 연결해서 자주 활용된다.

컨설팅 형식에서 주로 사용하는 '개체' 기능은 자세한 내용의 데이터를 살펴봐야 할 때 종종 사용한다. 예를 들면 어떠한 방대한 데이터를 보여줘야 하는데, 파워포인트 슬라이드 형식으로는 해당 데이터를 모두 보여주기 힘들 때(엑셀의 경우 드래그해 표를 계속 아래로 내릴 수 있지만, 파워포인트 슬라이드는 프로그램 특성상 긴 표를 보여주기 어렵다), 해당 파일을 개체 삽입하면 프리젠테이션을 진행하는 도중 이 파일을 직접 불러내서 청중들에게 보여줄 수 있다. 물론 슬라이드 쇼를 종료하고 엑셀 파일을 다시 찾아 실행해서 엑셀 파일을 여는 과정을 진행해도 된다. 하지만 여러 창을 넘나 들며 발표를 진행하면 발표가 매끄럽지 않다는 인상을 청중에게 줄 수 있다. 이럴 때 슬라이드 내부에 실행하려는 엑셀 파일을 삽입해 두면 한 번의 클릭으로 자연스럽게 엑셀 파일을 열고, 다시 슬라이드 쇼로 복귀할 수 있어 매끄러운 발표 진행이 가능하다.

파워포인트 프로그램 내부에서 파일을 만들 수도 있지만, 기존에 다른 형식으로 자료를 완성했다는 가정에 따라 개체 삽입을 하는 방법만 알아보겠다. '개체' 버튼을 누르면 다음과 같은 창을 볼 수 있다. 개체 삽입에서 '파일로부터 만들기'를 지정한 후 미리 만들어 놓은 파일을 지정한다. 우리는 엑셀 데이터를 보여주기로 했으므로 미리 만들었던 엑셀 파일을 불러온다.

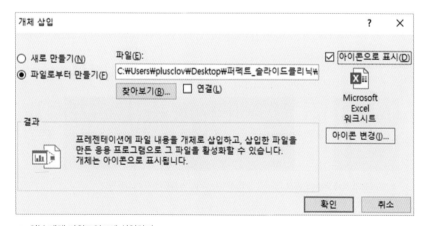

▲ 외부 개체 파워포인트에 삽입하기

파일이 있는 경로에서 파일을 불러온 다음 '아이콘으로 표시' 부분을 체크하면 그림에서 보듯이 엑셀 파일 형식의 아이콘이 나타나는 것을 확인할 수 있다. 기본 명칭은 'Microsoft Excel 워크시트' 라고 돼 있다. 이 이름을 변경하기 위해서는 '아이콘 변경' 버튼을 눌러 원하는 대로 이름을 바꾸면 된다. 이름을 '평균성장률'이라고 지정하겠다.

이러한 과정을 거쳐 생성된 개체를 슬라이드의 적당한 위치에 삽입하면 된다. 일반적으로 컨설팅 형식의 슬라이드에서는 오른쪽 상단에 공간이 비는 경우가 많으므로, 여기에 넣으면 된다.

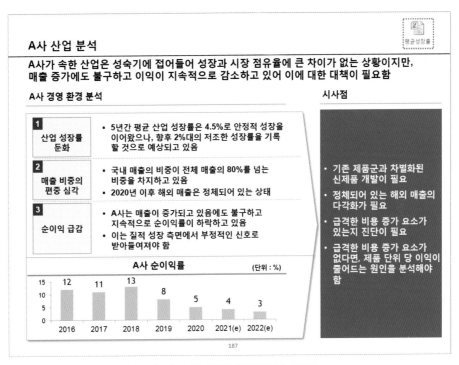

▲ 개체 삽입을 통해 슬라이드에서 보여주기 어려운 형식의 자료를 보여줄 수 있다.

이 방식으로 내가 원하는 곳에 추가 문서를 삽입할 수 있다. 지금까지 차근차근 따라 했다면 어렵지 않게 원하는 개체를 삽입할 수 있었으리라 생각한다. 그런데 만약 파워 포인트 프로그램 2010 이전 버전을 쓰는 독자들에게 문제가 발생하기도 한다(이 부분은 오피스 2016 이후 버전부터는 해결됐으나 이 책을 읽는 독자 중 2010 이전 버전을 사용하는 경우도 있을 수 있으므로 간단히 설명하겠다).

개체 메뉴를 통해 삽입한 아이콘 형태의 개체를 슬라이드쇼 진행 도중 클릭해서 청중들에게 보여주려고 하는데, 이 자료가 슬라이드 쇼 중에는 클릭이 되지 않는다. 보통이를 해결하지 못해 슬라이드 쇼를 도중에 끄고 자료를 클릭해서 보여준 후 다시 슬라이드 쇼를 진행하는 경우가 있다. 파워포인트 2010 이후 버전에서는 슬라이드 쇼가 아닌 편집 화면에서 해당 아이콘을 클릭했을 때 정상적으로 자료가 열리기 때문이다.

이런 식의 진행이 엄청나게 잘못됐다고 할 수는 없지만, 그렇다 해서 매끄러운 진행이라고 보기도 어렵다. 다행히도 우리는 약간의 작업을 통해 슬라이드 쇼를 중단시키지 않은 상태에서 우리가 원하는 자료를 청중들에게 보여줄 수 있다. 바로 '실행' 버튼을 활용하는 방법이다. 편집 화면에서 개체를 클릭한 후 '실행' 버튼을 누르면 다음과 같은 화면을 마주할 수 있다. 이 부분에서 '개체 실행'을 누른 뒤, 기존 '편집'으로 된 선택 메뉴를 '열기'로 바꿔준다. 이후 확인 버튼을 누르면 슬라이드 쇼를 진행하면서 개체를 클릭했을 때 곧바로 개체 안에 있는 데이터를 보여줄 수 있게끔 바뀌어 있을 것이다. '마우스를 위에 놓았을 때' 동작을 시킬 수도 있으나 프리젠테이션을 진행하면서 커서가 실수로 지나가 데이터가 켜지는 경우가 발생할 수 있으므로 클릭해 개체를 조징하는 방법을 추천한다.

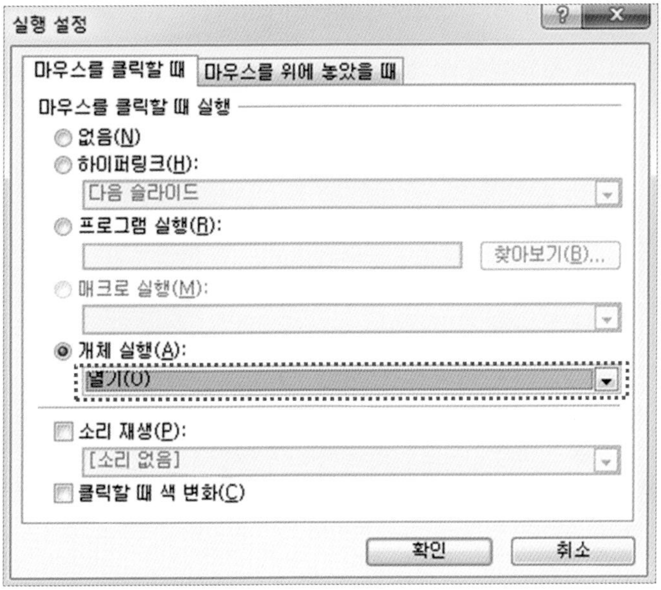

▲ 개체 실행 방식 변경 메뉴[1]

다시 이야기하지만 이 문제는 오피스 2016 이후 버전, 혹은 오피스 365 버전을 쓰는 경우에는 신경쓰지 않아도 된다. 개체를 삽입하는 일까지만 하면 자연스럽게 슬라이드 쇼 메뉴에서도 실행할 수 있도록 마우스 커서를 아이콘에 놓고 클릭하면 우리가 삽입해둔 개체를 열 수 있기 때문이다.

마지막으로 '메모' 기능을 알아보자. 회사 생활을 할 때는 팀 작업으로 슬라이드를 작성하는 경우가 많은데, 이럴 때 주로 피드백을 주는 기능으로 활용할 수 있다. 삽입-링크-메모 부분을 클릭하면 왼쪽 상단에 붉은 말풍선이 작게 생긴다. 이 부분을 마우

---

[1] 개체가 슬라이드 쇼에서 클릭되지 않는 문제는 파워포인트 2010 이하 버전에서 벌어지는 문제이므로 이 이미지는 파워포인트 2010 화면을 캡처했다.

스로 클릭하면 오른쪽에 창이 생기면서 메모 내용이 나타난다. 메모는 마치 메신저와 같이 대화 형식으로 주고 받을 수 있다. 예시를 보자.

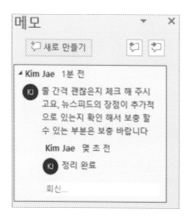

◀ 메모 기능을 선택하면 다음과 같이 슬라이드에 메모를 남길 수 있다.

특정 슬라이드에서 메모 기능을 작성한 예시다. 현재 한 개의 계정에서 메모를 작성했기 때문에 계정 이름이 똑같이 나와 있지만, 실제 파일을 주고 받으며 작업할 경우 누가 해당 내용을 표기했는지 표시되기 때문에 사용자 구분도 쉽다. 메모 부분을 더블 클릭하면 내용도 수정할 수 있고, 다른 사용자가 그에 대해 답글을 달 수도 있다. 메모의 개수대로 말풍선의 개수도 늘어난다.

피드백이 모두 끝나면 문서를 완결 짓기 위해 메모를 삭제해야 하는데, 말풍선을 오른쪽 마우스 버튼으로 클릭하면 다음과 같은 메뉴를 볼 수 있고, 새로운 메모를 만들거나 메모 삭제를 할 수 있다. 참고로 텍스트 복사는 메모에 적어둔 내용을 그대로 복사하는 기능이다.

◀ 말풍선 아이콘에 오른쪽 마우스 버튼을 눌러 메모를 추가하거나 삭제할 수 있다.

메모 기능을 활용해서도 메모를 할 수 있지만 실전에서 가장 많이 사용하는 방법도 잠깐 설명하겠다. 흔히 '딱지'를 붙인다고 표현하는데, 사각형 개체를 삽입하고 메모할 말을 적는 방식이다. 조금 더 바로 확인할 수 있기 때문에 실제 회사 업무에서 가장 자주 사용하는 편이니 참고로 알아두자. 실제 업무 환경에서는 메모 기능을 써서 코멘트를 하는 빈도보다는 딱지를 붙여서 피드백을 주는 경우가 더 빈번하다.

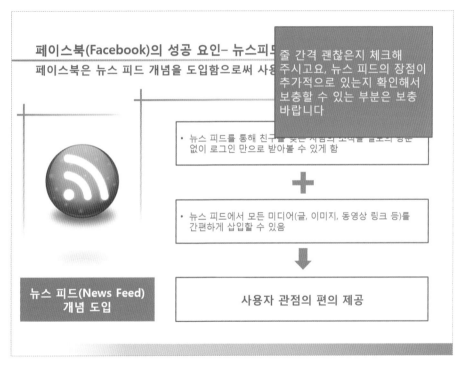

▲ 실제로 피드백을 주고 받을 때는 다음과 같이 '딱지'를 활용하는 경우가 많다.

➕ 텍스트 기능

텍스트 기능에는 텍스트 상자, 머리글/바닥글, WordArt, 날짜 및 시간, 슬라이드 번호와 앞서 간단히 설명했던 '개체'가 있다. 여기 속한 메뉴는 실제로 클릭해보며 익히면 직관적으로 알 수 있다.

1. **텍스트 상자**: 특히 텍스트 상자의 경우 클릭하면 가로형 텍스트 상자와 세로형 텍스트 상자를 선택할 수 있으며 꼭 이 메뉴를 활용하지 않아도 단축키(Alt+I+X+H)로 이미 알고 있다. 만약 세로형 텍스트 상자를 만들고 싶을 경우 H 대신 V를 눌러주면 된다.

▲ 텍스트 기능

2. **머리글/바닥글**: 이 기능은 본문에 주로 삽입된다기보다는 슬라이드 마스터를 다루는 과정에서 종종 활용되는 기능이다. 머리글/바닥글 메뉴를 누르면 다음과 같은 화면을 볼 수 있다.

▲ 머리글/바닥글 메뉴. 날짜 및 시간, 슬라이드 번호 및 바닥글 등을 삽입할 수 있다.

이 그림에서 보듯이 이 메뉴에서는 날짜 및 시간, 슬라이드 번호, 바닥글(바닥에 고정돼 머리글/바닥글 메뉴에서만 수정 가능) 등을 삽입하거나 추가할 수 있는 메뉴다. 날짜 및 시간은 수동으로 날짜 및 시간을 슬라이드에 입력할 필요 없이 자동으로 컴퓨터의 날짜 및 시간을 전송받아 슬라이드에 표시해주는 역할을 한다. 표지 부분에 제출일자 등을 적는 경우가 있는데 이럴 때 활용하면 매번 날짜를 수정해야 하는 번거로움을 줄일 수 있다. 슬라이드 번호의 경우 대부분의 컨설팅 형식 슬라이드에서 쪽 번호를 활용한다. 하지만 이를 본문에서 그냥 삽입할 경우 슬라이드 편집 과정에서 실수로 인한 클릭으로 위치가 변경되거나 지워질 위험도 있기 때문에 슬라이드 마스터 메뉴에서 활용하는 것이 더 좋은 방법이다. 머리글/바닥글 메뉴는 본문 슬라이드에서 직접 활용되는 편은 아니다. 오히려 슬라이드 마스터 메뉴에서 다양한 방식으로 활용된다. 이에 대해서는 추후 슬라이드 마스터 부분에서 자세히 다루겠다.

3. **WordArt**: 워드아트 메뉴는 말 그대로 글씨에 색상이나 테두리를 입히는 기능인데 실제로는 거의 사용하지 않으니 참고로만 알아두자. 7장에서 워드아트 활용 예시를 한 가지 선보일 예정이다.

4. **기타**: 그 뒤에 나온 날짜 및 시간, 슬라이드 번호는 머리글/바닥글 메뉴에서 모두 삽입/삭제할 수 있는 메뉴이고, 마지막 '개체'의 경우 앞서 간단히 설명했듯이 외부 파일이나 링크를 파워포인트 내부에서 실행할 수 있게 개체화시키는 메뉴다.

➕ 기호/미디어

기호와 미디어 부분은 자주 사용하지는 않는 부분이므로 참고로 실행해보는 수준이면 충분하다. 간단하게 이 메뉴의 기능을 알아보자.

◀ 기호/미디어 메뉴

1. **수식**: 많은 사람이 슬라이드에 수식을 넣어야 할 때 애를 먹는 경우가 있다. 간단한 수식 정도야 키보드에 나온 수준으로도 충분히 해결할 수 있지만, 복잡한 수식 기호가 들어가기 시작하면 만들기가 만만치 않기 때문이다.

   이럴 땐 '수식' 메뉴를 열어보자. 우선 수식 아래 달려 있는 화살표를 누르면 우리가 알고 있는 웬만한 수식은 미리 저장돼 있다. 만약 여기에 원하는 공식이 없을 경우 수식 메뉴를 클릭하면 다양한 기호를 직접 활용할 수 있어 분수나 그 외의 수식 기호를 작성할 수 있다.

▲ 수식 메뉴를 클릭할 경우 기존 메뉴가 다음과 같이 수식을 입력할 수 있도록 변경돼 나타난다.

   수식이 간단하다면 이 메뉴를 사용해 수식을 입력할 수 있는데, 추천하고 싶은 방식은 바로 '잉크 수식'이다. 잉크 수식을 사용하면 우리가 평소에 필기하듯이 쓸 수 있다. 잉크 수식을 누르고 마우스 혹은 스타일러스 펜 등으로 수식을 입력하면 필기를 인식해서 수식으로 바꿔준다. 인식률도 좋고 최근에는 태블릿 PC 등이 많이 출시돼 있어 손쉽게 원하는 수식을 작성할 수 있다. 만약 태블릿 PC를 사용하지 않는다면 마우스로도 충분히 수식을 입력할 수 있다. 만약 기호를 선택해서 수식을 입력하는 방식이 더 편하다면 그렇게 해도 좋다.

2. **기호**: 기호 메뉴를 통해 파워포인트 슬라이드에 다양한 기호를 삽입할 수 있다. 한글자음 'ㅁ' + 한자 키를 이용해 기호를 삽입할 수도 있지만 기호 메뉴에서 더 다양한 종류의 기호를 활용할 수 있기 때문에 참고해둘 만하다.

▲ 기호 메뉴

3. **비디오/오디오**: 비디오 및 오디오 역시 파워포인트 내부에 삽입하는 것이 가능하다. 멀티미디어 보급이 활성화되면서 비디오를 활용하는 경우가 늘고 있다. 준비해야 하는 파일 용량에 제한이 없다면 파워포인트 내부에 비디오를 삽입해서 매끄럽게 진행하기를 권한다(만약 파워포인트 파일을 제출해야 하는 등의 제약이 따른다면 영상을 별도로 준비해 영상을 재생하는 방법을 추천한다). 비디오 버튼을 누르면 온라인 비디오와 내 PC의 비디오 중 선택해 삽입이 가능하다. 온라인 비디오 사이트

는 사이트 링크를 통해 넣을 수 있다. 다만 저작권과 관련해서 민감한 문제가 될 수도 있으니 해당 부분은 면밀히 검토하자.

▲ 슬라이드 쇼에서의 동영상 삽입 화면

내 PC의 비디오를 선택해 준비한 비디오를 삽입하면 다음과 같이 상태 바^{Status bar}가 나타난다. 편집 화면에서는 상태 바가 영상 아래에 표시돼 있지만, 슬라이드 쇼 화면에서는 마우스를 움직여야 상태 바가 나타난다. 이때 마우스를 클릭해서 영상을 재생하면 된다. 영상은 일반 개체와 같은 방식으로 크기를 조절할 수 있다. 대부분의 영상은 재생 버튼을 누르기 전 검은색 화면으로 표시되니, 영상을 삽입한 슬라이드의 배경 색상은 검은 색상으로 추천한다. 만약 휴대폰이나 컴퓨터에서 재생되는 것처럼 보이고 싶다면 슬라이드에 휴대폰이나 컴퓨터 이미지를 가져온 다음 그 위에 영상을 크기에 맞추면 된다.

오디오의 경우는 이미 녹음해 둔 파일을 활용하거나, 마이크가 탑재된 컴퓨터라면 직접 녹음해서 삽입하는 것도 가능하다. 자주 사용하지는 않으니 참고로만 알아두자. 마지막으로 화면 녹화 메뉴를 선택하면 다음과 같은 메뉴를 볼 수 있다. 역시나 자주 사용하지는 않지만, 간단히만 알아보자. 이 기능을 모르면 당황하는 경우가 생기기 때문이다.

우선 화면 녹화 메뉴를 누르면 다음과 같은 메뉴가 나올 뿐 작동하지 않아 당황한다. 여기서 '영역 선택'을 누르면 드래그를 사용해 녹화할 영역을 지정하면 그다음부터 여러분의 PC 화면 중 선택한 영역이 계속 녹화된다.

◀ 화면 녹화 메뉴

두 번째로 당황하는 경우는 바로 이때다. 어떤 버튼을 눌러도 화면 녹화를 멈출수가 없다. 나도 처음 이 기능을 활용할 때는 매우 당황스러웠다. 하지만 당황하지 않아도 된다. 최초 메뉴가 등장했던 모니터 상단 가운데로 마우스 커서를 올리면 숨겨진 메뉴가 다시 나타난다. 여기서 계속 기록할 수도 있고, 정지 버튼을 눌러서 화면 녹화를 중단할 수도 있다. 화면 녹화를 중단하면 원래 작업 중이던 파워포인트의 가장 마지막 슬라이드가 자동으로 추가되면서 녹화된 화면이 동영상으로 자동 삽입된다.

이상으로 삽입 메뉴를 모두 살펴봤다. 삽입 메뉴에서 가장 중요한 부분은 표 삽입, 도형 삽입, 차트 삽입 부분이고, 가장 자주 활용하는 부분이므로 메뉴가 잘 기억나지 않을 경우 수시로 책을 펼쳐 참고하면 빠르게 기능을 익힐 수 있으리라 생각한다.

1. **표**: 표는 삽입 메뉴를 통해 간단히 작성할 수 있다. 다만 추가로 열과 행을 삽입하거나 삭제하는 경우가 있다. 행/열 삽입 메뉴를 통해 추가로 행이나 열을 추가할 수 있고, 삭제 메뉴를 통해서도 손쉽게 삭제 가능하다(세부내용 177페이지).

2. 표를 삽입한 뒤 표의 테두리 선 색상을 정하는 일이다. 표를 클릭한 상태에서 활성화되는 '표 디자인' 탭을 클릭하는 방법으로 표 테두리 색상과 굵기 등을 정할 수 있다(세부내용 182페이지).

3. 기본 도형 삽입 후 도형을 클릭하면 도형 크기를 바꾸거나 회전시키거나 모서리를 조절할 수 있다(세부내용 187페이지).

4. 점 편집 기능을 활용해 기본 도형을 원하는 모습으로 변환할 수 있다(세부내용 189페이지).

5. 차트를 작성할 때는 공통으로 적용할 수 있는 단계가 있다. 차트 작성 9단계를 익히고 있으면 어떤 종류의 차트라고 하더라도 발표자의 주장을 뒷받침하는 차트를 만들 수 있다(세부내용 192페이지).

6. 차트의 데이터 범위를 재정의하기 위해서는 '차트 데이터 범위' 메뉴에서 범위를 선택해준다. 범위가 제대로 설정되지 않으면 데이터 값을 입력했음에도 차트로 표시되지 않는 일이 발생할 수 있다(세부내용 209페이지).

7. 꺾은선 차트는 선 색상과 표식 색상을 각각 지정해줘야 한다. 표식 메뉴를 선택하고 색상을 변경하면 된다(세부내용 219페이지).

8. 원형 차트는 12시부터 시계 방향으로 데이터가 채워지므로, 본인이 가장 강조하고 싶은 데이터를 오른쪽으로 두어 시선의 이동 방향을 지키는 차트를 만든다(세부내용 227페이지).

9. 외부 파일을 파워포인트 내부에 넣고 싶을 경우 텍스트-개체 메뉴를 활용한다(세부내용 240페이지).

10. 수식 메뉴를 활용할 때는 '잉크 수식' 메뉴를 활용하면 직접 수식을 그려서 입력할 수 있어 편리하다(세부내용 248페이지).

메뉴 파헤치기 IV
기타 메뉴

지금까지 소개한 메뉴 외에 다양한 메뉴를 한데 모았다. 앞서 설명한 홈 메뉴 및 삽입 메뉴만큼 많이 활용하는 메뉴는 아니지만 메뉴마다 자주 사용하는 기능이 포함돼 있어 쉽게 넘어갈 수는 없다. 기타 메뉴에는 디자인, 전환, 애니메이션, 슬라이드 쇼, 검토, 보기, 개체 서식, 그림 도구 서식 메뉴가 포함된다. 지금부터 이 메뉴들을 자세히 알아보자(도움말 메뉴와 검색 메뉴는 슬라이드를 동작시키는 기능에 포함되지 않아 이 책에서는 설명을 생략한다. 궁금한 기능을 알아보고 싶을 때 사용하는 메뉴라고 생각하면 된다).

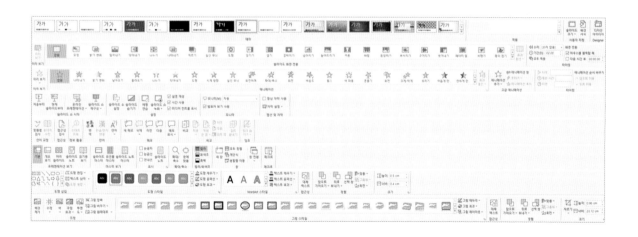

➕ 디자인 메뉴

디자인 메뉴는 '테마', '적용', '사용자 지정', '디자이너Designer'로 구분된다. 디자인 메뉴에서 반드시 알아둘 내용은 **한 장의 슬라이드에만 변경 내용이 적용되는 게 아니라 작업 중인 파일에 속한 슬라이드 전체에 적용된다는 점**이다.

1. **테마**: 디자인 메뉴에서는 슬라이드 테마를 정할 수 있다. 각 테마에는 모든 글꼴과 기본 색상, 배경 색상 등이 포함된다. 또한 글꼴과 기본 색상을 지정하지 않은 상태에서 배경 색상 또는 스타일만 지정할 수도 있다. 이는 배경 메뉴에서 '배경 스타일' 기능을 클릭하면 지정 가능하다. 이 메뉴와 기능은 실제 슬라이드를 만드는 과정에서 거의 사용하지 않지만 알아둘 내용이 있다. 테마를 보면 슬라이드 배경 그림이 나와 있는 동시에 작은 색상이 테마마다 나열돼 있는 점을 볼 수 있다. 이 색상은 해당 테마를 지정할 경우 적용되는 색상표다.

▲ 테마를 바꾸면 색상표도 바뀌기 때문에 주의가 필요하다.

색상표는 우리가 개체나 도형, 표를 다룰 때 기본적으로 사용하는 색상을 한 판에 모아둔 표다. 즉 테마가 바뀌면 색상표가 달라지므로 지금까지 만든 슬라이드와 통일감을 주기 어렵다. 물론 다른 색 메뉴를 통해 원래 쓰던 색을 추출해서 사용할 수도 있지만, 테마 색에 자주 쓰던 색이 배치돼 있어야 작업 속도가 빨라지니 되도록 내가 자주 사용하는 색상이 테마 색에 기본으로 배치된 테마를 사용하고, 한 개의 파워포인트 파일에서는 되도록 한 가지 테마를 사용하기를 권장한다.

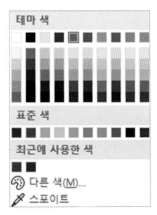

▲ 테마를 바꾸면 테마 색이라고 적혀 있는 색상표가 변경된다. 작업 속도에 영향을 줄 수 있으니 주의하자.

물론 실수로 다른 테마를 선택했다고 해도 너무 걱정할 필요는 없다. 바로 옆에 있는 '적용' 메뉴를 누르고 가장 아래에 있는 화살표를 클릭하면 다음과 같은 메뉴를 볼 수 있다. 여기에서 '색'을 선택하면 다양한 테마 색상을 재지정할 수 있다. 기본 지정 테마는 'Office 2007−2010'이므로 원래 쓰던 색상표로 다시 돌아가고 싶다면 이 색상표를 클릭해서 적용하면 된다.

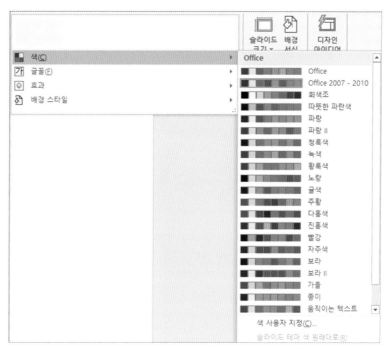

▲ 이 메뉴를 사용해 다른 테마의 색상으로 바꾸거나 원래의 테마 색상을 선택할 수 있다.

그 외에 '글꼴' 메뉴는 이 메뉴를 통해서 바꾸는 경우가 잘 없고, '효과'의 경우는 잘 사용하지 않는다. '배경 스타일'의 경우 단색이나 그라데이션 배경이 미리 만들어져 있어 간단히 선택할 수 있다. 다만 파일 전체에 적용되므로, 한 장의 슬라이드에만 적용하고 싶다면 앞서 설명한 '배경 서식' 메뉴(슬라이드에서 오른쪽 마우스 버튼을 클릭 후 배경 서식 메뉴 사용)를 통해 배경 색상을 바꿔주는 편을 권장한다.

2. **사용자 지정 메뉴**: 와이드 스크린의 대중화로 슬라이드 비율을 4:3이 아닌 16:9로 설정하는 경우가 많아졌다. 해당 설정은 아주 간단하게 '사용자 지정'에서 설정할 수 있다. 4:3과 16:9는 가장 많이 사용되는 비율이므로 바로 선택 가능하고, 그 외의 비율은 스스로 설정해서 바꿀 수도 있다.

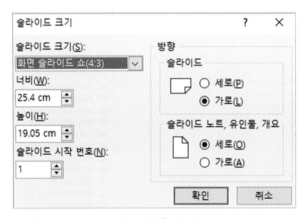

▲ 사용자 지정 슬라이드 크기를 선택했을 때의 메뉴

다른 사람들의 슬라이드를 보면서 기본 슬라이드와 그 크기가 다른 경우를 본 적이 있을 것이다. 의외로 슬라이드 크기 변경을 하는 메뉴는 대부분 잘 모르는 경향이 있는데, 이 메뉴에서 슬라이드 크기를 변경할 수 있다. 젠 형식의 슬라이드에서 더 역동적이고 넓은 화면을 사용하는 효과를 주고 싶다면 슬라이드 크기를 16:9로 조정하면 좋다.

또한 이는 각 나라에서 사용하는 용지 크기에 따라서 슬라이드 사이즈를 맞춰야할 때 효과적으로 활용할 수 있다. 예를 들어 우리 나라에서는 A4 용지를 많이 사용하지만, 미국의 경우는 레터Letter 사이즈 용지를 많이 사용하므로 환경에 따라 파워포인트 용지 크기도 조절해야 한다.

이제 슬라이드 시작 번호를 알아보자. 컨설팅 형식 슬라이드에서 표지 슬라이드는 쪽수에 포함하지 않는 경우가 있다. 그러나 쪽 번호를 자동으로 매길 경우 표지 역시 쪽수에 포함된다. 이럴 때 슬라이드 시작 번호를 0으로 바꿔 주면 표지를 제외한 이후 페이지부터 쪽 번호가 표시되기 때문에 표지를 제외하고 쪽 번호를 시작할 수 있다.

슬라이드 방향은 두 가지로 나뉜다. 먼저 '슬라이드'의 방향인데, 보통의 경우는 가로로 활용되는 경우가 대부분이지만 간혹 파워포인트 슬라이드를 활용해 포스터를 제작하는 등의 이유로 세로가 더 긴 슬라이드 화면이 필요한 경우가 있다. 이럴 경우 슬라이드 방향을 조절하거나 슬라이드 너비 및 높이를 변경해서 세로 길이를 더 길게 만들 수 있다.

그 다음에는 '슬라이드 노트, 유인물, 개요'가 나와 있다. 이 부분을 세로나 가로로 변경해도 당장 화면에서는 차이가 나타나지 않는다. 슬라이드 아래 부분을 보면 슬라이드 노트 부분이 있다. 만약 없다면 마우스 커서를 아래 부분에 놓고 클릭한 다음 위로 끌어올리면 슬라이드 노트를 발견할 수 있다. 가끔 슬라이드 노트까지 출력하는 경우가 생기는데, 이때 인쇄에서 '슬라이드 노트'를 선택했을 때 기본으로는 세로 용지 형태로 출력되지만, 이 부분에서 가로를 선택하면 '슬라이드 노트'를 선택해도 가로 용지 방향으로 출력된다. 자주 사용하지는 않지만 혹시 궁금하다면 인쇄 영역 미리 보기를 통해 확인 가능하니 확인해두면 좋겠다.

다른 주제의 이야기지만 슬라이드 노트에 무슨 말을 할지 스크립트처럼 적어두는 습관이 있는 사람들이 있는데, 이는 권장하지 않는 방법이다. 토씨 하나까지 모두 외우려고 적어둔 대본은 실전 발표에서 오히려 독이 될 수도 있기 때문이다.

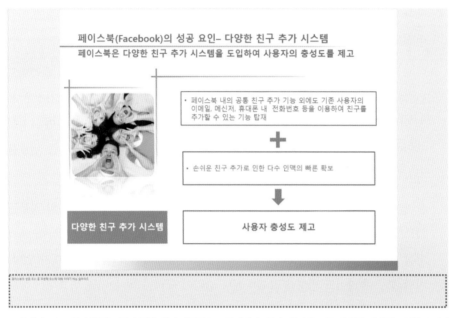

▲ 슬라이드 노트를 사용해 어떤 설명을 할지 개략적으로 적어둘 수 있다. 하지만 모든 대사를 적어두는 일은 오히려 발표에 해로운 영향을 줄 수 있음을 알아두자.

➕ 전환 메뉴

전환 메뉴는 현재 슬라이드에서 다음 슬라이드로 넘어갈 때 동작하는 효과를 설정해주는 메뉴다. 전환 효과는 애니메이션 효과와 마찬가지로 적절하게 사용할 때 발표에 극적인 효과를 주고 청중을 주목시킬 수도 있지만, 무분별한 화면 전환 및 애니메이션 효과 활용은 청중의 집중도를 떨어뜨리는 역효과를 내게 된다. 적절한 효과의 사용 수준을 알아보고 수많은 효과 중 추천하는 효과를 함께 알아보도록 하겠다(참고로 전환 메뉴는 파워포인트 2010 버전부터 사용 가능하다).

1. **전환 효과의 기본**: 전환 효과는 설정한 페이지 전 페이지에서 설정한 페이지로 넘어올 때 동작한다. 예를 들어 내가 5페이지에 전환 효과를 설정하면, 이 효과는 4페이지에서 5페이지로 넘어갈 때 구현된다. 생각보다 많은 사람이 화면 전환 효과를 설정하고 작동하지 않는 이유를 궁금해 하는데, 거의 대부분은 이 사실을 명확히 알지 못해서 벌어진다. 효과를 설정한 페이지에서 다음 페이지로 넘어갈 때 구현되지 않고, 이전 페이지에서 설정한 페이지로 넘어갈 때 구현된다.

2. **추천 전환 효과**: 파워포인트에서는 다양한 화면 전환 효과를 제공한다. 그러나 앞서 설명했듯이 화면 전환 효과를 무분별하게 사용할 경우 오히려 청중 주목도를 떨어뜨릴 수 있기 때문에 꼭 필요한 때에만 활용하는 것이 좋다. 추천하고 싶은 화면 전환 효과는 다음과 같다(전환 효과 이름은 효과 위에 마우스를 올리면 확인 가능하다).

   1. **밝기 변화**: 화면이 밝아지며 다음 화면을 서서히 보여준다. 자연스럽게 화면을 전환하고 싶을 때 사용하면 좋다.
   2. **소용돌이**: 필자가 가장 애용하는 전환 효과다. 전 슬라이드에서 후 슬라이드로 변화되면서 극적인 효과를 연출하고 싶을 때 사용하면 좋다. 새로운 개념을 소개하거나 새로운 제품을 공개하는 등 기존에 알려지지 않았던 개념을 남들에게 소개할 때 활용하면 좋다.

3. **파장**: 특정 제품 또는 서비스를 투입했을 때 전체 시장에 미치는 영향을 표현하고 싶을 경우 활용하면 좋다.

4. **회전/큐브**: 회전과 큐브 효과는 움직임 형태가 매우 비슷하다. 이 전환 효과의 경우는 '효과' 옵션에서 방향을 설정할 수 있다. 다른 효과도 방향을 설정할 수 있지만, 회전/큐브 효과의 경우 방향을 이용해 더욱 효과적인 발표를 진행할 수 있다.

   만일 상호 반대되는 의견을 제시할 때 첫 의견을 게시할 때는 왼쪽 → 오른쪽으로 화면을 전환시키고, 두 번째 의견을 제시할 경우 오른쪽 → 왼쪽으로 화면을 전환하는 식으로 표현하면 대치되는 효과를 줄 수 있다. 비슷한 예시로 최상단에서 하단으로 내려가는 접근법(Top-down Apporach)의 경우 '위에서' 효과를 사용하면 좋고, 하단에서 최상단으로 올라가는 접근법(Bottom-up Approach)의 경우에는 '아래에서'로 효과를 지정해주면 더욱 좋은 효과를 나타낼 수 있다. 조금만 창의적으로 고민하면 이런 효과를 내 주제에 맞게 활용할 수 있다.

5. **창문**: 마치 문을 열고 안에 있는 개체가 앞으로 나오는 듯한 효과다. 따라서 인트로 이후 본격적으로 프리젠테이션을 시작하는 장면에서 활용하면 좋다.

이 책에 소개한 전환 효과 외에도 다양한 전환 효과가 있다. 무분별한 전환 효과는 지양해야겠지만 본인의 주제와 진행에 있어 도움이 되고, 필요하다고 여기는 전환 효과가 있다면 활용해 보는 것도 좋은 방법이 되리라 생각한다. 효과를 하나씩 클릭해보는 것만으로 어떻게 효과가 구현되는지 확인할 수 있으니 차근차근 효과를 감상해 보는 것도 좋겠다.

3. **효과 시간과 구현 조건 설정하기 - 타이밍**: 선환 효과의 종류뿐 아니라 우리가 짚고 넘어가야 할 사항이 하나 더 있다. 바로 전환 효과의 가장 오른쪽에 위치한 타이밍 메뉴를 활용하는 방법이다. 효과를 사용하는 일도 중요하지만 언제 화면 전환을 발동시키고, 전환 효과의 지속 시간을 어느 정도로 하는지 정하는 일 역시 매우 중요하다. 속도감 있는 효과를 원한다면 '기간'을 짧게 설정하고, 부드러운 효

과를 원한다면 기간을 길게 설정하면 된다(보통 아주 짧은 시간은 0.5초, 짧은 시간은 1~2초, 긴 시간은 3~4초 정도로 생각하면 적당하다).

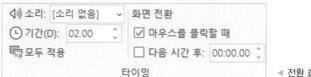

◀ 전환 효과 타이밍 메뉴

그 옆에는 화면 전환 조건이 있다. 일반적으로 전환 효과는 '마우스 클릭' 및 '일정 시간 후 자동 전환' 두 가지 형태로 전환이 가능하지만, 일정 시간 후 자동 전환을 선택하는 경우 매우 능숙한 발표자라도 자신의 의도대로 발표를 이끌어가기 어려울 수 있기 때문에 되도록 '마우스를 클릭할 때' 메뉴 설정을 통해 전환 효과를 활용하길 권장한다.

➕ 애니메이션 메뉴

앞서 설명한 '전환 메뉴'가 슬라이드 한 장 전체의 시작에 해당되는 개념이라면, '애니메이션 메뉴'는 슬라이드 내부에 속한 각 개체에 적용하는 개념이라고 생각하면 쉽다. 애니메이션 효과는 처음 슬라이드 소프트웨어를 다루는 사람들에게 가장 흥미로운 대상이지만 자칫 효과를 남발해서 사용하면 청중들에게 오히려 혼란을 부추겨 청중 주목도를 떨어뜨리는 양날의 검이라 할 수 있다.

내가 강의할 때마다 '잘못된 예시'를 보여주기 위해 사용하는 슬라이드가 있는데 이 슬라이드에 사용되는 애니메이션 효과는 바로 '타자' 효과와 '회전' 효과다. 이러한 효과는 처음 슬라이드를 접하는 사람들에게는 매우 흥미롭게 느껴져 청중들도 이러한 효과에 즐거움을 느낄 것이라 생각하지만 실상은 사용하지 않는 편이 더 나은 선택이라고 이야기하고 싶다. 과한 애니메이션 효과의 사용은 전체적인 발표 집중도를 떨어뜨리니 지양하는 편이 좋다. 이는 파워포인트뿐만 아닌 다른 슬라이드 소프트웨어를 다루더라도 동일하게 적용되는 원칙이니 참고하기 바란다.

전환 효과와 마찬가지로 파워포인트는 다양한 애니메이션 효과를 제공한다. 그러나 우리가 이 중에서 가장 빈번하게 사용하고 자연스러우며 청중 주목도 역시 유지시킬 수 있는 효과는 그리 많지 않다. 추천하는 효과는 '밝기 변화'와 '개체 이동' 단 두 가지 뿐이다. 나의 경우, 5시간의 프리젠테이션 강의를 위해 사용하는 슬라이드 수가 약 600장 정도인데, 여기에 등장하는 슬라이드 중에서 나쁜 예로 들었던 슬라이드를 제외하고, 사용하는 애니메이션 효과는 앞서 언급한 밝기 변화와 개체 이동 두 가지뿐이다(개체가 사라지는 밝기 변화까지 포함한다면 3가지만을 활용했다).

여러 번 말했지만 슬라이드에서 화려한 효과를 사용하는 일보다 중요한 것은 청중들에게 내가 전달하려는 내용을 명확하고 정확하게 전달해서 청중의 행동을 일으키는 것이다. 해당 목적을 달성하는 데 있어 글씨가 멀리서 날아온다든가 자리를 마구 바꾸는 효과가 필요하지는 않다. 다만 애니메이션 효과를 얼마나 세련되게 사용하느냐에 따라서 여러분의 슬라이드 디자인 실력이 판가름난다. 먼저 애니메이션 효과의 기본을 알아보고, 애니메이션 효과의 성패를 좌우하는 타이밍 메뉴와 주로 사용하는 효과를 설명하겠다.

애니메이션 효과 기본

애니메이션 효과는 나타내기, 강조, 끝내기, 이동 총 4가지로 나눠서 생각할 수 있다. 이 중에서 보통 나타내기 효과와 끝내기 효과, 이동 경로 효과를 활용하고, 강조 효과는 잘 사용하지 않는다. 강조 효과는 앞서 언급한 대로 불필요하게 화려한 효과로 청중 주목도를 낮추는 효과가 대부분이고, 그림 등의 개체에 강조 효과를 활용할 경우 해상도가 고정된 상태에서 화면이 동작해 계단 효과(그림이 깨져 보이는 효과)가 나타나기 때문이다.

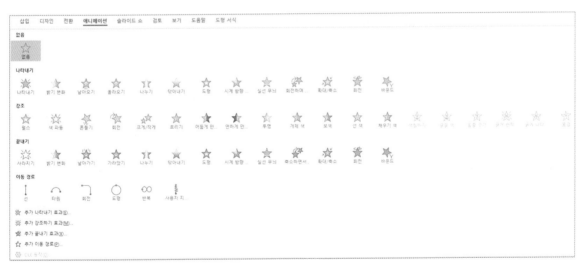

▲ 애니메이션 효과 창

가장 많이 사용하는 애니메이션 효과 카테고리는 '나타내기'다. 편집 화면에서는 개체가 보이지만 이 애니메이션 효과를 활용하면 개체가 슬라이드를 띄우는 동시에 나타나지 않고 일정 시간 이후에 나타나도록 조정할 수 있다. 이동하기는 화면에서 해당 개체를 움직이게 할 때 사용된다. 개체를 지정해 놓고 다양한 효과를 적용하다 보면, 애니메이션 효과의 원리를 쉽게 알 수 있으니 직접 시도해 보자.

➕ 애니메이션 효과 – 타이밍 승부

초보와 고수는 애니메이션 사용을 하는 데 있어 차이를 보인다. 초보는 애니메이션 효과의 종류를 고르느라 고심하는 한편, 고수는 애니메이션 효과의 종류는 많이 사용하지 않으면서 더 자연스러운 효과를 추구한다. 애니메이션 효과를 사용하는 데 있어 효과의 종류보다 더욱 중요한 요소는 바로 '타이밍'이다. 타이밍 메뉴는 개체에 애니메이션 효과를 적용한 후, 애니메이션 메뉴에서 가장 오른쪽에 있는 메뉴를 이용하거나 '애니메이션 창' 메뉴를 클릭해 표시되는 오른쪽의 애니메이션 효과를 클릭한 뒤 오른쪽 마우스 버튼을 눌러 '타이밍' 메뉴를 선택하면 다음의 화면을 볼 수 있다.

▲ 애니메이션 타이밍 메뉴

그리고 이 타이밍 메뉴에서도 우리가 주로 사용하는 부분은 바로 시작, 지연, 재생 시간이다.

1. **시작**: 애니메이션 효과를 재생시키기 위한 조건을 지정한다. '클릭할 때', '이전 효과와 함께', '이전 효과 다음에' 세 가지 종류로 구분된다. 애니메이션 효과를 '클릭할 때'로 지정할 경우 이전 애니메이션 효과가 재생된 이후 클릭하지 않으면 현재 대기 중인 애니메이션 효과가 재생되지 않는다. 즉 클릭을 해야만 애니메이션 효과가 시작된다. '이전 효과와 함께'를 선택한 경우 직전의 애니메이션 효과와 현재 애니메이션 효과가 동시에 진행된다. 만일 화면 전환 직후 이 애니메이션이 해당 슬라이드에서의 첫 번째 애니메이션 효과라면 화면이 바뀌는 동시에 애니메이션이 재생된다. '이전 효과 다음에'의 경우 직전 애니메이션의 재생이 모두 끝나고 나면 현재 애니메이션을 재생한다.

2. **지연**: 직전 애니메이션 효과가 재생된 이후 애니메이션 구동 조건이 갖춰졌을 때, 표시된 시간만큼 지난 후 애니메이션을 재생시키는 기능이다. 단 지연 시간은 앞선 애니메이션 효과 중 시작 조건이 '클릭할 때', '이전 효과 다음에'가 있을 경우 해당 애니메이션이 재생되기 시작한 이후부터 계산된다. 이 부분은 설명을 따라가며 하기보다 직접 해보는 편이 훨씬 더 빨리 이해할 수 있다. 파워포인트를 열고 도형 삽입 기능을 이용해 6개의 도형을 만들어보자. 효과가 어떻게 나오는지 알기 위해 각 도형에 A부터 F까지 기호를 붙인다. 그리고 각 도형에 다음과 같이 애니메이션 효과를 삽입해보자. 애니메이션은 다음에 적힌 순서대로 작성해야 뒤에 나오는 해설과 동일한 효과가 나타난다. 애니메이션 효과는 가장 무난한 '밝기 변화' 효과를 사용하겠다.

- **도형 A 조건**: 클릭할 때, 지연 0초
- **도형 B 조건**: 이전 효과와 함께, 지연 1초
- **도형 C 조건**: 이전 효과와 함께, 지연 2초
- **도형 D 조건**: 클릭할 때, 지연 2초
- **도형 E 조건**: 이전 효과 다음, 지연 2초
- **도형 F 조건**: 이전 효과와 함께, 지연 3초

다음과 같이 6개의 개체를 만든 이후 슬라이드 쇼를 실행하자. 현재 슬라이드부터 슬라이드 쇼를 시작하려면 Shift + F5를 눌러주면 된다. 이제 애니메이션이 어떻게 진행되는지 지켜보자.

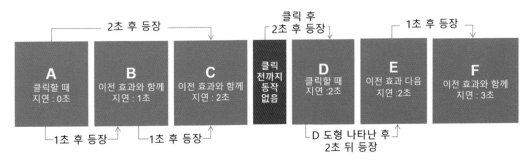

▲ 애니메이션 효과의 동작 원리를 익히기 위한 예시

앞서 설명한 대로 애니메이션 효과를 적용한 뒤에는 앞에 나와 있는 그림 같이 애니메이션 효과가 작동함을 알 수 있다. 실제 애니메이션 동작은 다음 순서로 일어난다.

1. 슬라이드 쇼에서 마우스를 클릭하면 도형 A가 나타난다.

2. 마우스 버튼을 누르지 않아도 1초 뒤 B 도형이 나타난다(만약 마우스 버튼을 누르면 클릭 즉시 B 도형이 나타난다).

3. 마우스 버튼을 누르지 않아도 도형 B가 나타난 1초 뒤 도형 C가 나타난다. 이는 도형 A가 나타난 이후 2초 뒤에 나타나는 것과 같다.

4. 여기서 마우스를 클릭하지 않으면 더 이상 도형이 나타나지 않는다.

5. 마우스를 클릭하면 2초 뒤 도형 D가 등장한다.

6. 도형 D가 모두 등장하면 2초 뒤 도형 E가 등장한다.

7. 도형 E가 등장한 1초 뒤 도형 F가 등장한다.

우리는 이번 예시를 통해 '지연' 동작이 어떻게 작동하는지 알 수 있다. 지연 동작은 최초 애니메이션이 시작된 시점으로부터의 지연 시간을 의미한다. 도형 C의 지연 시간은 2초였는데, 최초 애니메이션이 동작하는 도형 A로부터 2초가 지난 뒤 나타나는 이유가 바로 이것이다. 바로 앞 도형 이후 2초가 지연되는 게 아니라 가장 최초 애니메이션이 시작되거나 클릭할 때가 나온 이후로부터 지연 시간이 계산된다. 도형 D는 애니메이션 구동 조건이 '클릭할 때'이므로 이 시점부터 지연 시간 계산은 초기화된다. 도형 A, B, C와 아무 상관없이 새로운 클릭 이후 2초 뒤 도형 D가 나타는 이유다.

참고로 '지연 시간'은 '클릭할 때'와 '이전 효과 다음'일 때 초기화된다. 따라서 도형 E의 구동 조건이 '이전 효과 다음'이므로 또 다시 지연 시간이 초기화된다. 즉 도형 D가 나타난 뒤 2초 있다가 도형 E가 나타난다. 도형 F는 '이전 효과와 함께'가 구동 조건이므로 여전히 도형 D가 '지연 시간'의 기준점이 된다. 따라서 도형 E가 나타난 뒤 1초 뒤에 나타난다.

글로 읽으면 다소 어렵게 느껴질 수도 있다. 하지만 실제로 동작해보면 그리 어렵지 않은 개념이므로 반복적인 연습을 통해 지연 시간 다루는 법을 명확하게 파악해두자.

3. **재생 시간**: 개체가 나타나는 재생 시간을 조절할 수 있는 메뉴다. 마우스로 클릭해 목록에서 재생 시간을 선택할 수도 있지만, 직접 재생 시간을 지정할 수도 있다. 재생 시간과 지연 효과를 잘 활용하면 자연스러우면서도 부드러운 효과를 낼 수 있다. 일반적으로 역동적인 효과를 내야 할 때는 시간을 짧게(0.5초 ~ 1초) 지정하고, 부드럽고 감성적인 효과를 내기 위해서는 시간을 길게(2~3초) 지정해 주는 것이 좋다.

4. **타이밍과 재생 시간의 조합** : 애니메이션 효과를 세련되게 쓸 수 있느냐 그렇지 않느냐는 바로 이 두 가지를 얼마나 잘 조합하느냐에 달려 있다고 해도 과언이 아니다. 초보자는 애니메이션을 활용할 때 효과의 종류를 잘 선택하지 못하는 경우도 있지만, 같은 애니메이션 효과(예: 필자가 즐겨 쓰는 '밝기 변화')를 사용한다고 해도 타이밍과 재생 시간을 적절하게 사용할 줄 아는 사람이 훨씬 더 세련된 슬라이드를 만들 수 있기 때문이다. 그리고 그 세련된 조합을 만드는 데에 많은 효과가 필요하지 않다. '지연' 효과와 개체의 재생 시간만 적절히 활용해도 놀라운 효과를 낼 수 있다. 어려운 공식이 들어가는 것도 아니다. 개체가 재생되는 시간의 절반을 지연 효과에 적용하면 각 개체가 자연스럽게 이어지는 듯한 효과를 볼 수 있다. '이전 효과 다음에' 효과를 활용해서는 이러한 느낌을 줄 수 없다. 공식처럼 외우자.

재생 시간/2 = 지연 효과 시간

직접 실습을 해보자. 개체 4개를 만든 다음 밝기 변화 애니메이션 효과를 다음과 같이 지정해보자.

- **개체 A 조건**: 이전 효과와 함께, 지연 0초, 재생 시간 2초
- **개체 B 조건**: 이전 효과와 함께, 지연 1초, 재생 시간 2초
- **개체 C 조건**: 이전 효과와 함께, 지연 2초, 재생 시간 2초
- **개체 D 조건**: 이전 효과와 함께, 지연 3초, 재생 시간 2초

개체 4개를 만든 이후 슬라이드 쇼를 통해 애니메이션을 실행하면 4개의 개체가 부드럽게 이어져서 나타나는 모습을 볼 수 있을 것이다. '이전 효과와 함께'를 활용해 만드는 효과보다 훨씬 더 부드럽고, '클릭할 때'를 일일이 사용하지 않아도 돼 한 슬라이드에 여러 가지의 효과를 순차적으로 띄워야 할 때 효과적으로 사용할 수 있다. 여러분이 기억할 것은 **재생 시간의 50%로 지연 효과를 설정하면 된다**는 점 하나뿐이다. 여러분이 개체의 재생 시간을 2초로 설정했다면 지연 시간은 1초 간격으로 설정하면 되고(지연 효과는 계속 누적돼 계산해야 한다), 만약 개체의 재생 시간을 0.5초로 계산했다면 지연 시간은 0.25초로 계산하면 된다.

애니메이션 효과는 취향에 따라 다른 종류를 선택해서 쓸 수도 있다. 그러나 다양한 애니메이션 효과를 사용하기보다 중요한 것은 슬라이드 디자인 콘셉트에 맞는 효과를 사용하는 일이다. 사방에서 글이 날아오거나 통통 튀어다니는 등의 효과는 해당 효과를 적용한 사람에게는 재미있어 보일 수도 있으나 청중들이 보기에는 어설프기만 한 효과다. 강의를 다니면서 종종 하는 이야기 중 하나는 **"블록버**

스터 영화 그래픽 효과만큼 애니메이션 효과를 만들 수 없다면 최대한 단순하게 하는 것이 오히려 더 좋은 결과를 낸다."는 것이다.

잘 생각해보면 왜 단순한 효과가 더 좋은 효과인지를 알 수 있다. 애당초 '젠 형식'의 슬라이드는 복잡한 슬라이드를 탈피하기 위해서 고안한 방법이다. 애니메이션 효과 역시 이러한 틀 안에서 진행돼야 하는 것이다. 그래서 너무 화려한 효과를 많이 사용하기보다는 단순한 효과를 사용하는 편이 더 좋은 결과를 낼 수 있다.

272페이지 예시 슬라이드는 젠 형식 슬라이드에 애니메이션 효과를 삽입해 만든 슬라이드다.

애니메이션 효과를 손쉽게 내기 위해서는 각기 다른 타이밍에 등장해야 하는 개체는 모두 따로 만들어야 한다. 이 슬라이드에서도 '나눔,' '기적을 이루는', '아름다운', '실', '천'은 각기 다른 타이밍에 등장하는데, 하나의 텍스트 박스로 이 모든 단어를 적어 넣어서는 이런 효과를 낼 수 없다.

애니메이션 효과를 실제로 입혀서 세련된 젠 형식의 슬라이드를 만들어보자. 다음의 순서대로 따라하면 손쉽게 만들 수 있다.

1. 이미지를 불러와 슬라이드에 배치한다. 외부 파일을 가져오는 단축어는 Alt+I+P+F 이후 파일을 찾아오면 된다

2. 이미지와 동일한 사이즈로 사각형 개체를 만든 뒤 이미지 위에 덮어 씌운다. 테두리 선은 없애고 채우기는 검은색으로 설정한다. 이때 투명도는 50%로 설정하면 반투명 검정 박스를 얻을 수 있다.

3. 〈나눔,〉, 〈기적을 이루는〉, 〈아름다운〉, 〈실〉, 〈천〉을 각각의 텍스트 상자로 만든다(예시: 슬라이드에서는 나눔 명조를 사용했다). 슬라이드 예시에 나온 것과 마찬가지로 글꼴의 크기를 조정한 후 슬라이드에 적절하게 배치한다.

4. 애니메이션 효과를 켜고 다음과 같이 지정해보자. 효과는 '밝기 변화'만을 사용한다.

- 반투명 검정 박스 – 조건: 클릭할 때, 지연 0초, 재생 시간 2초
- 나눔, – 조건: 이전 효과와 함께, 지연 1초, 재생 시간 2초
- 기적을 이루는 – 조건: 이전 효과와 함께, 지연 2초, 재생 시간 2초
- 아름다운 – 조건: 이전 효과와 함께, 지연 3초, 재생 시간 2초
- 실 – 조건: 이전 효과와 함께, 지연 4초, 재생 시간 2초
- 천 – 조건: 이전 효과와 함께, 지연 5초, 재생 시간 2초

이 애니메이션 효과는 앞서 말한 '밝기 변화'만을 활용해 만든 효과다. 요란한 애니메이션 효과는 없지만 은은한 느낌을 주기에는 충분하다.

▲ 밝기 변화 애니메이션 효과를 활용한 젠 형식 슬라이드. 나눔 명조 글꼴을 사용했다.

다음과 같은 효과는 크게 어렵지 않으면서도 지금껏 함께 익힌 방법을 활용하면 누구나 간단하게 만들 수 있는 슬라이드다. 일반적으로 감성적인 사항을 어필해야 하는 경우 세리프(명조계열 글씨) 글씨체를 사용하고, 이성적인 영역에 호소해야 할 때는 산세리프(고딕계열 글씨) 글씨체를 사용한다는 사실을 알아두자. 세리프체에서 추천하는 글씨체는 나눔명조, 윤명조(유료) 등이고, 산세리프체는 맑은 고딕이나 윤고딕(유료)을 추천한다.

다음 슬라이드는 내가 강의할 때 사용하는 슬라이드다. '이미지를 구하기 위해 사용할 수 있는 방법'을 설명하는 슬라이드인데, 사실상 아무리 좋은 카메라를 가진 사람이라 하더라도 모든 이미지를 찍을 수는 없기 때문에 이 선택 사항은 제외하겠다고 말하며, 관련 그림과 글이 어두워지는 슬라이드를 구현했다.

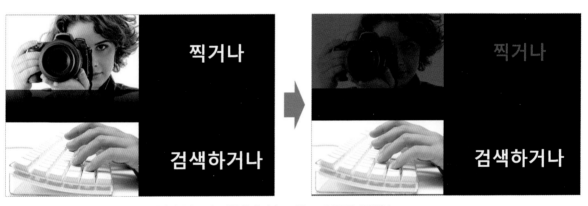

▲ 밝기 변화 애니메이션 효과를 활용한 슬라이드. 맑은 고딕 글꼴을 사용했다.

여러분도 다음 슬라이드를 직접 만들어 볼 수 있다. 다음과 같이 작성해보자.

1. 적절한 이미지를 검색한다. 저작권 문제가 없이 사용할 수 있는 Pixabay.com이라는 사이트를 추천한다. 다만 영어로 검색해야 한다는 점은 알아두자.

2. 두 장의 이미지 크기가 같아지도록 자르거나 크기 조절을 한다. 이는 슬라이드에 통일성을 주기 위한 작업이다. 한 이미지가 더 크거나 더 작으면 마치 더 큰 이미지와 관련된 주제를 강조하는 듯한 느낌을 줄 수 있으므로 동일하게, 혹은 비슷하게 크기를 맞춘다.

3. 텍스트 상자로 '찍거나', '검색하거나' 글을 적은 다음 그림의 오른쪽에 배치한다. 그림의 오른쪽에 배치하는 이유는 시선의 이동 방향을 지키기 위해서다. 청중의 시선은 왼쪽에서 오른쪽, 위에서 아래로 이동한다.

4. 각 이미지에 효과를 준다. 이 과정은 필수적이진 않지만 슬라이드를 더 세련되게 만들어준다. 이미지를 클릭하면 자동으로 '그림 서식' 메뉴가 나오는데 이 중에서 '반사형 모서리가 둥근 직사각형'을 선택하면 물가에 이미지가 비치는 듯한 효과를 줄 수 있다. 이후 그림을 클릭해 둥근 모서리를 직사각형으로 만들어준다(왼쪽 상단에 있는 노란색 원을 클릭하고 드래그하면 된다). 둥근 상태로 놔둬도 좋지만 둥근 상태로 놔둘 경우 슬라이드 배경과 이미지의 괴리감이 생길 때가 있으므로 직사각형 형태로 활용하기를 권장한다.

5. 이미지와 연관 있는 텍스트를 동시에 선택한다. 즉 카메라를 들고 있는 사진과 '찍거나'를 동시에 선택한 뒤 그룹으로 묶는다. 그룹으로 묶기 위해서는 두 개의 개체를 선택한 뒤 오른쪽 마우스 버튼을 누르고 '그룹'을 누르면 된다. 마찬가지로 키보드 이미지와 '검색하거나' 글도 그룹으로 묶는다. 그룹으로 묶는 이유는 애니메이션 효과를 더 쉽게 만들어내기 위해서다. 그룹으로 묶지 않을 경우 이미지와 키워드에 일일이 애니메이션 효과를 지정해줘야 하지만, 그룹으로 묶으면 한 번만 지정하면 돼 편리하다.

6. 애니메이션 효과를 준다. '찍거나' 그룹을 선택하고 밝기 변화 애니메이션을 선택한다. 클릭할 때 동작하도록 하고, 재생 시간은 2초로 설정한다.

7. 이번에는 '검색하거나' 그룹을 선택하고 밝기 변화 애니메이션을 선택한다. 이전 효과와 함께 동작하도록 하고, 재생 시간은 1초, 지연 시간은 1초로 설정한다. 앞서 설명한 대로 재생 시간의 1/2 시간으로 지연 효과를 주는 방식을 택했다.

8. '찍거나'와 연관된 그림과 키워드를 가릴 수 있는 크기의 검은색 사각형을 만들자. 투명도는 50%로 설정한다.

9. 이제는 검은색 사각형에 밝기 변화 애니메이션을 적용한다. 클릭할 때 동작하도록 하고, 재생시간은 1초로 설정한다. 무언가를 단호하게 이야기하고자 할 때는 빠른 속도감이 중요하다. 따라서 앞서 애니메이션이 2초간 재생되는 상황을 경험한 청중에게 이번 애니메이션은 다소 짧게 느껴지며 발표자의 단호함을 깨달을 수 있는 계기가 된다. 밝기 변화 애니메이션의 재생 시간을 길게 하면 부드럽고 은은한 분위기를 낼 수 있지만, 이와는 상반되게 밝기 변화 시간을 짧게 조정하면 역동적인 느낌을 연출할 수도 있다는 사실을 알아두자.

이처럼 여러분은 애니메이션 효과를 활용해 여러분의 발표 흐름을 마음대로 조정할 수 있다. 물론 숙련된 발표자라면 이러한 효과를 사용하지 않아도 능숙하게 발표를 진행할 수 있겠지만, 이러한 효과를 활용한다면 발표 자체에 노력을 기울여야 하는 노력을 줄일 수 있다. 필요한 극적 효과를 낸다면 원래 뛰어난 실력의 발표자를 더욱 돋보이게 할 수 있다.

다양한 애니메이션 효과를 익히고 다채롭게 활용하는 일을 '반드시 나쁘다'고 할 수는 없다. 다만 우리는 여러 가지의 효과를 활용하지 않더라도 효과와 타이밍, 그리고 재생 시간을 조절하는 것으로 우리가 생각하던 수준 이상의 다양한 효과를 얻을 수 있음을 알게 됐다. 여러분의 상상력을 펼치면 이보다 더 멋진 효과도 얼마든지 만들어낼 수 있다.

5. **이동 경로 효과**: 애니메이션 효과에서 밝기 변화 효과와 함께 반드시 알아둬야 하는 효과는 '이동 효과'다. 이동 효과는 개체를 슬라이드 쇼 화면상에서 이동시킬 수 있으므로 이를 적절히 활용하면 재미있는 효과를 만들 수 있다.

이동 효과는 다른 애니메이션 효과와 마찬가지로 개체 지정 후 활성화된 창에서 선택할 수 있다. 애니메이션 효과 중 가장 아래에 있으므로 아래 방향 화살표를 내려서 이동 효과를 선택하거나 '애니메이션 추가' 버튼을 클릭해 이동 효과를 선택할 수 있다.

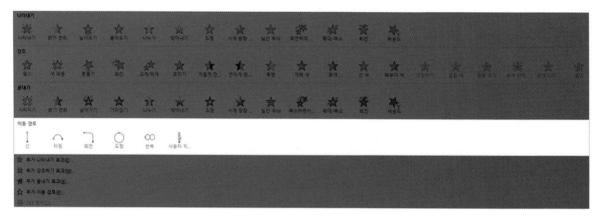

▲ 도형 이동 효과는 다양한 형태로 표현 가능하다. 다만 '선' 형태가 가장 많이 활용된다.

도형 이동 경로 효과는 다양한 방향으로 이동이 가능하며, 원하는 경우 '사용자 지정'을 통해 자유 곡선으로 도형을 이동시킬 수 있다. 그러나 앞서 여러 차례 언급했다시피 복잡한 효과가 더 좋은 효과가 아니다. 슬라이드에서의 애니메이션 효과는 단순하고 강력해야 한다. 따라서 이 책에서는 '선' 효과만 자세히 설명하겠다 (만일 다른 이동 효과가 궁금하다면 직접 실습을 해봐도 무방하다. 다만 여러 차례 강조했기에 복잡한 애니메이션 효과가 결코 좋은 것은 아니라는 점을 이미 여러분은 잘 알고 있을 것이다).

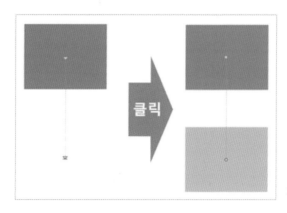

◀ 이동 경로에서 '선'을 선택하면 다음과 같이 개체 위에 애니메이션 효과가 표시된다.

도형 이동 효과에서 반드시 기억해야 하는 요소는 3가지다. 초록색 화살표로 표시되는 '시작점', 붉은색 화살표로 표시되는 '도착점' 그리고 선의 '길이'다. 시작점은 도형의 정중앙에 위치하는 것이 좋다. 바로 그 지점부터 도형이 이동을 시작하기 때문이다. 시작점을 도형의 다른 부분으로 옮길 수도 있지만, 이러한 경우 도형이 갑자기 그 자리에 순간 이동하듯이 나타나 이동을 시작하므로 어색한 효과가 될 수 있으니 주의하자.

'도착점'의 경우는 도형의 이동이 멈추는 지점을 의미한다. 이 부분에서도 알아둘 점이 있다. 시작점으로 지정한 부분. 도착하는 붉은 화살표도 동일한 지점이다. 즉 앞서 본 도형은 다음과 같이 지정된 중앙만큼 이동하게 된다. 도형이 어느 정도까지 움직이는지 알고 싶을 경우 애니메이션 효과 부분을 클릭하면 도형이 이동할 가상 경로를 확인할 수 있다.

▲ 도형 효과 옵션 메뉴

이동 거리 조절은 점선의 길이를 조정하면 된다. 도착점을 클릭하고 마우스로 드래그해 길이를 늘리거나 줄일 수 있다. 또한 도형이 이동하는 방향역시 바꿀 수도 있다. 여기서 한 가지 알아둘 점이있다. 대부분의 경우 도형 이동 효과를 활용할 때방향을 수직 또는 수평 방향으로 이동시킨다. 그런데 마우스를 활용해서 정확하게 수직 또는 수평으로 이동 경로를 지정하기가 그리 쉽지 않다. 이러한 수고를 덜어주기 위해 도형 이동 효과는 미리 메뉴가 정해져 있다. 애니메이션 메뉴 가장 오른쪽을 보면 '효과 옵션'이 있는데, 이동 경로 효과를 선택할 경우 이 창이 활성화된다. 화살표를 눌러 메뉴를 펼치면 방향을 상하 좌우로 자유롭게바꿀 수 있으며, 경로 방향 바꾸기를 통해 시작점과 도착점을 변경할 수도 있다. 잠금과 잠금 해제메뉴는 애니메이션 위치를 고정할지, 개체와 함께애니메이션의 시작점과 도착점도 함께 이동할지결정하는 메뉴다. 잠금을 선택한 경우 애니메이션은 개체가 이동해도 그대로 위치하며, 잠금 해제의 경우 애니메이션은 개체와 함께 이동한다.

다음 슬라이드는 내가 강의를 마친 후 사용하는 슬라이드다. 수강생들에게 연락처를 제공할 때 사용하는데, 이때 애니메이션 효과를 이용해 클릭할 때마다 한 종류씩 연락처를 공개하는 형태로 만들었다. 만드는 방법은 간단하다. 연락처를 작성해 놓고 검은색 직사각형 개체를 만든 뒤 오른쪽으로 방향을 이동시키면 된다.

이미지에서 보이는 회색 부분은 슬라이드 바깥 부분이다. 많은 사람들이 슬라이드 내부에서만 슬라이드를 꾸밀 수 있다고 생각하는 경향이 있는데, 바깥 부분까지 활용하면 훨씬 더 다채로운 디자인이 가능하다는 점을 기억하자.

▲ 이동 경로를 오른쪽으로 이동해서 연락처를 하나씩 공개하는 슬라이드를 구현했다.

이 연락처 슬라이드는 한 번에 정보를 하나씩만 보여준다는 SIT $^{Single\ Information\ a}$ ^{Time} 원칙에 따라 디자인한 슬라이드다. 애니메이션 효과를 사용함으로써 슬라이드 분할 기법을 구현할 수 있다. 대단히 복잡할 필요가 전혀 없다. 간단한 효과를 활용하는 것만으로도 여러분의 슬라이드를 돋보이게 하는 데 큰 도움을 줄 수 있다는 사실을 참고하자.

6. **애니메이션 효과의 조합을 통해 만드는 독특한 슬라이드 예시:** 현재까지 설명한 이야기한 애니메이션 효과를 활용하면 어떤 슬라이드를 만들 수 있을까? 조금만 창의적으로 생각해도 매우 재미있는 효과를 만들어낼 수 있다. 개인적으로 종종 사용하는 애니메이션 효과 몇 가지를 소개하겠다. 애니메이션 효과 구현법도 함께 수록하니 간단히 작성해보자.

   (1) **'스포트 라이트' 효과:** 누구나 한 번쯤은 자기 소개를 해본 적이 있을 것이다. 신입 사원이든, 신입생이든 자기 소개를 할 때 파워포인트 자료를 띄워놓고 자기 소개를 하는 경우가 종종 있다. 이 경우 어떻게 소개를 할까? 대부분은 자신의 사진 몇 장을 띄워놓고 무미건조한 슬라이드를 만들어 놓는다. 프리젠테이션의 목적은 청중을 행동하도록 만드는 것이기 때문에 무미건조한 자기 소개를 통해서는 사람들에게 여러분을 각인시킬 수 없다.

   자기 소개를 했으면 청중에게 자기 소개를 한 여러분을 기억시켜야 해당 발표가 성공한 것이기 때문이다. 만약 주변이 어둡다면 한 번쯤 시도해 볼만한 효과가 있다. 대부분 발표 환경은 아주 밝지는 않고 또한 스크린 주변은 어둡게 해 놓는 경우가 많다. 이때 '스포트 라이트 효과'를 이용해보자. 이 효과를 사용하면 어느새 여러분을 보며 웃는 사람들을 발견할 수 있을 것이다. 다시 말하지만 자기 소개 프리젠테이션의 목적은 무엇인가? 바로 당신을 청중들에게 명확히 각인시키는 것이다. 적어도 다른 사람들이 천편일률적인 슬라이드를 들고 와서 자기 사진을 크게 보여주고 취미 등을 늘어놓을 동안 당신은 확실하게 청중들에게 당신을 기억하도록 만들 수 있다. 최소한 그들이 당신의 이름을 기억하지 못한다 할지라도 '그 특이하게 자기 소개하던 친구'라는 인상은 확실히 심어줄 수 있다. 이쯤 되면 어지간히 노래를 잘 하거나 춤을 잘 추는 사람도 부럽지 않다.

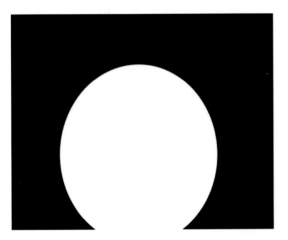 

▲ 스포트 라이트 효과

그럼 이 스포트 라이트 효과를 어떻게 만들까? 생각보다 아주 간단하게 만들 수 있다.

1. 파워포인트 화면을 검은 배경으로 설정한다.
2. 도형 삽입에서 원을 선택하고 다소 길쭉하게 타원을 만든다. 이후 흰색으로 원 색상을 바꿔준다.

3. 밝기 변화 애니메이션 효과를 클릭 후 원이 나타나게 한다. 등장하는 속도(재생 속도)는 5초 정도면 적합하다.

4. 실제 발표할 때 흰색 원이 천천히 밝아지게 만들어 놓고, 여러분은 그 앞에 서 있기만 하면 된다. 스크린 사이즈와 위치에 따라 원의 크기는 적절하게 조절하면 된다.

(2) '로딩' 효과: 학창 시절 프리젠테이션 연구회 활동을 하던 시절, 우리는 매 학기 신입회원을 맞이하기 위한 공개 모집 행사를 가졌다. 그때마다 설명회를 했는데 가장 첫 순서는 찾아온 학생들에게 파워포인트로 만든 영상을 보여주는 일이었다. "이런 걸 파워포인트로 만들었다고?"라고 생각할 만큼 놀라운 수준으로 만들겠다고 목표를 세웠다. '파워포인트 동영상' 앞 부분에 내가 즐겨 삽입하던 효과가 있었는데, 바로 '로딩' 효과다.

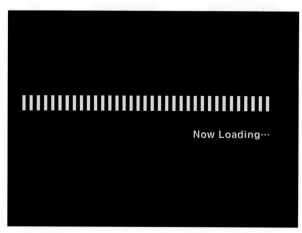

▲ 로딩 효과

물론 실제로 로딩되는 것은 아니다. 그러나 파워포인트 초심자들이 보기에는 실제로 로딩이 된다고 생각할 만큼 신기한 효과이기도 하다. 이 효과 역시 '밝기 변화'와 '이동' 효과만을 활용해 간단히 만들 수 있다.

1. 검은 배경 위에 흰색 텍스트로 'l'를 여러 개 적는다.

2. 텍스트 박스를 선택해 애니메이션 효과를 적용한다. 나타내기 효과 중 밝기 변화를 선택하고 클릭하면 애니메이션이 동작한다. 시간은 5~10초 정도로 작성한다.

3. 조금 더 실감나는 로딩 영상을 만들기 위해 그 아래 보이는 Now Loading이라는 텍스트 상자를 만들고, 이 개체에는 '깜빡이기' 강조 효과를 넣는다. 깜빡이기 강조 효과는 애니메이션 메뉴를 펼친 다음 '추가 강조하기 효과'에서 선택할 수 있다. 이전 효과와 함께 애니메이션이 시작되게 설정한다.

4. 타이밍 메뉴로 들어가 반복 메뉴에서 '슬라이드가 끝날 때까지'를 선택한다.

5. l가 여러 개 적힌 텍스트를 덮을 수 있을 만한 크기의 검정색 사각형을 만든다. l가 여러 개 적힌 텍스트 박스 위에 해당 사각형을 놓고, 애니메이션 효과를 활용해 왼쪽에서 오른쪽으로 이동시키자. 이때 충분히 오른쪽으로 검은색 사각형을 이동시켜야 로딩 막대가 끝까지 보일 수 있다. 이 애니메이션 효과 역시 이전 효과와 함께 시작되도록 설정한다.

참고로 애니메이션 효과를 활용하는 방법은 아니지만 이미지 검색에서 'Loading.gif'로 검색하면 최근 휴대폰의 로딩 화면처럼 원형으로 반복적으로 돌아가는 로딩 화면 역시 손쉽게 삽입 가능하니 참고하자.

애니메이션 효과는 일부만을 예시로 설명했지만, 여러분의 창의성과 더하면 무궁무진한 효과를 만들어 낼 수 있다. 다만 이 효과가 청중에게 어떻게 보일지를 고민하면서 만들자. 발표자만 신나는 효과가 아닌 청중이 감동하는 효과를 만들어야 한다.

(3) 애니메이션 창 메뉴: 한 슬라이드 안에 복잡한 애니메이션을 복잡하게 사용하는 경우가 있다. 정확히 기억하지 않고 애니메이션 효과를 작업하다 보면 소위 애니메이션이 꼬여버려서 원하는 효과가 나타나지 않는 경우가 생긴다. 이경우 애니메이션 위치를 조정하거나 순서를 점검할 필요가 있다. 이때 바로 애니메이션 창 메뉴를 활용한다. 다음 이미지는 마찬가지로 학내 프리젠테이션 연구회 소개 영상에서 도입부분으로 사용한 슬라이드다.

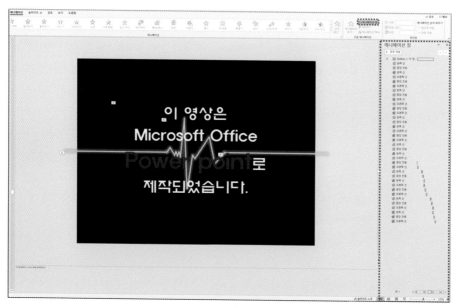

▲ 복잡한 애니메이션 효과를 검토하기 위해서는 애니메이션 창 메뉴를 실행하는 편이 좋다.

실제 슬라이드를 실행하면 뒤에 있는 바이탈 사인$^{vital\ sign}$이 실제 구동되는 듯한 효과가 나오는데, 이 효과를 구동하기 위해 오른쪽처럼 무수한 효과를 사용했다. 애니메이션 창이 없을 경우 실수로 효과가 뒤바뀌거나 지워질 경우 어느 부분부터 손을 대야 할지 알 수 없다. 하지만 애니메이션 창을 켜면 어떤

284

효과가 어떤 순서로 구현되는지 알 수 있다. 애니메이션 창 메뉴는 애니메이션 메뉴에서 오른쪽 상단에 있다.

물론 매우 숙련된 사람의 경우 복잡한 애니메이션 효과도 얼마든지 구현할 수 있지만 발표 환경이 화려한 애니메이션 효과를 줄 필요가 없거나 자신의 역량이 그 정도까지 미치지 않아도 괜찮다. 그래서 처음에 설명할 때 복잡한 애니메이션 효과를 굳이 알 필요까지는 없다고 언급한 이유가 바로 이 때문이기도 하다. 혹시 바이탈 사인 슬라이드가 실제로 어떻게 동작하는지 궁금한 독자라면 저자의 브런치 사이트(https://brunch.co.kr/@plusclov/397)에 접속해서 슬라이드 쇼를 다운받아 실행해보자. 아마도 깜짝 놀랄 것이다.

➕ 슬라이드 쇼 메뉴

파워포인트는 크게 편집 화면과 슬라이드 쇼 화면의 두 종류 화면을 제공한다. 슬라이드 쇼 화면 상태가 되면 스페이스 바나 마우스, 또는 프리젠테이션 리모컨을 통해 슬라이드를 앞뒤로 넘길 수 있는 기능이 작동한다. 일반적으로 편집 화면은 화면을 더 작게 보여주기 때문에 많은 사람이 함께 슬라이드를 봐야 하는 상황에서는 자연스레 슬라이드 쇼를 통해 화면을 보는 편이 좋다. 앞서 다른 메뉴를 설명한 방식과 마찬가지로 슬라이드 쇼 역시 핵심만 짚고 넘어가겠다.

▲ 슬라이드 쇼 메뉴

슬라이드 쇼 실행

슬라이드 쇼를 실행시키는 방법은 총 3가지가 있다. 첫 번째 방법은 슬라이드 쇼 메뉴를 클릭한 후 '처음부터' 또는 '현재 슬라이드부터'라는 메뉴를 선택하는 것이다. 메뉴에 나온 설명대로 '처음부터'를 선택할 경우 현재 작업 중인 일의 첫 번째 슬라이드부터 쇼가 시작되며, '현재 슬라이드부터'를 클릭할 경우는 지금 보던 슬라이드부터 슬라이드 쇼를 감상할 수 있다.

슬라이드 쇼를 실행시킬 수 있는 두 번째 방법은 바로 F5 키를 활용하는 것이다. F5 키를 누르면 슬라이드 쇼가 첫 화면부터 실행되는 모습을 볼 수 있다. 만약 슬라이드 쇼를 현재 화면부터 실행시키고 싶다면 Shift와 함께 F5 키를 누르면 된다.

마지막 방법은 바로 다음 그림에서 보이는 아이콘 모음 중에서 왼쪽에서 네 번째 아이콘을 클릭하는 것이다. 이를 클릭하면 처음부터 슬라이드 쇼가 펼쳐지는 모습을 볼 수 있다. F5 키를 사용한 것과 마찬가지로 Shift를 누른 상태에서 해당 아이콘을 클릭하면 현재 슬라이드부터 슬라이드 쇼가 진행되는 것을 확인할 수 있다.

▲ 슬라이드 쇼를 위해서는 점선으로 표시된 아이콘을 클릭하면 된다.

⊕ 퍼펙트 슬라이드 클리닉 | 여러 페이지를 한꺼번에 넘기는 팁

발표를 진행하다 보면 슬라이드 쇼가 진행되는 도중 여러 페이지를 한꺼번에 넘겨야 하는 경우가 종종 발생한다. 특히 회의나 보고할 때, 발표가 모두 끝난 후 질의 응답 시간에 질문자가 "슬라이드 거의 앞부분으로 넘어가 달라."고 요청할 때가 있다.

슬라이드 한두 장 정도는 키보드의 화살표 키나 스페이스 바, 마우스나 프리젠테이션 리모컨의 버튼을 이용해 넘어가면 되지만, 예를 들어 300페이지 분량 자료의 마지막 페이지가 열린 상태에서 질문자가 70페이지를 보여달라고 주문하면 일일이 넘기는 데 시간도 오래 걸리고 70페이지로 넘어가는 시간 동안 다른 청중들도 집중하지 못하게 된다. 잘 준비해 온 발표를 질의 응답 시간에 산만한 분위기로 바꿀 수는 없다. 많은 사람이 이런 상황을 마주할 경우 ESC 키를 눌러 일단 슬라이드 쇼를 빠져 나온 뒤, 해당 페이지로 넘어가기 위해 마우스 휠을 돌리거나 키보드를 누르는 경우가 있다. 그러나 전혀 그럴 필요가 없다. 슬라이드 쇼를 진행하는 중에도 다른 슬라이드로 얼마든지 넘어갈 수 있기 때문이다.

슬라이드 쇼 중간에 '숫자＋엔터 키'를 누르면 곧바로 해당 페이지로 이동할 수 있다. 예를 들어 지금 몇 페이지에 있든 간에 20페이지로 이동하고 싶다면 '20(페이지 번호)＋엔터 키'를 누르면 곧바로 해당 페이지로 이동하는 장면을 확인할 수 있다. 이를 통해 훨씬 더 매끄러운 프리젠테이션 진행이 가능하다.

➕ 모니터 조절

이번에 설명할 내용은 모니터 조절 부분이다. 거의 대부분 프로젝터나 대형 스크린에 컴퓨터를 연결한 상태로 발표를 진행한다. 이때 모니터 기본 설정을 어떻게 하느냐에 따라서 활용도가 달라진다. 마이크로소프트 윈도우의 '해상도 설정'에서는 모니터가 두 개 이상 연결된 경우 여러 가지 옵션이 등장하는데 그중에서 디스플레이 복제, 디스플레이 확장 두 가지 경우를 설명하겠다.

1. **디스플레이 복제**: 노트북이나 컴퓨터에 표시되는 화면과 2차로 연결된 프로젝터에 같은 화면이 표시 되는 경우다. 슬라이드 쇼를 띄울 경우 컴퓨터의 모니터와 프로젝터에 동일하게 슬라이드 쇼가 표시된다.

2. **디스플레이 확장**: 주 모니터를 노트북이나 컴퓨터에 1차적으로 연결된 모니터로 설정하는 경우 마우스 커서를 오른쪽으로 이동시키면 스크린으로 마우스 커서가 넘어가는 현상을 확인할 수 있다. 주 모니터와 보조 모니터로 나뉘는 것이다.

   모니터 설정을 마친 후 파워포인트 슬라이드 쇼 탭에서 모니터 부분의 설정을 조정한다. 두 개의 모니터가 연결된 상황에서 모니터 옆을 클릭하면 일반 모니터와 모니터 2 중에서 한 가지를 선택할 수 있는 메뉴가 보인다. 일반적으로 기본 모니터는 노트북에 부착돼 있는 모니터나 기본 데스크톱에 연결된 모니터이고, 모니터 2는 연결한 스크린이나 프로젝터를 의미한다.

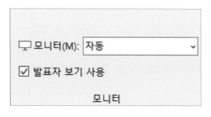

◀ 일반적으로 '기본 모니터'는 컴퓨터와 연결된 모니터, 모니터 2는 스크린을 의미한다.

만약 '기본 모니터'를 설정했을 경우 사실상 새로 연결한 프로젝터나 스크린은 아무 의미가 없다. 검은 화면으로만 표시될 뿐이다. 실제로 슬라이드 쇼를 켜면 다음과 같은 화면을 볼 수 있다.

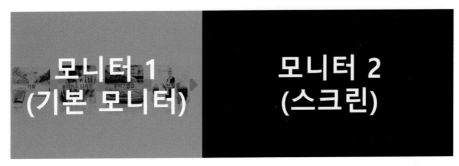

▲ 기본 모니터로 표시 위치를 설정한 후 슬라이드 쇼를 실행한 모습. 연결한 스크린에는 아무런 표시도 없는 상태가 된다.

즉 디스플레이 확장 모드에서 기본 모니터로 슬라이드 쇼 표시 위치를 설정하면 다음과 같이 연결된 프로젝터에는 아무런 화면도 표시되지 않기 때문에 아무런 의미가 없다. 이번에는 같은 슬라이드를 '모니터 2'로 설정한 후 슬라이드 쇼를 실행해보자. 그러면 다음과 같은 화면이 표시된다. 방금 전과 동일하게 디스플레이 확장 모드에서 실행하면 된다.

▲ '모니터 2'로 표시 위치를 설정한 후 슬라이드 쇼를 실행한 모습. 슬라이드 쇼 화면이 스크린에 표시된다.

이번에는 방금 전과 다르게 스크린과 프로젝터에 화면이 표시되는 것을 확인할 수 있다. 즉 화면 확장 모드에서는 슬라이드 쇼가 출력되는 모니터를 스크린 혹은 프로젝터로 설정해야 한다.

3. **디스플레이 복제 모드와 디스플레이 확장 모드의 적절한 사용**: 프리젠테이션을 잘 하기 위해 이 두 가지 모드를 잘 알아야 한다. 프리젠테이션 고수들이 좀처럼 알려주지 않는 비법이기 때문이다.

   먼저 '디스플레이 복제' 모드는 앞에 나가서 발표를 하는 전형적인 프리젠테이션 일 때 활용하면 좋다. 매번 스크린을 뒤로 돌아보기 어려운 경우 사용하면 매우 효과적이다. 즉 컴퓨터가 연결된 노트북 화면을 발표하는 내가 볼 수 있는 방향으로 배치하는 것이다. 이 경우 발표를 진행하며 노트북을 통해 현재 어떤 슬라이드가 띄워져 있는지 자유롭게 볼 수 있기 때문에 무대 앞에 서서 발표하는 프리젠테이션의 경우에 '디스플레이 복제 모드'를 통한 슬라이드 쇼를 활용하면 좋다. 하지만 우리의 프리젠테이션은 늘 이렇게 무대에 나서서 하는 경우만 있지는 않다.

   오히려 직장인들은 각자 자리에 앉아 스크린을 띄워 놓고 회의를 하며 동료의 피드백을 받고, 그 자리에서 문서를 즉각 편집하는 경우가 훨씬 더 많다. 바로 이때 '디스플레이 확장' 모드를 활용하면 좋다. 디스플레이 확장 모드에서 큰 화면에서는 슬라이드 쇼를 볼 수 있지만 기본 모니터에는 일반 편집 모드가 보이므로, 상사나 동료의 수정 요청이 있을 경우 내 컴퓨터 화면을 보면서 바로 수정할 수 있다. 편집한 내용은 슬라이드 쇼에도 즉각 반영이 되니 수정 사항을 별도로 적어 추후에 수정할 필요가 없으므로 업무 효율을 훨씬 더 올릴 수 있다.

4. **발표자 도구의 활용**: 파워포인트 2010 버전 이후부터 '발표자 도구'라는 기능이 새로 생겼다. 이 기능은 디스플레이 확장 모드일 때 사용 가능한 기능이다. 발표자

도구 기능 체크박스에 체크한 슬라이드 쇼를 실행하면 기본 모니터에 다음과 같은 화면이 표시된다.

▲ 발표자 도구에서의 기본 모니터 화면

발표자 도구에서 크게 표시되는 화면은 현재 스크린에 표시되는 화면이다. 스크린에는 이 화면(이 화면에서의 프리젠테이션 순서)만 표시되고 있다. 옆에 작게 나오는 화면은 다음 등장할 슬라이드다.

발표를 잘 하는 사람과 못 하는 사람을 가르는 여러 가지 요소 중 한 가지는 슬라이드에서 슬라이드가 넘어갈 때 어떤 말을 하는지의 여부다. 발표에 익숙하지 않은 사람은 화면을 먼저 띄우고, 슬라이드를 본 뒤 할 말을 생각해서 이어나간다. 당연히 슬라이드가 넘어갈 때마다 발화發話의 분절이 발생하고 어딘가 매끄럽지 못한 발표라는 느낌을 준다.

발표를 잘 하는 사람은 습관이 다르다. 현재 청중이 보는 슬라이드에서 다음 슬라이드와 연관된 이야기를 말하고 부드럽게 이야기를 연결한다. 예시에 나오는 슬라이드를 설명할 때 발표 초보와 발표 고수는 다음과 같이 다르게 설명한다.

⠿ **발표 시 초보와 고수의 차이** ⠿

- **초보의 발표**

  (1번 슬라이드를 띄운 상태)

  "향후 5년 뒤 인터넷은 중국과 중국어가 지배하게 될 것이다. 여러분 믿으십니까?"

  (2번 슬라이드를 띄운 상태. 슬라이드가 나타나면 슬라이드를 본 뒤 할 말을 떠올린다)

  "이 말은 구글의 전 CEO이자 현재 구글이 속한 지주회사의 전 회장인 에릭 슈미트가 한 발언입니다. 이제는 이 말에 신뢰도가 생기시지요? 이처럼 해당 분야에 권위 있는 사람의 발언은 발표의 신뢰도를 높입니다."

- **고수의 발표**

  (1번 슬라이드를 띄운 상태)

  "향후 5년 뒤 인터넷은 중국과 중국어가 지배하게 될 것이다. 여러분 이 말을 믿으십니까? 아마 이 말을 믿으시는 분도, 그렇지 않으신 분도 계시겠죠."

  "그렇다면, 제가 여기 계신 분들이 이 말을 모두 믿도록 만들어 보겠습니다."

  (슬라이드를 넘기며) "어떠신가요? 이제는 믿으십니까?"

  (2번 슬라이드를 띄운 상태)

  "이 말은 구글의 전 CEO이자 현재 구글이 속한 지주회사의 전 회장인 에릭 슈미트가 한 발언입니다. 이제는 이 말에 신뢰도가 생기시지요? 이처럼 해당 분야에 권위 있는 사람의 발언은 발표의 신뢰도를 높입니다."

발표의 고수는 슬라이드가 넘어가기 전에 다음 슬라이드가 어떤 내용인지 이미 파악하고, 물 흐르듯 자연스럽게 다음 슬라이드를 청중에게 보여주며 이야기를 이어나간다. 굵게 표현된 부분을 추가로 말해주며 청중이 발표의 분절을 느낄 수 없게 한다.

결국 슬라이드와 슬라이드가 분절되지 않고 이어진 느낌이 들게끔 발표를 이어나가는 것이 경쟁력인데, 발표자 도구는 바로 뒤에 따라올 슬라이드가 어떤 슬라이드인지 미리 파악할 수 있게 해, 슬라이드와 슬라이드 사이에 할 말을 떠올릴 수 있게 도와준다.

하지만 이 기능에 너무 의존해서는 안 된다. 발표 내용을 충분히 숙지하지 않고 이 기능에만 의지하려고 했다가는 컴퓨터 모니터 앞에 딱 붙어서 발표를 진행하는 자신을 발견하게 될 것이다(발표가 실패로 끝날 것은 굳이 말할 필요도 없다). 아무리 도구가 발전한다 하더라도 발표자 스스로의 노력과 연습만큼 중요한 것은 없다는 사실을 꼭 알아두길 바란다.

➕ 검토 메뉴

▲ 검토 메뉴

검토 메뉴는 슬라이드 작성이 모두 끝난 이후에 주로 사용한다. 자주 사용하는 메뉴
는 아니지만, '맞춤법 검사'를 활용하면 지금까지 작성한 문서의 맞춤법을 검사할 수
있다. '메모' 메뉴는 앞에서 이미 설명한 적이 있는 동일한 기능이다. 그 외의 메뉴는
자주 사용되는 메뉴는 아니니 참고로 확인하기 바란다.

➕ 보기 메뉴

▲ 보기 메뉴

보기 메뉴는 상당히 쓰임새가 많다. 이 메뉴를 얼마나 잘 쓰느냐에 따라 여러분의 업무 효율이 크게 차이 날 수 있으니 눈여겨봐야 하는 메뉴다. 지금부터 보기 메뉴를 하나씩 알아보자.

프리젠테이션 보기 메뉴

이 메뉴는 슬라이드와 슬라이드 노트를 어떻게 보여줄지 결정할 수 있는 메뉴다. 등장하는 형식 5가지 중에서 가장 많이 활용되는 형식은 '기본 형식'과 '여러 슬라이드' 형식이다.

'기본' 형식은 우리가 일반적으로 파워포인트 프로그램을 열고 슬라이드를 편집할 때 마주하는 화면을 생각하면 쉽다. '여러 슬라이드' 메뉴를 클릭하면 슬라이드가 여러 장 한꺼번에 화면에 표시된다. 여러 슬라이드 형식은 '슬라이드 소터Slide sorter'로도 부른다. 말 그대로 슬라이드를 정렬해서 본다는 의미다. 즉 이 형식을 통해 여러 장의 슬라이드를 한 화면에서 볼 수 있다. 기본 형식은 슬라이드를 디자인할 때 사용하는 형식이니 별도의 설명이 필요하지는 않으리라 생각한다. 그렇다면 여러 슬라이드 형식은 언제 쓰면 유용할까? 바로 다수의 사람이 함께 팀으로 작업하고 막바지 과정에서 슬라이드를 취합할 때 활용한다.

여러 명이 팀을 이뤄 슬라이드를 만들 때는 보통 파트별로 일을 나눠서 배분한 뒤 각자 작업해서 취합하는 과정을 거친다. 이 경우 한 사람이 취합 업무를 담당하게 되는

데(보통 마스터를 관리한다고 한다) 한 페이지만 수정을 하게 됐다고 가정하자. 이 경우 전체 파일을 공유하는 편보다 수정한 페이지만 따로 떼어서 전달하는 편이 마스터를 관리하는 입장에서 훨씬 편하다. 상황을 가정해보자.

1. 나는 한 조직의 팀장이다. 나를 포함해 팀원은 5명이다. 내가 슬라이드 마스터 관리자 업무를 맡았다.

2. 각자 10페이지씩 작업을 하기로 했다. 나는 1~10페이지, 다른 사람은 각자 그 이후의 10 페이지씩을 담당한다.

3. 1차적으로 페이지를 모두 완성해서 내게 보낸다. 나는 사람들이 맡은 페이지를 기억하고 취합해서 50페이지를 만든다.

4. 5명이 모여서 회의를 진행한다. 화면은 디스플레이 확장 모드로 지정하고 슬라이드 쇼를 실행하며 토론한다. 수정할 내용이 보이면 사각형 개체를 만들어 딱지를 붙인다.

5. 회의가 끝난 후 마스터를 갖고 있는 나는 팀원들에게 현재 버전의 마스터를 공유한다. 이제부터 팀원들은 이 마스터를 기반으로 작업을 실시한다.

6. 임원 보고가 코 앞이다. 이제 내가 만드는 부분은 완성한 상태에서 다른 팀원들의 자료를 최종 검토한다. 팀원 D는 31~40페이지를 담당하는데, 34페이지에서 숫자가 변경돼야 함을 발견했다. 해당 업무를 요청한다. 팀원 D는 34페이지를 수정하고 해당 페이지만 나에게 전달한다. 해당 페이지만 떼어서 보낼 때는 파일명 끝에 '보고자료_34페이지 수정' 같은 코멘트를 붙인다.

7. 나는 메일이 들어오기 전 내 마스터 파일에서 '여러 슬라이드(슬라이드 소터)' 형식으로 그의 메일을 기다리고 있다. 메일이 오자마자 파일을 열고 34페이지를 곧바로 교체한다. 여러 슬라이드 모드에서는 페이지 아래에 몇 번째 슬라이드인지 표시되므로 교체가 쉽다.

8. 최종본을 완성한다.

이와 같은 상황은 종종 벌어진다. 마스터 관리, 즉 버전 관리가 잘못되면 기껏 자료를 잘 준비해 놓고도 마감 시간을 맞추지 못하는 참사가 벌어질 수 있다. 처음부터 이 방법을 활용하면 일어나지 않을 참사다. 혹시 아직 이런 방법을 도입하지 않고 팀 단위로 작업하고 있다면 새로 도입하기를 추천한다. 업무 효율이 크게 향상될 것이라고 장담한다.

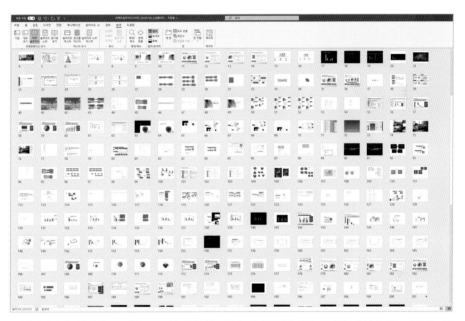

▲ '여러 슬라이드(슬라이드 소터)' 모드로 본 파워포인트 화면. 여러 장의 슬라이드를 한 눈에 볼 수 있고, 슬라이드 바로 밑에는 번호가 있어 몇 번째 슬라이드인지도 즉시 파악이 가능하다

참고로 한 화면에 표시되는 슬라이드 수는 Ctrl을 누른 상태에서 마우스 휠을 위로 올리거나 내려서 조절할 수 있으니 참고하자. 마우스 휠을 위로 올리면 개별 슬라이드 크기가 커지며 한 화면에서 볼 수 있는 슬라이드 수가 줄고, 휠을 아래로 내리면 개별 슬라이드 크기가 작아지면서 한 화면에서 볼 수 있는 슬라이드 수가 늘어난다.

네 번째로 등장하는 슬라이드 노트 메뉴를 클릭하면 슬라이드를 편집할 수 없는 상태가 되고, 하단에 위치한 슬라이드 노트가 위로 올라와서 마치 세로로 된 유인물을 읽는 듯한 형태로 바뀐다. 슬라이드 노트에 많은 내용을 적어둘 경우 활용할 수 있는 메뉴이기는 하나 그리 자주 사용하는 메뉴는 아니다.

마지막으로 등장하는 '읽기용 보기'를 실행하면 슬라이드 쇼를 실행한 것과 같은 화면이 나온다. 다른 점이 있다면 위에 파일명이 표시된다는 점 정도다. 이 메뉴 역시 자주 사용하는 메뉴는 아니니 참고용으로만 알아도 충분하다.

➕ 보기 메뉴 – 마스터 보기 메뉴[1]

슬라이드와 관련한 이야기를 하면서 초심자나 꽤 슬라이드를 잘 다루는 사람 모두 종종 사용하는 말이 있다. 바로 '템플릿'이라는 말이다. 그런데 초심자와 슬라이드를 잘 다루는 사람들이 말하는 '템플릿'은 개념이 다소 다르다. 흔히 초심자들은 "좋은 템플릿 없나?"고 주변에 묻곤 한다. '무료 템플릿'이라는 키워드를 검색 사이트에서 검색한 경험도 분명 있을 것이다. 너무 걱정하지는 말자. 초심자부터 연습해서 전문가가 되는 법이다. 나 역시 초심자 시절에는 인터넷에 돌아다니는 템플릿을 활용하거나 실제로 비싼 비용을 주고 템플릿을 구매해서 사용한 적도 있다. 그런데 이런 템플릿은 앞으로 기억 속에서 영원히 지워버려도 좋다. 남이 만들어 놓은 템플릿이 본인의 프리젠테이션에 잘 맞을 가능성은 0에 가깝다고 봐도 되기 때문이다. 이 책에 나오는 슬라이드 형식만 비슷하게 연습해도 실력은 급격히 좋아질 것이다. 만약 '왜' 슬라이드를 그렇게 만들어야 하는지에 대한 심도 있는 원리와 지식은 『퍼펙트 프리젠테이션 시즌 2』에서 설명한 바 있으니 참고하기 바란다.

초보자가 아닌 전문가 수준의 사람들은 '템플릿'을 외부에서 가져오려고 하지 않는다. 스스로 충분히 슬라이드를 디자인할 수 있는 역량이 있기 때문이다. 그러나 슬라이드를 예쁘게 만들 수 있는 역량이 있는 사람도 '템플릿'이라는 용어의 정의를 명확하게 알아둘 필요는 있다. 템플릿은 단순히 예쁘게 만든 슬라이드를 의미하는 게 아니라 **팀 작업에서 모두가 동일한 수준의 슬라이드를 만들 수 있도록 해주는 가이드**가 템플릿이다. 이를 위해 텍스트 박스별 위치나 기본적으로 포함되는 선의 위치 등을 지정해야 한다. 예를 들어 컨설팅 형식 슬라이드에서 헤드(리드) 메시지 글꼴과 글꼴 크기, 본문 부분에 포함되는 글꼴 및 사이즈, 주로 사용되는 색상 등을 미리 지정해두면 문서에 통일성이 생긴다. 슬라이드를 넘기는데 헤드 메시지 위치, 글꼴, 글꼴 크기가 제각각이라면 어떻겠는가? 당연히 프로페셔널과 거리가 멀어 보인다.

1 　마스터 보기 메뉴는 원래 '보기 메뉴' 아래 메뉴에서 설명해야 하지만, 해당 내용이 많아 별도로 구성한다.

기본적인 슬라이드 요소, 텍스트 박스별 기본 위치나 선 위치 등을 미리 지정할 수 있는 메뉴가 바로 '슬라이드 마스터' 메뉴다. 처음부터 정해진 틀이 없이 각자 마음대로 작업했다가 그 결과물을 합치게 된다면 양식을 통일하는 데에만 엄청난 시간이 소요될 것이다. 즉 처음부터 마스터를 정확히 만들어서 지정해 놓고, 해당 마스터를 함께 일하는 팀원들에게 배포한다면 취합 이후 쓸데없는 시간 낭비를 확 줄일 수 있다(실제 많은 기업은 자신들만의 표준 템플릿을 만들어 놓고 직원들이 사용할 수 있도록 한다).

따라서 여러분이 팀 작업을 하는 입장이라면 이 메뉴를 명확하게 알아둘 필요가 있다. 여러분의 시간뿐 아니라 팀 전체의 작업 시간을 줄일 수 있기 때문이다.

이렇게 중요한 템플릿의 기초를 '마스터 보기' 메뉴에서 조정할 수 있으므로, 이 파트는 특히 시간을 내 매우 꼼꼼하게 읽어보자.

보기-마스터 보기-슬라이드 마스터를 눌러 메뉴로 들어가면 다음과 같은 메뉴를 볼 수 있다.

▲ 슬라이드 마스터 메뉴

1. **슬라이드 마스터 내의 슬라이드와 본 슬라이드의 관계:** 파워포인트 초심자는 물론 어느 정도 파워포인트에 자신 있던 사람 중에도 슬라이드 마스터 메뉴에 처음 들어갔을 때 펼쳐지는 수많은 슬라이드를 보고 "대체 이게 뭐야?"라고 생각한 경험이 있을 것이다. 나 역시 처음으로 슬라이드 마스터 메뉴를 열었을 때 똑같은 생각을 했다. 이 슬라이드 마스터에 나온 수많은 슬라이드는 아예 새로운 파일을 열고 곧

장 슬라이드 마스터 메뉴로 진입해도 똑같이 이미 만들어진 슬라이드가 잔뜩 나오게 된다.

나는 아직 한 장의 슬라이드도 만든 적이 없는데 왼쪽에는 "뭐 이렇게 많은 슬라이드가 잔뜩 담겨 있지?"라고 생각하며 어리둥절했던 경험을 한 사람 역시 있을 것이다. 귀찮기도 하고 사실 지금까지 슬라이드 마스터 없이도 슬라이드를 만들어본 경험이 많기 때문에 슬라이드 마스터 화면을 빠져 나온 이후, 슬라이드 마스터를 제대로 알아보려 하지 않은 사람도 상당히 많을 것이다.

한 가지 다행인 점은 슬라이드 마스터에 등장하는 슬라이드를 다 알 필요가 없다는 사실이다. 지워도 상관없다는 사실을 기억한다면 이들을 상대하는 데 있어 훨씬 마음이 가벼울 것이다. 일단 다음 페이지로 넘어가기 전에 이 그림의 오른쪽 메인 화면에 있는 페이지 형태를 자세히 보고, 다음 페이지로 시선을 옮겨보도록 하자.

▲ 슬라이드 마스터 메뉴로 처음 들어가면 볼 수 있는 메뉴. 얼핏 보기에는 매우 복잡하지만 원리만 정확히 안다면 그리 어렵지 않다.

이번에는 파워포인트를 써봤다면 누구에게나 익숙할 이미지 하나를 보자. 다음에 예시로 제시한 그림은 여러분이 파워포인트를 처음 실행하면 가장 먼저 만나게 되는 화면이다. 그런데 바로 전 이미지를 다시 살펴보자. 마스터 내부에 있던 화면과 비교하면 슬라이드 아래 나타나는 날짜, 바닥글 및 ⟨#⟩ 표시를 제외하고 나머지는 똑같은 구조임을 알 수 있다. 참고로 ⟨#⟩ 표시는 쪽 번호를 자동으로 표기해 주는 기호다.

제목을 추가하려면 클릭하십시오.

부제목을 입력하십시오

◀ 파워포인트 실행 시 최초로 만나는 기본 편집 화면

즉, 이 화면은 파워포인트에서 가장 기본적으로 설정해 둔 '레이아웃'의 모음집이다. 기본 레이아웃이 다음과 같이 설정돼 있었기 때문에 여러분이 파워포인트를 실행하면 늘 이 화면을 가장 먼저 볼 수 밖에 없었던 것이다. 이쯤 되면 슬라이드 마스터 메뉴는 우리가 만들게 될 슬라이드의 레이아웃을 미리 정해 놓는 메뉴 정도로 이해하면 된다는 사실을 깨달을 수 있다.

2. **슬라이드 본문에서 레이아웃 설정하기**: 메뉴 버튼 중 '마스터 보기 닫기'를 활용해 다시 바깥 화면으로 나온 후, 다음과 같이 슬라이드 위에 커서를 놓고 오른쪽 마우스 버튼을 누른 뒤 '레이아웃' 버튼을 누르면 그림처럼 다양한 레이아웃 형태를 볼

수 있다. 다른 레이아웃을 선택할 경우 본문 슬라이드 레이아웃이 변경된다.

거의 모든 분야에서 기본으로 설정된 레이아웃을 사용하는 곳은 없다. 실제로 그대로 활용할 수도 없거니와 활용도도 떨어지기 때문에 기존에 존재하는 레이아웃을 삭제해도 아무 상관이 없다.

그럼 우리는 얼마나 많은 레이아웃을 작성해서 함께 작업하는 팀원들과 공유해야 할까? 절대로 많은 페이지가 필요하지 않다. 단 3페이지면 된다. 그 중 정말로 레이아웃이 필요한 페이지는 단 두 페이지다. 두 페이지만 잘 작성해 두면, 우리는 해당 템플릿을 팀원들과 공유해도 문제가 없다. 실질적으로 슬라이드에서 본문 부분은 다양한 형태의 도형이 등장하

▲ 기본으로 설정된 레이아웃. 이 다양한 레이아웃을 전부 사용하는 경우는 없다.

기도 하고, 해당 도형을 모든 페이지에 정형화해서 사용하는 것은 불가능하기 때문에 팀원들이 개별적으로 작성하는 영역으로 남겨 두고 나머지 부분만 작성하면 된다.

필수적으로 작성해야 하는 슬라이드 레이아웃 페이지는 다음과 같다.

1. 표지 페이지
2. 목차 페이지
3. 본문 페이지

이 중에서 반드시 작성해야 하는 페이지는 바로 목차 페이지와 본문 페이지다. 표지 페이지는 어차피 전체 슬라이드에서 한 번만 등장하므로 반드시 슬라이드 마스터에서 작업할 필요는 없다. 이제부터는 목차 페이지와 본문 페이지의 예시를 어떻게 작성하는지 함께 알아보자

3. **슬라이드 마스터 만들기**: 슬라이드 마스터를 언제 사용해야 할까? 바로 모든 페이지에 공통으로 적용되는 서식이 있을 때 활용하면 좋다. 다음 글 상자에 제시된 항목은 슬라이드 마스터에 미리 배치해 두면 훨씬 편리하게 작업을 진행할 수 있다.

- **목차 슬라이드**: 목차, Agenda, Contents 같은 목차 슬라이드임을 알게 해주는 구성 요소
- **본문 슬라이드**: 헤드 메시지, 헤드 메시지와 본문의 구분 선, 페이지 번호, 회사 로고 등

방금 언급한 요소는 그 위치와 글꼴, 크기 등이 항상 같아야 하고, 필수적으로 있어야 하는 요소이므로 슬라이드 마스터 안에 미리 설정해 놓자. 이러한 사항을 슬라이드 마스터에서 작업하지 않으면 일일이 페이지마다 붙여 넣는 귀찮은 일을 반복해야 한다. 특히 회사 로고나 페이지 번호 등의 개체는 더욱이 여러 사람이

슬라이드를 작성하고 수정하다 보면, 언급했던 개체가 빠져버리는 경우도 흔하기 때문에 반드시 슬라이드 마스터 내부에 미리 만들어두자.

그럼 지금부터 슬라이드 마스터 메뉴를 통해 슬라이드 레이아웃을 설정하는 법을 알아보자. 슬라이드 마스터에 대한 내용은 굉장히 많지만 이 책에서는 실질적으로 사용되는 내용에 한해서만 설명하겠다.

'마스터 보기' 메뉴에 들어가면 전체 화면 중에 왼쪽 화면에서 다음과 같은 레이아웃을 볼 수 있다. 자세히 보면 이 레이아웃은 계층 구조를 이루고 있다.

1이라고 숫자가 표시된 슬라이드는 하위 계층 구조에 있는 모든 슬라이드보다 상위에 존재한다. 즉 **이 슬라이드에 어떤 내용을 적용할 경우 하위에 있는 모든 슬라이드에 동일한 내용이 적용되고, 일반 슬라이드 편집 화면에서 수정할 수 없게 된다.** 따라서 이 첫 번째 슬라이드에는 다른 요소를 추가하지 않고 그대로 놔두는 것이 가장 좋다. 왜 그럴까? 앞서 설명했듯이 우리는 슬라이드 디자인 작업을 진행하면서 표지, 목차, 본문 3종류의 다른 슬라이드를 작성해야 한다.

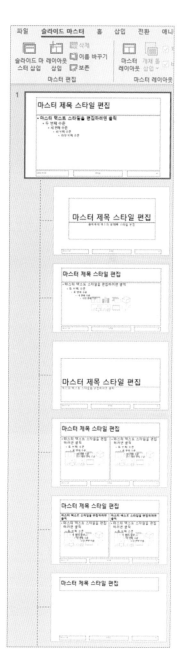

▶ 슬라이드 마스터 메뉴에서 볼 수 있는 레이아웃

○○ 기업
마케팅 전략 수립 방안 제안서

2020.11.10

1.우리의 이해

2.프로젝트 추진 전략

3.추진 조직 및 일정

4.왜 ○○ 컨설팅인가?

목차 삽입

헤드 메시지 삽입

자료 출처:

일반적으로 표지에는 컨설팅 형식과 젠 형식 여부에 관계없이 고해상도 이미지를 활용하는 경우가 많다. 그러나 그 이후의 슬라이드에는 표지 슬라이드에 활용한 고해상도 이미지를 그대로 쓸 수 없다. 예를 들어 같은 이미지를 지속적으로 활용한다 하더라도 표지, 목자, 본문은 각각 다음과 같은 형식으로 변형해 사용해야 한다. 예시를 보자.

첫 번째 슬라이드는 대중적으로 활용되는 형태의 표지 슬라이드다. 두 번째 슬라이드는 목차 슬라이드로 쓰는 예시다. 세 번째는 본문 슬라이드다. 만약 첫 번째 표지 슬라이드를 첫 번째 슬라이드 마스터에 작성하면 목차 슬라이드와 본문 슬라이드를 현재와 같은 상태로 만들 수 없다. 물론 페이지마다 흰색 사각형 개체로 슬라이드를 가득 채운 뒤 목차 슬라이드나 본문 슬라이드를 만들 수도 있겠지만,

◁ 표지, 목차, 본문 예시 슬라이드. 슬라이드 마스터 첫 페이지로 표지를 만들면 그 개체가 고정돼 목차 슬라이드와 본문 슬라이드를 만들기 어려워진다.

굳이 그런 귀찮은 일을 할 필요는 없다. 즉 가장 상단에 있는 슬라이드는 아무런 내용도 추가하지 않고 그 아래에 있는 하위 슬라이드에 우리가 원하는 템플릿을 작성하는 편이 좋다.

이미 설명한 것처럼 표지 부분은 굳이 슬라이드 마스터에서 작성할 필요가 없으므로 아래 부분에 목차 관련 슬라이드 마스터와 본문 관련 슬라이드 마스터만 작성하면 된다. 나머지 슬라이드는 Del 버튼을 이용해 모두 지워버려도 좋다. 남겨둬도 상관은 없지만 추후 다른 슬라이드를 병합하는 과정에서 마스터 개수가 자꾸 늘어나는 것을 방지하기 위해서라도 미리 지워두면 좋다(간혹 삭제가 안 되는 경우가 있는데, 삭제가 안 되는 경우엔 놔둬도 상관없다). 번호가 표시되는 상위 슬라이드의 하위 슬라이드는 '레이아웃'이라고 이야기한다. 즉 '레이아웃 삽입'을 선택하면 하위 슬라이드 아래에 슬라이드가 추가되는 것을 확인할 수 있다.

슬라이드 마스터 작성은 '레이아웃'을 작성하는 법을 익히는 것이 전부라고 말해도 좋다. 여기에서 만드는 레이아웃이 앞서 언급한 템플릿이 되기 때문이다. 이제부터는 레이아웃을 어떻게 만드는지 알아보자.

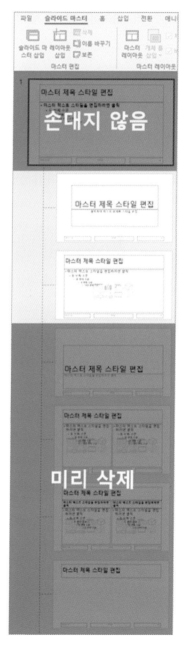

▶ 슬라이드 마스터는 가장 위에 놓인 슬라이드가 아닌 하위에 있는 슬라이드를 편집해야 한다.

4. **슬라이드 마스터 레이아웃 만들기**: 슬라이드 마스터를 구성하는 레이아웃 만들기는 그리 어려운 작업이 아니지만, 한편으로는 헷갈리는 부분도 존재한다. 가장 대표적인 부분을 정리해보겠다.

(1) 개체 추가: 슬라이드 마스터 상태에서 빈 텍스트 상자를 추가하고 싶을 때, 거의 대부분의 사람들이 일반적으로 먼저 하는 행동은 '개체 삽입-텍스트 상자'를 선택해 넣는 일이다. 텍스트 상자를 삽입하고 아무런 텍스트도 적어 놓지 않으면 텍스트 상자가 입력되지 않으므로 간단하게 텍스트 상자 안에 'Test'라고 적었다고 가정해보자. 그런데 이런 식으로 레이아웃을 만들어 놓고 원래 슬라이드로 복귀하게 되면 추가한 새 텍스트 상자는 글을 쓸 수 있는 상태가 아니라 화면에 'Test'라는 텍스트가 적힌 상태다. 게다가 이텍스트는 마스터상에서 설정된 것이라서 아무리 드래그해도 개체가 선택되지도 않고 텍스트를 수정할 수도 없다. 즉 슬라이드 마스터 메뉴에서는 우리가 일반적으로 사용하는 텍스트 상자나 개체를 삽입해서는 수정이 불가하다는 사실을 알 수 있다.

▲ 개체 틀 삽입을 사용해 편집 가능한 개체를 입력할 수 있다.

실제 슬라이드 편집 화면에서 틀만 유지하며 편집을 가능하게 하려면 슬라이드 마스터상에서는 텍스트 상자나 다른 개체를 삽입할 때 '삽입' 메뉴를 활용하는 것이 아니라 **'개체 틀 삽입' 메뉴를 통해서 개체를 삽입해야 한다.**

이는 텍스트 상자에만 해당되는 내용이 아니라 모든 개체를 삽입할 때 해당되는 내용이므로 반드시 알아두자.

앞에서 본 예시 중 '본문 슬라이드'를 다시 살펴보겠다.

▲ 슬라이드에서 편집이 자유로운 개체와 드래그해도 선택되지 않는 고정 개체를 구분해야 한다.

이 슬라이드에서 고정돼야 하는 개체와 고정되면 안 되는 개체를 구분할 수 있어야 한다. 파란색으로 표시된 1번, 3번과 5번은 페이지별로 내용이 달라야 한다. 즉 수정과 삭제, 삽입이 자유로워야 하는 개체다. 그러나 회색으로 표시된 2번, 4번, 6번의 경우는 슬라이드 편집 화면에서 개체가 선택되면 안 된다. 실수로 개체를 지우거나 위치가 움직이면 통일성이 떨어지기 때문이다. 참고로 6번의 페이지 번호는 슬라이드 마스터에서 페이지 번호로 설정하면 자동으로 페이지 번호가 변경된다.

즉 이 슬라이드에서 개체 틀로 삽입해야 할 요소는 1, 3, 5번이고 2, 4, 6번은 일반 삽입 메뉴를 통해 삽입해야 한다. 개체 틀과 일반 개체의 차이점을 이해했을 것으로 생각한다.

이제 슬라이드 마스터를 빠져나와 해당 슬라이드를 편집 화면에 띄워보자. 새로운 슬라이드를 한 장 선택한 후 왼쪽의 슬라이드 개요나 오른쪽의 슬라이드 본문에서 오른쪽 마우스 버튼을 클릭한 뒤, '레이아웃'을 선택해 방금 만든 슬라이드를 선택할 수 있다. 이제 우리가 만든 새로운 슬라이드를 볼 수 있게 됐다. 앞서 파란색으로 표시된 개체를 클릭해보면 위치 변경도 가능하고, 개체 삭제도 가능하다. '목차 삽입' 혹은 '헤드 메시지 삽입', '자료 출처' 부분이 적힌 텍스트 박스를 선택하면 해당 글이 사라지는 것을 확인할 수 있다.

이는 우리가 파워포인트 프로그램을 최초로 실행하고 볼 수 있는 슬라이드의 텍스트 박스에 '제목을 입력하십시오' 혹은 '제목을 추가하려면 클릭하십시오.'라는 텍스트가 적혀 있지만 클릭하면 비어 있는 칸으로 변경되는 현상과 같다. 즉 개체 틀로 슬라이드 마스터에서 작성해 둔 개체는 자유롭게 편집이 가능함을 알 수 있다.

(2) 슬라이드 번호(쪽 번호) 매기기: 슬라이드 번호를 매기는 방법 역시 어렵지 않다. 슬라이드 마스터 메뉴로 들어가자. 그 뒤에 텍스트 상자를 삽입한다. 이때 텍스트 상자는 개체 틀이 아닌 일반 텍스트 상자를 사용한다. 그 다음이 중요하다. 텍스트 상자가 생긴 상태에서 **커서가 깜빡이는 상태로 두자.** 텍스트 상자를 만든 상태에서 아무 것도 건들지 않거나 글씨를 쓴 다음 모두 지우면 커서가 깜빡이는 상태가 된다. 이 상태로 삽입 → 슬라이드 번호를 선택하면 텍스트 상자 안에 ⟨#⟩ 표시가 나타나는 것을 볼 수 있다. 이제 쪽 번호를 표시할 위치와 글꼴, 글꼴 크기를 선택한 후 슬라이드 마스터를 빠져 나오면 본문 편

집 상태에서는 사라지지 않는 쪽 번호가 완성됐음을 확인할 수 있다.

만약 필요에 의해 쪽 번호를 삭제할 필요가 있는 슬라이드를 만들어야 한다면 일반 텍스트 상자가 아닌 개체 틀로 삽입한 뒤 동일한 과정을 거치면 편집 화면에서도 삭제할 수 있는 쪽 번호를 삽입할 수 있다.

대부분의 경우는 쪽 번호 위치를 변경하거나 삭제할 필요가 없으므로 개체 틀이 아닌 일반 텍스트 상자로 작성하기를 권장한다.

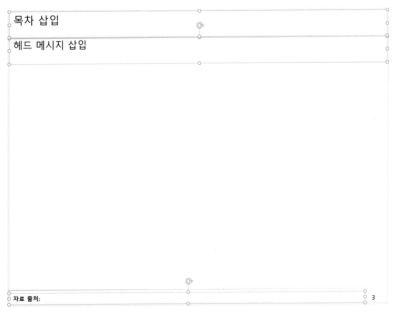

▲ 편집 화면에서 슬라이드 전체를 드래그한 모습. 쪽 번호는 선택되지 않음을 확인할 수 있다. 이는 슬라이드 마스터 메뉴에서 일반 텍스트 상자를 활용해 쪽 번호를 작성했기 때문이다.

그럼, 앞에서 예시로 보여준 템플릿 슬라이드 마스터는 어떤 구조로 작성돼 있는지 살펴보자. 그림에서 확인할 수 있듯이 슬라이드 마스터의 상위 슬라

이드(번호가 표시된 슬라이드)는 아무런 개체도 존재하지 않게 내부의 모든 개체를 삭제했다. 빠른 이해를 돕기 위해 이 슬라이드 마스터에는 표지 슬라이드, 목차 슬라이드와 본문 슬라이드 세 가지를 모두 작성했다. 지금 보는 것과 마찬가지로 상위 슬라이드의 하위 슬라이드에 필요한 슬라이드 템플릿을 작성하면 된다.

이번에는 동일한 슬라이드를 슬라이드 마스터에서 볼 때와 일반 편집 화면에서 볼 때의 차이를 알아보자. 313페이지 그림에서 왼쪽 이미지는 슬라이드 마스터 내부에서 각 페이지를 봤을 때 볼 수 있는 그림이다. 표지 슬라이드에는 개체 틀을 통해 텍스트 상자 위치와 글꼴, 글꼴 크기를 지정했다. 오른쪽 일반 편집 화면을 보면 표지 슬라이드에서 '○○ 기업 마케팅 전략 수립 방안 제안서'와 날짜가 적혀 있지만 슬라이드 마스터 메뉴를 보면 개체 틀이 삽입돼 있음을 알 수 있다. 목차 슬라이드 역시 마찬가지다.

◀ 슬라이드 마스터 내부에서 본 템플릿 구조. 상위 슬라이드는 비워 둔 상태로 하위 슬라이드에 각각 제목, 목차, 본문 슬라이드 템플릿을 작성했다.

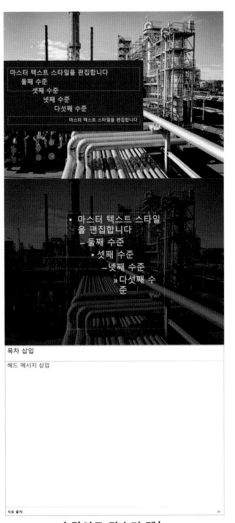

<슬라이드 마스터 메뉴>　　　　　<일반 편집 메뉴>

▲ 슬라이드 마스터 메뉴와 일반 편집 메뉴는 동일한 슬라이드의 표시 방식이 다름을 알 수 있다.

　　마지막으로 본문 슬라이드는 차이가 거의 없어 보인다. 하지만 오른쪽 하단을
보면 슬라이드 마스터 메뉴는 번호 표시가 〈#〉으로 돼 있는 반면, 일반 편집

메뉴에서는 실제 쪽 번호가 표시돼 있음을 알 수 있다.

(3) 본문 편집 모드에서 작성한 레이아웃 불러오기: 슬라이드 마스터 메뉴에서 레이아웃을 작성한 후 본문 편집 메뉴로 돌아와 새로운 슬라이드를 생성하면 내가 원하는 레이아웃이 나타나지 않을 때가 있다. 나는 목차 슬라이드가 추가로 필요한데 본문 슬라이드만 나타난다든가, 본문 슬라이드가 필요한데 목차 슬라이드가 등장하는 경우 등이 발생할 수 있다. 이 경우 미리 작성해둔 레이아웃을 불러옴으로써 간단하게 해결할 수 있다. 예를 들어 목차 슬라이드를 한 장 더 가져오는 방법을 알아보자. 만일 3번 슬라이드 뒤에 새로운 슬라이드를 만들면 3번 슬라이드 레이아웃을 그대로 가져오게 된다. 이 상황에서 오른쪽 마우스 버튼을 누른 뒤 레이아웃 메뉴를 선택하면 슬라이드 마스터 메뉴에서 작성해둔 슬라이드가 보이는 것을 확인할 수 있다. 여기서 두 번째 슬라이드가 목차 슬라이드이므로 이 슬라이드를 선택하면 목차 슬라이드 템플릿을 가져올 수 있다.

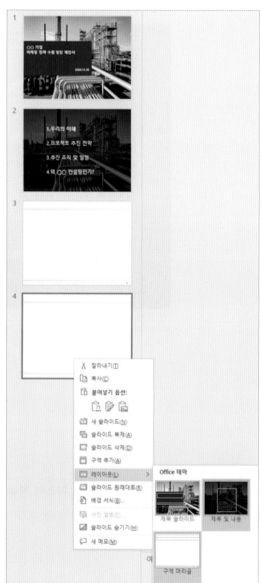

▷ 레이아웃 메뉴를 통해 원하는 슬라이드 형식을 불러올 수 있다.

참고로 동일한 레이아웃을 지닌 슬라이드를 복사해서 붙여 넣은 다음 Ctrl 키를 누르면 붙여넣기 옵션을 선택할 수 있는데 이 중에서 '원본 서식 유지'(두 번째 '붓 그림'이 있는 아이콘) 버튼을 사용해도 원하는 레이아웃을 불러올 수 있으니 참고하자.

▲ 원하는 레이아웃의 슬라이드를 복사해 붙이기를 한 다음 '원본 서식 유지'를 선택하여 원하는 레이아웃을 복사할 수도 있다.

(4) 레이아웃 이름 바꾸기: 우리가 작성해 놓은 레이아웃 이름을 변경할 수 있다. 슬라이드 마스터 메뉴로 들어가서 왼쪽 슬라이드 개요 중 이름을 바꾸려는 레이아웃을 선택한 뒤 오른쪽 마우스 버튼을 클릭하고 '레이아웃 이름 바꾸기'를 선택하면 레이아웃 이름이 변경된다. 굳이 바꿔 사용할 필요는 없지만 팀원들과의 작업에서 통일성을 강조하고 싶을 경우 각각의 슬라이드를 '표지 슬라이드', '목차 슬라이드', '본문 슬라이드'로 통일하기를 권장한다.

▲ 삽입 – 슬라이드 마스터 메뉴에서 레이아웃 이름을 변경할 수 있다.

지금까지 템플릿을 만들기 위한 슬라이드 마스터 활용법을 알아봤다. 어떤가? 이제 더 이상 시중에 떠도는 템플릿을 찾아 헤맬 필요가 없음을 알았으리라 생각한다. 책에서 예시로 활용한 슬라이드는 저자의 브런치 사이트(https://brunch.co.kr/@plusclov/402)에서 실제로 다운로드해 살펴볼 수 있으니 참고하자.

슬라이드 마스터 레이아웃을 구성하면서 가장 대표적으로 겪게 되는 상황을 알아봤다. 앞서 언급한 것처럼 세 장의 레이아웃(표지 슬라이드, 목차 슬라이드, 본문 슬라이드), 혹은 두 장의 레이아웃(목차 슬라이드, 본문 슬라이드)을 구성하고, 실제 이를 사용하면서 상황에 맞게 레이아웃을 지정하며 활용하면 된다. 각 레이아웃에 포함돼야 하는 요소를 최종적으로 정리해보겠다.

- **목차 슬라이드**: 목차, Agenda, Contents 같은 목차 슬라이드임을 알게 해 주는 구성 요소
- **본문 슬라이드**: 헤드(리드) 메시지, 헤드 메시지와 본문의 구분 선, 페이지 번호, 회사 로고 등

유인물 마스터와 슬라이드 노트 마스터의 경우도 슬라이드 마스터와 기본적으로 사용 방식은 같지만 실제 활용되는 빈도는 현저히 낮기 때문에 설명을 생략하겠다.

➕ 기타 보기 메뉴

▲ 기타 보기 메뉴

방금 전까지 설명한 보기 메뉴 외에도 다른 보기 메뉴 역시 존재한다. 편의상 이 메뉴 모음을 '기타 보기 메뉴'라고 부르겠다. 기타 보기 메뉴 중에서 '표시' 메뉴를 제외한 다른 메뉴의 사용 빈도는 그리 높지 않은 편이다.

'확대/축소' 메뉴는 파워포인트 창의 크기를 조절할 수 있는 메뉴이고, 이는 앞서 말한 단축키(마우스 커서를 대고 Ctrl+마우스 휠)나 오른쪽 하단 메뉴를 통해서도 같게 조절할 수 있다.

'컬러/회색조' 메뉴는 화면 전체를 컬러나 회색조 또는 흑백으로 볼 수 있는 메뉴인데, 왜 존재하는지 이유를 잘 모르겠다. 굳이 이유를 찾는다면 흑백 프린터로 인쇄했을 때를 미리 볼 수 있다는 정도로 짐작할 수 있다.

'창' 메뉴는 여러 개의 파워포인트 파일을 동시에 띄워 놓았을 때, 그 창을 정렬해 주는 기능인데, 이 기능을 쓰는 것보다는 Alt+Tab을 추천해주고 싶다. 마지막으로 매크로 기능 역시 실제 활용 빈도가 현저히 낮으므로 설명을 생략하겠다. 그렇다면 우리에게 남은 메뉴는 바로 '표시' 메뉴다. 표시 메뉴에는 눈금자, 눈금선, 안내선 그리고 슬라이드 노트의 네 가지 종류가 있다. 우선 눈금자부터 알아보자.

1. **눈금자**: 눈금자 체크마크에 체크를 하면 본문 상단에 말 그대로 '눈금자'가 만들어진다. 이 눈금자는 눈대중으로 개체의 위치를 잡기 위해 만들어진 것이 아니다(물론 그렇게 쓰고 싶은 독자가 있다면 정확도를 보장할 수 없겠지만 말리지는 않겠다). 그럼 눈

금자는 어떤 때 쓰는가? 바로 텍스트 박스를 만들었을 때 그 진가를 발휘한다.

우선 눈금자가 어떤 역할을 하는지 알기 위
해서는 '글머리 기호'를 먼저 알아둘 필요가
있다. 글머리 기호란 어떤 글을 쓰기 전 숫자
나 불릿 포인트 등으로 각 문장을 구분해 주는
역할을 하는 기호를 말한다.

> 1. 퍼펙트 슬라이드 클리닉
> 2. 퍼펙트 슬라이드 클리닉
>
> • 퍼펙트 슬라이드 클리닉
> • 퍼펙트 프리젠테이션

▲ 숫자와 작은 점이 바로 글머리 기호다.

실제로 글머리 기호를 파워포인트에서 사용하는 법을 알아보자. 글머리 기호는
메뉴 소개 중 '홈-단락'에서 이미 소개했다. 점이나 작은 사각형으로 표시되는 글
머리 기호에는 불릿 포인트와 그 옆에 있는 숫자(예: 1., 2., 3. / ⑴, ⑵, ⑶ 등) 역시
글머리 기호다. 그 외에도 다양한 기호를 글머리 기호로 활용할 수 있지만 일반적
으로는 불릿 포인트와 숫자를 주로 활용한다. 이는 파워포인트뿐만 아니라 워드
파일에서도 동일하게 사용된다.

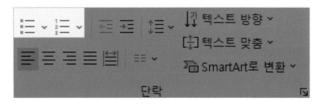

▲ 글머리 기호는 홈-단락 메뉴에서 생성할 수 있다.

이제 삽입 메뉴에서 텍스트 상자를 만들고 글머리 기호를 선택하자. 글머리 기호
뒤에 '퍼펙트 슬라이드 클리닉'이라는 문구를 넣은 세 줄을 만들어봤다. 이때 첫
번째와 두 번째 문장에는 글머리 기호를 삽입하고 세 번째 문장에는 글머리 기호
를 삽입하지 않은 상태로 놔두자.

이제 그 위를 보면 눈금자가 보인다. 이 눈금자 맨 앞에는 텍스트 위치를 조절하는 기호가 있는데 역삼각형과 아래에 있는 삼각형, 삼각형 밑의 사각형 모양을 볼 수 있다. 또한 텍스트 상자 길이만큼만 눈금자가 활성화돼 흰색을 띄고, 텍스트 상자가 포함되지 않는 영역은 회색 표시로 비활성화돼 있다. 눈금자에서 회색 표시로 비활성화된 부분은 텍스트 상자 크기를 조절하면 같이 늘어나거나 줄어든다.

▲ 눈금자를 활용해 편리하게 문장 간 줄맞춤이 가능하다.

동일한 텍스트 상자 안에 있더라도 눈금선은 문장마다 적용된다. 물론 그림 속 문장에서 **지정한 눈금선을 일부러 수정하지 않는다면 동일한 형식이 유지된다(이 사실이 매우 중요하다).**

사실 1, 2, 3번 기호의 본래 이름은 각각 '첫 줄 들여쓰기', '내어 쓰기', '왼쪽 들여쓰기'인데 이 이름으로는 각 기호가 가진 기능을 유추하기 어렵다. 따라서 이 책에서는 좀 더 직관적으로 표현했다. 각 기능의 설명은 다음과 같다.

1. **단락 시작부터 간격 조정**: 말 그대로 이 역삼각형을 조절하면 글 상자에서 해당 문장의 시작 위치를 정해준다. 이 버튼을 클릭하고 좌우로 움직여보자. 문장의 첫 시작 위치가 변하는 것을 볼 수 있다.

2. **글머리 기호와 본문 간격**: 아래 삼각형을 클릭한 뒤 움직여보자. 참고로 아래 삼각형은 클릭하고 움직여도 가장 아래 위치한 사각형과 원래 같이 움직인다. 1번과 2번 글머리 기호가 있는 경우 글머리 기호와 본문(퍼펙트 슬라이드 클리닉) 거리가 벌어짐을 알 수 있다. 그러나 이 삼각형은 글머리 기호가 있는 때만 적용되므로 가장 마지막 줄에 위치한 세 번째 문장에서는 아무런 영향력을 발휘하지 못한다. 확인이 필요하다면 커서를 마지막 줄 텍스트에 놓고 이동해보자(커서 위치는 그 줄 어디든 놓아도 상관이 없다).

3. **1번과 2번 동시 이동**: 가장 아래 사각형을 클릭한 후 이동해보면 세 개의 도형이 모두 함께 움직인다. 즉 이는 글머리 기호가 있는 상태에서 글머리 기호와 본문 텍스트와의 간격을 일정하게 유지한 채, 글머리 기호의 위치를 옮기고자 할 때 사용한다.

즉 이 눈금선에 있는 3가지 기호(두 개의 삼각형과 하나의 사각형)를 활용해 각 문장 간 앞 부분 줄맞춤을 쉽게 할 수 있다. 오피스 2010 이후 버전은 글머리 기호로 예상되는 기호를 적고 엔터 키를 누를 경우 자동으로 글머리 기호를 생성하게 돼 있다. 예를 들어 1.이라는 표시를 쓰고 뒤에 문장이나 단어를 쓴 다음 줄을 바꾸면 자동으로 2.가 생성된다. 다만 자동으로 생성된 글머리 기호의 위치나 글머리 기호와 본문 간격은 내가 바라는 바와 반드시 일치할 수 없기에 눈금자의 단락 맞춤 화살표 기능을 활용하면 편리하다.

파워포인트를 처음 써보는 사람들이 줄 띄어쓰기를 할 때 종종 스페이스 바를 통해 줄을 맞추려는 경우가 있는데, 이렇게 줄을 맞추면 고르게 줄을 맞출 수 없어 단락이 깔끔하게 정리되지 않는다. 이럴 때 단락 맞춤 화살표를 활용하면 별도로 줄을 맞출 필요 없이 알아서 맞춰준다. 이 부분은 '텍스트 서식' 부분에서 더 자세히 다룬다.

2. **눈금선**: 눈금선에 체크마크를 하면 슬라이드 본문이 바둑판처럼 변하는 광경을 볼 수 있다. 이 기능은 일반적으로 개체를 배치할 때 효과적으로 줄을 맞출 수 있도록 하는데, 파워포인트 2010부터는 개체 간 이동 시 줄을 자동으로 맞추는 기능이 새로 생긴 이후로 자주 활용하지는 않는다.

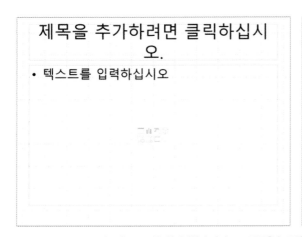 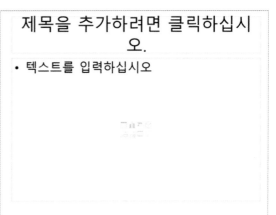

▲ 왼쪽은 눈금선을 활성화한 슬라이드, 오른쪽은 눈금선을 없앤 슬라이드다.

3. **안내선**: 안내선 체크박스를 클릭하면 슬라이드에 몇 개의 점선이 추가로 표시되는 모습을 볼 수 있다. 이는 단순 눈금을 제공하는 눈금선과는 조금 다르다. 각 선은 마우스 클릭으로 이동 가능하며, Ctrl을 누른 상황에서 선을 클릭한 상태로 움직이면 선을 복사할 수도 있다. 개체를 생성해서 이동할 경우 개체가 안내선 근처로 가까워지면 안내선에 끌려서 부착되는 효과가 나타나므로, 슬라이드 내부 개체의 줄을 맞추는 데 주로 사용한다. 다만 이 기능 역시 파워포인트 2010 이후로 개체 간 자동 맞춤 기능이 생겨난 이후 자주 쓰지는 않는다.

▲ 안내선 기능을 활성화하면 자동으로 점선이 추가된다.

이상으로 '보기' 메뉴의 주요 기능을 알아봤다. 보기 메뉴에서 가장 중요한 내용은 역시 슬라이드 마스터라고 할 수 있겠다. 처음 접하는 독자라면 다소 복잡한 개념일 수 있으나 확실히 익히고 난 이후에는 팀의 생산성을 확실히 올릴 수 있는 기능이므로 꼭 익혀두자.

➕ 도형 서식과 그림 서식

별도 개체를 지정하지 않았을 때는 보이지 않다가 특정 개체를 지정하면 나타나는 메뉴가 있다. 바로 도형 서식과 그림 서식 메뉴인데, 도형 서식은 주로 파워포인트에서 생성한 개체 중 텍스트를 직접 입력할 수 있는 개체와 연관이 있으며, 그림 서식은 삽입한 이미지 중 텍스트 직접 입력이 불가능한 개체와 연관이 있다. 텍스트 직접 입력 가능 여부는 개체를 작성한 후 클릭해 **즉시 텍스트를 작성할 수 있는지 그렇지 않은지의 여부로 분간하면 된다.** 우선 텍스트 작성이 가능한 도형 서식을 먼저 알아보자.

▲ 도형 서식 메뉴. 텍스트 입력이 가능한 개체를 선택했을 때 메뉴가 활성화된다.

그리기 도구는 메뉴에서 확인할 수 있듯이 도형 삽입, 도형 스타일, WordArt 스타일, 접근성, 정렬 및 크기로 나뉜다. 각 메뉴를 하나씩 알아보자.

1. **도형 삽입**: 도형 삽입 메뉴에서 보는 메뉴 대부분은 일반적인 '삽입' 메뉴에서도 같은 기능 구현이 가능하다. 따라서 이번에는 일반적인 삽입 메뉴에서 등장하지 않는 기능을 우선적으로 알아두는 것이 필요하다. 다른 기능은 '삽입' 메뉴에서 같은 기능을 실행할 수 있고 바로 '도형 편집' 메뉴를 눌렀을 때 나오는 기능은 이 메뉴에서 구현 가능하니 알아두자.

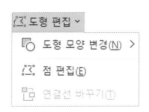

◀ 도형 삽입의 도형 편집 메뉴에서는 도형 모양 변경과 점 편집이 가능하다.

먼저 '도형 모양 변경'은 기존 도형 모양에서 다른 도형 모양으로 변경해준다. 다음 그림과 같이 사각형인 도형을 기본 도형 형태 중 다른 형태로 얼마든지 변경할 수 있다.

▲ 도형 모양 변경을 통해 도형 모양을 다양하게 바꿀 수 있다.

도형 모양을 변경하는 것 외에 내부 텍스트 상자에 표시된 글꼴 서식 등은 그대로 유지된다.

이번에는 '점 편집'을 알아보자. 이미 앞서 점 편집에 대해 설명했듯이 파워포인트의 기본 도형에는 상당히 많은 수의 기본 도형이 수록돼 있으므로 이를 활용하는 것만으로도 거의 대부분의 필요한 모양을 만들어낼 수 있다. 그러나 조금 더 복잡한 편집을 활용하고 싶을 때 점 편집을 활용하면 도움이 된다. 기본 도형을 선택한 상태에서 점 편집 메뉴를 클릭하면 다음 그림처럼 도형이 붉은색 선으로 둘러싸인다. 유심히 보면 검은색 사각형 마크가 생성된 것을 볼 수 있는데, 이 사각형 점을 클릭한 상태로 드래그해 도형 모양을 바꿀 수 있다. 이를 이용해 기본 도형에는 포함돼 있지 않은 새로운 형태의 도형을 만들 수 있다.

▲ 점 편집을 이용해 도형의 모양을 더 유연하게 바꿀 수 있다.

또한 점 편집 메뉴를 처음 실행했을 때 자동으로 생성되는 점 편집 사각형 역시 마음대로 추가할 수 있다. 첫 슬라이드에서 점 편집 메뉴를 선택한 뒤 새로운 편집 점을 생성하려는 위치에서 오른쪽 마우스 버튼을 누르고 '점 추가'를 선택하면 다음과 같이 새로운 편집 점이 생겨 더 자유롭게 도형 편집을 할 수 있다.

▲ 편집 점은 추가와 삭제가 가능하다.

'연결선 바꾸기' 기능은 두 개의 도형을 선으로 연결했을 때 사용한다. 도형을 선으로 연결하려고 하면 각 도형에 특정 부분이 표시됨을 확인할 수 있다. 예시 이미지에서는 각 사각형 변의 중간 4곳에 지점이 표시된다. 이 지점에 선을 연결하면 두 번째 이미지 같이 두 도형이 연결된다. 이렇게 연결된 선은 별도로 연결점에서 분리하기 전까지 유지되며, 도형 위치나 크기를 변경해도 연결선은 각 연결점에 그대로 연결돼 있다. 반면 세 번째 이미지를 보면 위쪽은 연결점에 선이 붙어 있지만, 아래 사각형에는 연결점에 선이 붙어 있지 않다. 이 경우 두 도형은 선으로 연결돼 있지 않으며 도형을 이동하면 두 도형은 연결돼 있지 않고 떨어지게 된다.

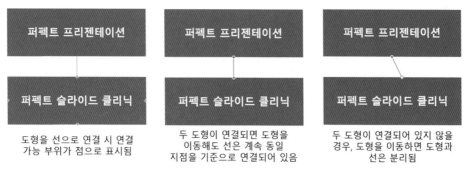

▲ 선을 각 개체의 연결점끼리 이었을 때 지속적으로 선은 도형의 변화와 관계없이 연결된다.

다소 서론이 길었는데 연결선 바꾸기 기능은 바로 이때 사용할 수 있는 기능이다. 연결선을 다른 연결점으로 이동시키려고 할 때 사용한다. 하지만 마우스로 선을 클릭한 뒤 다른 곳으로 직접 연결하면 되므로 이 기능을 군이 직접 활용할 필요는 없다.

도형 편집 아래에는 '텍스트 상자' 메뉴가 있다. 이는 앞서 설명한 단축키(Alt + I + X + H/V)를 통해서 쉽게 만들 수 있으므로 해당 부분을 참고하자. 설명은 생략하겠다.

2. **도형 스타일**: 도형(개체)을 선택한 상태에서 도형 테두리 및 내부 색상, 그리고 도형의 형태를 바꿀 수 있는 메뉴다. 즉 '도형 서식'(마우스 오른쪽 클릭 후 '도형 서식' 메뉴 선택) 메뉴와 동일한 기능이다. 도형 서식 메뉴로 더 다양한 효과를 줄 수 있으니 참고하자.

▲ 도형 스타일

3. **워드아트 스타일**: 워드아트 스타일은 개체에 삽입된 글꼴을 독특하게 바꾸는 기능
이다. 하지만 자주 사용하는 기능은 아니지만 최근에 종종 사용할 필요가 생긴 사
람들이 늘어나고 있다. 바로 유튜브 등의 영상 사이트에 영상을 업로드하고, 처음
표시되는 사진(썸네일)을 만들 때 이 워드아트를 사용하면 좋기 때문이다. 실제 예
시를 보자.

▲ 워드아트 스타일

나는 프리젠테이션이 아닌 분야의 책도 쓴 경험이 있다. 이와 관련된 강의 영상을
영상 사이트에 올리고 썸네일을 파워포인트로 제작해서 만들어 봤다. 우선 적절
한 이미지를 캡처해서 파워포인트로 불러온다. 이미 알고 있겠지만 파워포인트에
서 외부 그림 파일을 불러오는 단축키는 Alt + I + P + F다.

이 단축키를 사용해 다음과 같이 그림 파일을 불러왔다. 이 위에 텍스트 상자를
삽입한다(Alt + I + X + H). 이 썸네일에는 '성공 실패를 생각하기 전 완결을 생각해
야 하는 이유'를 제목으로 적는다. 텍스트 상자에 해당 내용을 작성한다. 지금까지
는 누가 보더라도 형편없는 썸네일이다.

그 이유는 제목이 눈에 전혀 들어오지 않기 때문이다. 하지만 워드아트 스타일에 있는 텍스트 윤곽선 기능과 텍스트 채우기 기능을 활용하면 여러분이 시청하며 보던 썸네일 같은 효과를 줄 수 있다. 우선 적절한 글씨체를 선택한다. 사실 글씨도 윤곽선 부분과 채우기 기능이 있다. 썸네일을 만드는 데는 채우기를 두꺼운 글꼴로 선택하는 편이 좋다. 나는 '휴먼 둥근 헤드라인' 글씨를 선택했다. 텍스트 윤곽선 색상은 짙은 파란색으로, 텍스트 채우기 부분은 흰색으로 설정했다. 워드아트 스타일에 있는 '텍스트 윤곽선' 메뉴와 '텍스트 채우기' 메뉴를 사용해 간단히 변경할 수 있다. 또한 이 문장에서 가장 중요한 단어는 '완결'이다. 따라서 완결이라는 단어는 다른 글보다 좀 더 돋보이도록 채우기 부분을 노란색으로 설정했다.

▶ 바로 직전 텍스트보다 가독성이 좋아졌음을 확인할 수 있다.

이제 마지막 단계가 남았다. 글씨 크기를 키우고 적절한 위치에 제목을 배치하면 된다. 일반적으로 사람의 얼굴이 나와 있거나 중요한 피사체가 나오는 부분이 있다면 해당 부분은 피해 텍스트를 배치하는 편이 좋다. 최종적으로 완성된 썸네일 이미지는 다음과 같다.

▶ 글씨 크기를 키우고 적절한 위치에 문장을 배치해 썸네일을 완성했다.

파워포인트에서 슬라이드를 만드는데 자주 사용하는 기능은 아니지만, 텍스트 자체에 강조하는 효과를 주기 위해서는 참고해볼 만한 기능이다.

4. **대체 텍스트**: 시각 장애가 있는 사람에게 슬라이드 설명을 해줄 수 있는 기능이다. 텍스트로 입력하면 슬라이드 쇼를 진행할 때 미리 입력해 둔 텍스트를 자동으로 화면 판독기를 통해 시각장애인에게 전달한다. 시각 장애인이 화면 판독기를 갖고 있을 때 활용할 수 있는 기능이니 참고만 하자.

5. **정렬 메뉴**: 개체 편집에서 가장 유용하고 빈번하게 사용되는 항목은 바로 정렬 메뉴다. 특히 복잡한 구조의 슬라이드를 만들어야 하는 경우에 이 메뉴를 잘 익혀두면 효과적이고 깔끔한 슬라이드 작성이 가능하니 꼭 자세히 읽고 익히도록 하자. 이 부분은 홈 메뉴에서도 간단히 설명했으나 중요한 내용이므로 더 자세히 설명하겠다.

◁ 정렬 메뉴

먼저 '앞으로 가져오기'와 '뒤로 보내기'를 알아보자. 파워포인트에서는 도형 간 계층이 존재한다. 비록 2D 화면이지만 겹겹이 도형을 겹칠 수 있는데 이에 따른 순서가 있다는 의미다. 기본적으로 나중에 생성된 도형이 먼저 생성된 도형보다 앞으로 표시된다. 다음의 예시 중 왼쪽을 보면 두 개의 도형이 겹쳐 있다. 푸른색 원은 노란색 원 뒤에 있고, 노란색 원은 푸른색 원 앞에 있다. 이 상황에서 푸른색 원을 노란색 원 앞으로 나오게 하려면 먼저 푸른색 원을 클릭한 뒤 정렬 메뉴에서 '앞으로 가져오기' 또는 화살표를 눌렀을 때 볼 수 있는 '맨 앞으로 가져오기' 메뉴를 선택하거나, 노란색 원을 선택한 뒤 '뒤로 보내기' 또는 화살표를 눌러 '맨 뒤로 보내기' 메뉴를 선택하면 된다. 참고로 앞으로 가져오기 또는 뒤로 보내기는 해당 슬라이드에 있는 모든 도형의 계층 구조를 참고하기 때문에 일반적으로는 맨 앞으로 가져오기 또는 맨 뒤로 보내기를 통해 도형 간의 계층 구조를 쉽게 관리할 수 있다. 두 가지 이상의 도형 계층 구조를 관리할 때도 이 원리를 활용하면 된다.

▲ 정렬 메뉴에서 앞으로 가져오기, 뒤로 보내기 메뉴를 활용해 도형 간의 계층 구조를 관리할 수 있다.

'선택 창' 기능을 선택하면 슬라이드에 있는 개체가 몇 가지인지 알 수 있다. 슬라이드에 있는 개체를 드래그하고 선택 창 메뉴를 누르면 다음과 같은 창을 볼 수 있다. 각 도형의 이름과 도형 이름 옆에 사람의 눈 같은 모양이 표시돼 있음을 볼 수 있는데, 이 눈 부분을 클릭하면 지정된 도형이 사라졌다 나타나는 모양을 확인할 수 있다. 즉 계층구조가 복잡하게 얽힌 경우 내가 지정하려는 도형이 어디에 위치하는지 명확히 알고 싶을 때 사용할 수 있는 메뉴다. 다만 실제로 자주 활용하지는 않으니 참고로만 알아두자.

이번에는 맞춤 메뉴를 알아보자. 이 메뉴는 개체 간 줄을 맞출 때 매우 유용하게 사용되므로 잘 알아둘 필요가 있다. 맞춤 메뉴 옆의 화살표를 누르면 다음과 같은 확장 메뉴를 확인할 수 있다.

확장 메뉴에는 도형 간 위치를 조정할 수 있는 메뉴가 있다. 여기 나온 메뉴를 사용해 여러 개의 개체를 손쉽게 줄맞춤할 수 있다. 앞에서 설명한 내용이지만 중요한 내용이므로 이번에는 더 자세하게 설명하겠다. 예시를 보자.

다음의 네 개의 사각형을 보자. 4개 사각형은 전부 그 위치가 다르다. 이 도형을 모두 드래그한 뒤에 '왼쪽 맞춤'을 선택하면 가장 왼쪽에 있던 도형의 왼쪽을 기준으로 선택한 도형이 정렬되는 것을 확인할 수 있다. 예시에서는 핑크색 사각형이 가장 왼쪽에 있으므로 다른 3개의 도형이 핑크색의 왼쪽 선에 맞춰 정렬되는 원리다.

▲ 맞춤 메뉴 확장

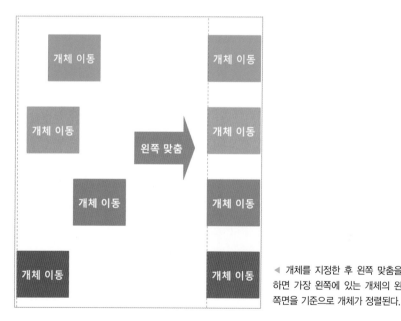

◀ 개체를 지정한 후 왼쪽 맞춤을 하면 가장 왼쪽에 있는 개체의 왼쪽면을 기준으로 개체가 정렬된다.

만약 모든 도형을 드래그하고 오른쪽 맞춤을 하면 어떻게 될까? 예상한 대로 이번에는 푸른색 도형의 오른쪽 선이 기준이 돼 모든 개체가 이동한다.

이번에는 앞선 문제보다 다소 어려운 문제를 내 보겠다. 네 가지 도형을 선택한 뒤 '가운데 맞춤'을 선택하면 어떤 개체의 어디를 기준으로 정렬이 될까? 눈치가 빠른 독자는 이미 정답을 맞추었으리라 생각한다. 다음 그림을 통해 정답을 알아 보자. 정답은 가장 왼쪽에 위치한 개체와 가장 오른쪽에 위치한 개체의 중간 지점으로 모든 개체가 이동하게 된다. 이제 맞춤 기능에 대해서 충분히 이해가 되었으리라 생각한다.

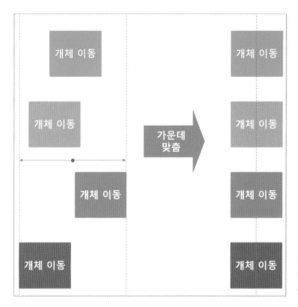

◀ 가운데 맞춤 기능을 사용하면 왼쪽과 오른쪽 끝에 위치한 도형의 중간점으로 모든 도형이 정렬된다.

이러한 방식은 위쪽 맞춤과 아래쪽 맞춤도 동일하게 적용된다. 위쪽 맞춤은 가장 위쪽에 있는 개체의 윗면으로 모든 도형이 정렬되고, 아래쪽 맞춤은 가장 아래쪽에 있는 개체의 아랫면으로 모든 도형이 정렬된다.

이쯤에서 또 다른 궁금증을 가지신 독자들이 있으리라 생각한다. 지금까지는 다수의 개체를 선택한 경우를 이야기했는데, 만일 개체를 하나만 선택한 후 맞춤을 실행하면 어떻게 될까? 예를 들어 개체를 하나만 선택하고 왼쪽 맞춤을 선택하면 어떻게 될까? 바로 슬라이드 페이지 가장 왼쪽에 해당 개체가 놓인다. 한 가지 개체를 선택하면 비교 대상은 슬라이드가 된다. 대부분의 개체는 슬라이드 안쪽에 있으므로 개체를 슬라이드 밖으로 옮기지 않는 일반적인 경우라면 슬라이드의 상/하/좌/우로 개체가 이동한다. 가운데 맞춤은 어떨까? 당연히 슬라이드가 가장 왼쪽과 가장 오른쪽을 모두 차지하고 있으므로 가로 기준으로 슬라이드의 중간에 놓이게 된다. 참고로 잠시 뒤 설명하겠지만 중간 맞춤은 세로 방향으로 가운데 맞춤과 같은 역할을 한다. 즉 개체 하나를 선택하고 가운데 맞춤과 중간 맞춤을 번갈아 선택하면 슬라이드 한가운데에 개체를 놓을 수 있으니 참고하자.

방금 전 간단하게 설명했지만 중간 맞춤은 가운데 맞춤과 동일한 기능이다. 다만 가운데 맞춤이 가로축에서 중심을 찾아 정렬한다면, 중간 맞춤은 세로축에서 중간 지점을 찾아 개체를 정렬한다. 그림을 보면 이해가 더 빠를 것이다.

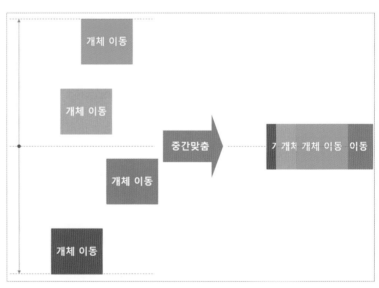

▲ 중간 맞춤은 세로축에서 중간 지점을 찾아 개체를 정렬한다.

334

이번에는 간격 조정과 관련 있는 기능을 알아보자. 간격 조정에는 '가로 간격을 동일하게' 만드는 기능과 '세로 간격을 동일하게' 만드는 기능이 있다. 당연한 이야기겠지만 각 개체 간의 간격을 동일하게 만드는 기능이므로 최소 3개 이상의 개체를 선택해야 활성화되는 기능이다. 다음의 예시를 보자. 왼쪽에 있는 개체를 선택하고 '세로 간격을 동일하게' 기능을 실행하면 오른쪽과 같이 중앙에 위치한 주황색 개체가 이동했음을 볼 수 있다. 즉 개체 중에서 가장 아래쪽에 있는 개체와 가장 위쪽에 있는 개체의 세로 위치는 고정된 상태에서 중간에 있는 개체가 양 끝 개체의 중심점에 위치하도록 이동한다. 만약 개체 수가 늘어나면 어떻게 될까? 마찬가지로 양 끝에 있는 개체의 세로 위치는 고정된 상태에서 중간에 있는 개체끼리 간격이 일정하게 자동으로 정렬된다.

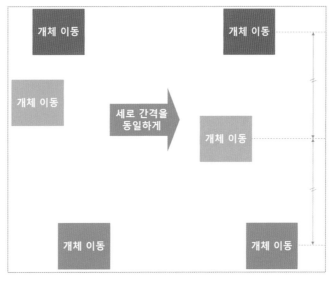

▲ '세로 간격을 동일하게' 기능

가로 간격을 동일하게 기능 역시 마찬가지로 양 끝에 있는, 다시 말해 선택한 개체 중에서 가장 왼쪽과 가장 오른쪽에 위치한 개체의 가로 위치는 고정돼 있고 가운데 개체가 동일한 간격을 유지하며 배치된다.

이 기능을 언제 활용할 수 있을까? 이 기능은 컨설팅 형식 슬라이드를 만들 때 매우 유용하게 활용된다. 다음 예시를 보자.

주요 국가 복지 정책 비교			
한국은 주요 국가 대비 전체 복지 예산 비중은 중간 정도에 미치고 있지만, 향후 지속적인 복지 정책을 확대하려는 기조를 지니고 있음			
	🇰🇷	⭐	🇺🇸
전체 예산 중 복지 예산 비중 (%)	• 5%	• 2%	• 7%
주요 복지 정책	• 노인 연금 60세 이상 월 30만원 지급 • 셋째 출산 시 출산 장려금 500만원 지급	• 장애인 복지 수당 지급 • 저소득자 복지 수당 지급	• 의료보험 적용 항목 확대 • 노인 연금 지급
향후 복지 정책 확대/축소 기조	• 지속적 확대 예정	• 현재 상태 유지	• 현재 상태 유지 및 부분 축소

▲ 컨설팅 형식의 슬라이드를 만들 때, '가로/세로 간격을 동일하게' 기능은 유용하다.

컨설팅 형식 슬라이드에서 자주 활용되는 유형이다. 가로와 세로로 나누고 각 국가 정책의 차이점을 기술하는 이 슬라이드는 매트릭스 구조라고 이야기한다. 이때 왼쪽에 있는 3가지의 사각형 개체 간격이 들쑥날쑥한다면 슬라이드를 보는 청중은 "어딘가 정돈돼 있지 않은데?"라는 느낌을 받게 된다. 설령 그 이유를 "왼쪽 사각형 개체 간격이 들쑥날쑥해서 정돈돼 있지 않아 보인다."라고 명확하게 짚어

내지 못할지라도 말이다. 따라서 이런 경우 '세로 간격을 동일하게' 기능을 활용할 좋은 기회다.

다만 내가 3개의 사각형만 지속적으로 이야기했기 때문에 3개의 개체를 지정하고 세로 간격을 동일하게 만들면 된다고 생각할 수도 있지만, 조금 더 예민하게 생각해보면 지정할 개체가 두 가지 더 있다. 어떤 것일까? 그렇다. 바로 사각형 사이사이에 있는 가로 점선이다. 즉 3개의 사각형 개체와 두 줄의 가로 점선을 모두 선택한 후 '세로 간격을 동일하게' 기능을 활용하면 각 사각형과 가로 점선 간의 거리가 똑같아지므로 정돈된 슬라이드의 느낌을 줄 수 있다.

추가로 오른쪽에 위치한 텍스트 상자도 줄이 잘 맞는 것을 볼 수 있다. 이는 앞서 설명한 기능 두 가지를 사용하면 된다. 우선 각 텍스트 상자를 선택하고 텍스트 위치를 '홈–단락' 메뉴에서 '텍스트 맞춤'을 선택한 뒤, '위쪽'을 선택한다. 그 다음 상단을 맞춰야 하는 사각형 개체(예: 전체 예산 중 복지 예산 비중 사각형과 5%, 2%, 7%)를 선택한 뒤 '위로 맞춤' 기능을 활용해 줄을 맞추면 된다. 나머지 개체도 마찬가지 방식으로 줄을 맞추면 손쉽게 정돈된 형식의 슬라이드를 완성할 수 있다.

다음으로 설명할 내용은 '그룹' 설정 기능이다. 이 기능을 활용하면 다양한 개체를 한 개체처럼 활용할 수 있다. 그룹으로 설정한 개체는 기존의 모양을 유지한 상태로 이동하고, 그 크기를 늘리거나 줄여도 원래 갖고 있던 모양을 그대로 유지한다.

◀ 그룹 설정 기능

매우 복잡한 도형의 형태를 그대로 유지하고 싶을 때 활용하면 좋다(도형을 그림으로 저장해 늘리고 줄여도 되지만, 이렇게 할 경우 개체의 해상도가 떨어지게 되므로 그룹 설정을 추천한다).

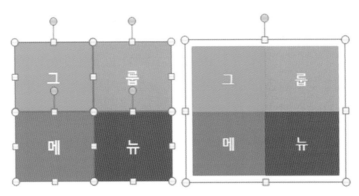

▲ 4개의 개체를 그룹화하면 한 개의 개체로 인식된다. 그룹이 설정돼 있지 않은 개체(왼쪽), 그룹으로 설정된 개체(오른쪽)

단 텍스트의 경우 개체의 크기를 변경하더라도 그 크기를 그대로 유지하게 되므로 텍스트 크기를 변경하려는 경우 별도로 크기를 지정해야 한다. 그룹은 얼마든지 해제하거나 다시 그룹을 만들 수 있고, 중복해서 그룹을 지정할 수도 있다.

예를 들면 예시에서 '그'와 '룹'을 그룹으로 지정한 다음 이를 다시 '메'와 그룹으로 지정해 이중 그룹으로 지정할 수 있다. 이 경우 그룹 해제를 하더라도 '그'와 '룹'은 그룹인 상태가 유지되고, 다시 한번 더 그룹 해제를 해야 모든 그룹이 해제된다. 다만 중복 그룹은 자주 사용하는 기능이 아니므로 참고로만 알아두자. 그룹 기능 역시 컨설팅 형식 슬라이드에서 자주 활용한다.

앞에서 본 '주요 국가 복지 정책 비교' 슬라이드로 잠시 돌아가보자. 슬라이드에서는 한국, 중국, 미국의 복지 정책을 설명하고 있다. 여기에서 어떤 요소가 그룹으로 묶여 있을까? 예상했겠지만 '한국 국기와 그 아래 밑줄, 한국의 예산 비중, 복지정책, 정책 확대/축소 기조'를 묶어서 그룹으로 만들었다. 중국과 미국도 마찬가지다. 이렇게 그룹을 지정하면 하나의 개체로 움직이기 때문에 개체 간 간격을 조정하는 일이 더 편하다. 그룹을 지정하지 않았을 경우 매번 드래그하고 위치를 조정해야 하는데 실수로 한 개체라도 누락되면 다시 줄을 맞추는 등 귀찮은 작업이 발생할 경우를 미연에 방지해준다.

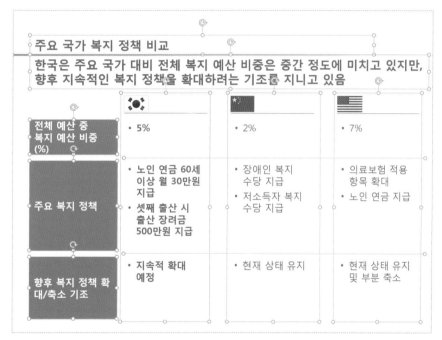

▲ 슬라이드 편집 화면에서 마우스 드래그로 개체를 확인해보면 각 국가별 정책이 하나의 그룹으로 묶여 있음을 확인할 수 있다.

이제 정렬 메뉴의 마지막 기능인 회전 기능을 설명하겠다. 워낙 직관적인 기능이기 때문에 직접 해보면 훨씬 더 쉽게 해당 기능이 어떠한 역할을 하는지 알 수 있다. 알아둘 점은 개체를 회전시킬 경우 개체 안에 위치한 텍스트 역시 함께 회전하거나 대칭 이동된다는 점을 염두에 두자. 따라서 도형을 원하는 모양으로 완성시킨 후 새로운 텍스트 상자를 만들어 개체 위로 올리고 그룹화를 하면 된다. 특히 상하 대칭 기능과 좌우 대칭 기능은 젠 형식의 슬라이드를 만들 때도 요긴하게 사용된다. 마음에 꼭 드는 이미지를 찾았는데 방향을 바꾸고 싶다면 간편하게 원하는 방향으로 설정할 수 있기 때문이다. 기타 회전 옵션을 통해 더 다양한 회전 및 대칭 옵션을 볼 수 있다.

◀ 회전 기능

지금까지 언급한 도형 정렬 효과를 잘 활용하면 슬라이드를 작성하는 데 큰 도움이 된다. 그리고 특히 컨설팅 형식을 작성할 일이 잦은 직장인이라면 이 부분에 나오는 기능을 완벽하게 알아두는 것만으로도 작업 속도가 상당히 빨라진다는 사실을 몸소 체험할 수 있다.

이로써 슬라이드를 작성하는 데 유용한 팁이 가득 들어있는 도형 서식 메뉴를 모두 살펴봤다. 이어서 그림 서식 메뉴를 알아보자.

➕ 그림 서식 메뉴

그림 도구는 파워포인트 슬라이드에 삽입된 그림(직접 텍스트를 입력할 수 없는 개체)을 클릭했을 때 나타나는 메뉴다. 외부에서 가져오는 이미지 파일 및 화면을 캡처한 파일을 삽입할 경우 종종 유용하게 사용하는 메뉴이며, 특히 젠 형식의 슬라이드에서 자주 활용된다. 이 메뉴는 조정, 그림 스타일, 정렬 및 크기 네 종류로 나뉜다. 각 메뉴를 알아보자.

◀ 조정 메뉴

1. **조정 메뉴**: 젠 형식의 슬라이드는 고해상도 이미지를 많이 사용하는 특성이 있다. 이럴 경우 슬라이드 색상과 이미지 배경 색상이 어울리지 않는 경우가 생기곤 한다. 포토샵 같은 프로그램을 능수능란하게 다룰 줄 안다면 가장 좋겠지만, 간단한 수준은 파워포인트 안에 있는 그림 도구에서도 해결할 수 있다. 먼저 배경 제거의 경우는 이미지가 갖고 있는 배경을 제거할 수 있는 기능이다. 어느 정도는 효과가 있지만 완벽하게 깔끔히 지워지는 수준은 아니니 감안하고 사용하자. 주로 직선 형태의 이미지에 매우 효과적이며, 곡선 형태의 이미지에는 다소 취약하니 이 점도 참고하자. 간단한 그림으로 배경 제거 효과를 사용해보겠다.

▲ 배경 제거 기능을 통해 배경을 제거할 수 있다. 다만 완벽하게 제거되지는 않는다.

왼쪽 슬라이드를 보면 이미지와 슬라이드 배경 색상이 다소 이질적으로 느껴진다. 사실 이 정도의 이질감은 크게 문제가 되는 수준은 아니지만, 고양이를 둘러싼 배경을 '배경 제거' 기능을 활용해 없애보자. 이미지를 선택한 뒤 '배경 제거' 기능 버튼을 누르면 이미지가 오른쪽 그림처럼 변경된다. 화면상에서 핑크색으로 보이는 부분은 제거될 부분이고, 원래 색상으로 남아 있는 부분은 배경 제거 효과 이후에도 남아있을 부분이다. 프로그램에서 1차적으로 물체 부분은 살리고 배경 부분은 날려준다. 하지만 이것이 완벽하지는 않기 때문에 좀 더 미세한 수정을 사용자가 직접 할 수도 있다.

◀ 배경 제거 세부 메뉴

'보관할 영역 표시' 부분을 클릭하면 마우스 커서를 클릭한 뒤 드래그해 이미지에 점선을 그을 수 있게 되는데, 이 점선에는 '+' 표시가 붙는다. + 표시가 붙은 부분은 배경 제거 기능에서 사라지지 않고 화면에 표시되며, '−'로 표시된 부분은 화면에 나타나지 않는다. 하지만 앞서 설명했듯이 이 기능은 다른 이미지를 전문적으로 다루는 프로그램처럼 전문적인 수준으로 작업할 수는 없다. 가장 기초적 이미지 편집 툴인 '그림판' 정도 수준을 기대하면 좋다. 물론 슬라이드 배경 색상과 이미지 배경 색상을 완전히 똑같게 맞출 필요는 없다. 일일이 배경을 제거하는 시간보다 새로운 이미지를 검색하는 편이 시간을 더 절약할 수도 있으니 참고해 선택하면 된다.

그 이후에 등장하는 '수정', '색' 및 '꾸밈 효과', '투명도' 기능은 클릭해보면 바로 알 수 있는 기능이다. 사진에 효과를 주는 기능으로, 실제로 이 효과는 자주 사용하지는 않으니 참고로 실행해보는 수준이면 충분하다.

그 다음으로 등장하는 '그림 압축' 기능은 자주 사용하는 기능이다. 파워포인트 파일에 이미지를 많이 넣는 경우, 파일 용량이 점차 늘어나게 된다. 다양한 대용량 저장 매체, 클라우드 서비스, 빠른 통신 속도로 인해 파워포인트의 파일 용량 자체가 크게 문제되는 일은 이제 거의 없어졌지만 여전히 이 기능은 유용하다.

수많은 회사에서 사용하는 메일은 여전히 첨부 파일 용량 제한을 두기 때문이다. 회사마다 상한선은 다르지만 대체로 10~100메가바이트 정도의 제한을 두는데, 이를 일일이 다른 저장 매체로 옮기거나 클라우드 망을 활용하기엔 보안이 걱정되고, 일일이 분할 압축해서 파일을 전송하기에도 번거롭다. 이때 그림 압축 기능을 활용하면 파일 용량을 쉽고 빠르게 줄일 수 있다.

슬라이드에 있는 그림을 클릭하고 '그림 압축' 기능을 선택하면 다음과 같은 화면을 볼 수 있다. 이 메뉴에서 '압축 옵션'을 보면 두 개의 체크박스가 있는데, '이 그림에만 적용'을 체크할 경우 '그림 압축' 메뉴로 들어오기 전에 선택한 그림만 압축한다. 이 체크박스를 체크하지 않을 경우 슬라이드에 존재하는 모든 그림 개체를 압축한다. 이 경우 파일 용량은 줄어들 수 있지만 전반적인 그림 해상도가 떨어지므로 이 작업을 수행하기 전에는 파일을 백업한 후 실행하기를 권장한다(저용량 버전과 고용량 버전을 별도 파일로 관리하는 것도 좋은 방법이다). '잘려진 영역 그림 삭제' 기능은 조금 뒤에 설명할 '그림 자르기' 기능에서 잘려서 화면에는 표시되지 않는 부분의 삭제 여부를 결정할 수 있는 체크박스다. 마찬가지로 잘린 영역이 사라질 경우 곧바로 Ctrl + Z 버튼을 이용해 복구하지 않는 이상 복구하기가 어려우므로 반드시 백업 파일을 남겨두는 것이 추가 작업을 하는 데에 있어 더 수월하다는 점을 꼭 기억하자.

▲ 그림 압축 기능

'해상도' 부분은 그림 개체의 해상도를 결정할 수 있는 기능이다. ppi^pixels per inch(인치당 픽셀 수)가 낮을수록 해상도가 떨어진다. 따라서 고해상도의 이미지 파일을 자주 사용하는 젠 형식의 슬라이드에는 이 항목을 권장하지 않는다. 다만 '고화질'을 선택하면 원본 이미지 해상도가 그대로 적용된다. '기본 해상도 사용'이라는 메뉴도 있는데, 이 메뉴는 '파일-옵션-고급-이미지 크기 및 품질-기본 대상 출력 설정' 메뉴로 들어가면 확인할 수 있다. 기본값은 인쇄값과 같은 220ppi이므로 참고하자.

그 이후 등장하는 '그림 바꾸기' 기능은 지금 현재 있는 그림 대신 다른 파일을 대체하는 기능이다. 사실상 활용될 가능성은 낮은 파일이다. 현재 있는 그림을 지우고 새 파일을 다시 삽입하는 것만으로도 충분하기 때문이다.

누구나 한 번쯤 이미지를 편집하다 실수하는 경우가 생길 수 있다. 작은 실수는 원래대로 되돌리기(Ctrl + Z) 기능을 활용하여 복구시킬 수 있지만, 여러 번의 실수를 반복하여 아예 처음부터 다시 하는 것이 나을 경우도 존재한다. 이럴 경우 사용할 수 있는 것이 바로 '그림 원래대로' 기능이다. 이 기능을 활용하면 지금껏 파워포인트를 통해 편집했던 그림을 원본 이미지로 되돌려준다.

◀ 그림 원래대로 기능

이 기능 옆에 있는 화살표를 클릭해 메뉴를 펼쳐보면 두 가지 메뉴가 나오는데, '그림 원래대로' 기능은 현재 크기 및 위치를 유지하면서 그림에 적용된 효과(예: 그림 색상 변경 등)만을 원래대로 돌려주고, '그림 및 크기 다시 설정' 기능을 누르면 최초 파워포인트 슬라이드에 그림을 삽입한 원본 그대로 그림을 되돌린다. 지속적으로 수정을 하다 꼬여버렸을 경우 이 기능을 통해 복구하자.

2. **그림 스타일 메뉴**: 그림 스타일 메뉴는 원본 이미지에 다양한 효과를 넣어 그림을 좀 더 돋보이게 만드는 기능이다. 상당히 많은 종류의 효과가 있으니 본인의 마음에 드는 효과를 골라서 사용하면 된다. 다만 그중에서 가장 추천하는 효과는 '반사형 모서리가 둥근 직사각형' 스타일이다. 그림 스타일 중 5번째에 있다(버전에 따라 순서는 다를 수 있다). 이 모양을 선택하면 그림이 마치 수면에 비친 것처럼 반사된 효과를 볼 수 있다.

▲ '그림 스타일'을 적용해 슬라이드에 등장하는 그림을 좀 더 멋있게 꾸밀 수 있다. 적용된 효과는 '반사형 모서리가 둥근 직사각형'이다.

왼쪽이 원본 그림, 오른쪽이 '반사형 모서리가 둥근 직사각형' 스타일을 적용한 그림이다. 내가 가장 자주 사용하고 추천하는 효과이지만 다른 효과를 적용해보고 본인이 가장 좋다고 생각하는 효과를 활용하면 된다. 참고로 이러한 효과는 젠 형식의 슬라이드를 제작할 때 더 극적인 효과를 발휘할 수 있으니 젠 형식의 슬라이드를 디자인할 때 적극적으로 활용하도록 하자. 한 가지 더 당부한다면 모서리 부분이 둥글게 깎이는 효과에서 희미하게 회색 선이 보일 때가 있다. 특히 배경이 검정색일 경우 이 회색 모서리 선이 두드러지게 나타나는 경향을 보인다. 이 현상이 싫다면 그림을 선택한 후 왼쪽 상단 모서리 부분에 표시된 노란색 도형을 클릭한 뒤 이미지의 왼쪽 부분으로 드래그하면 일반 사각형이 되고 회색 선 역시 사라져 깔끔한 효과를 기대할 수 있다.

▲ 그림 스타일 메뉴

그림 스타일 기능에는 그림의 모양을 꾸며주는 기능 말고도 다른 기능이 더 있다. 바로 그림 테두리, 그림 효과 및 그림 레이아웃 기능이다. 그림 테두리 기능은 말 그대로 그림에 원하는 색상으로 테두리를 만드는 기능이며 그림 효과는 그림을 조금 더 입체적으로 표현하는 기능이다. 마지막으로 그림 레이아웃은 미리 정해진 몇 가지 도형 서식에 그림을 끼워 맞추는 기능이다. 세 기능은 그렇게 자주 활용되는 기능은 아니기 때문에 한 번쯤 활용해보고 필요할 경우 사용하면 된다.

3. **대체 텍스트 메뉴**: 앞서 도형 서식에서도 다룬 메뉴와 동일하므로 설명은 생략한다.

4. **정렬 및 크기 조절 메뉴**: 정렬 메뉴는 도형 서식에서 설명했던 메뉴와 그 기능이 완전히 같다. 따라서 궁금한 사항은 해당 내용을 다시 참고하자.

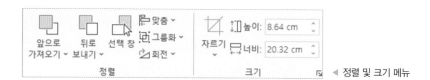

◀ 정렬 및 크기 메뉴

크기 메뉴에는 '자르기' 기능이 있다. 이번 책을 쓰면서 가장 많이 활용한 기능은 단언컨대 '자르기' 기능이었다. 모든 파워포인트 화면을 캡처한 뒤 필요한 부분만 자르는 과정을 반복했기 때문이다. 한 개의 이미지를 선택하면 자르기 메뉴가 활성화된다.

▲ 그림을 선택하고 '자르기' 메뉴를 선택하면 다음과 같이 자르기 메뉴가 활성화되며 모서리와 그림의 변부분에 그림을 자를 수 있는 검은 표식이 생성된다.

자르기 메뉴가 활성화되면 표식 중 원하는 표식을 선택해 그림을 자른다. 이미 알고 있듯이 각 변에 있는 직선 표식을 선택하면 좌우, 상하 자르기가 가능하고, 네 모서리에 있는 꺾쇠 모양 표식을 선택하면 대각선 방향으로 자르기가 가능하다. 그리고 앞서 개체와 관련해 설명한 것처럼 자르기 메뉴에서도 Ctrl 키와 Alt 키가 동일하게 활용된다. 즉 Ctrl 키를 누른 상태로 자르기를 하면 좌우 혹은 상하에서 동일한 만큼 자르기가 진행되고, Alt 키를 누른 상태로 자르기를 하면 미세 조정이 가능하다. 마음에 드는 이미지를 구했는데 내가 사용하는 슬라이드와 비율이 맞지 않을 경우 이 기능을 사용하면 원하는 비율로 이미지를 편집할 수 있다.

다음으로 크기 조절 메뉴를 보자. 사실 크기 조절 메뉴는 도형 서식에도 있다. 조절할 수 있는 범위도 높이와 너비로 똑같다. 그런데 그림 서식에서는 다소 다른 부분이 있으므로 이 부분을 설명하고자 한다. 종종 서로 다른 곳에서 가져온 복수의 이미지 크기를 동일하게 만들어야 할 때가 있다. 이런 경우 보통은 그림 크기를 대체로 비슷하게 잘라내고 미세 조정을 한다. 예를 들어 '기획'이라는 제목의 배경 이미지 크기가 5.2×5.2㎝라고 가정하겠다. 그러면 나머지 3장의 이미지도 동일하게 만들어야 슬라이드는 통일감이 생긴다. 그래서 최초 크기가 6×7

▲ 서로 다른 사이즈의 이미지를 어떻게 똑같은 사이즈로 통일할 수 있을까?

이던 '슬라이드 디자인' 제목의 배경 이미지를 선택한 후 높이 부분에 5.2를 입력한다. 그랬더니 이미지 크기가 5.2×6.07로 바뀐다. 6.07로 자동 변환된 너비 부분에 다시 5.2를 입력했더니 이번에는 높이가 4.5로 변경된다. 그렇다고 마우스를 활용해 눈대중으로 이미지를 줄이자니 정확하게 맞추기가 어렵다.

물론 두 이미지를 겹쳐 놓고 높이와 너비를 맞추는 방법도 있다. 하지만 지금의 예시가 겨우 이미지 4장뿐이라 이 방법을 쓸 수 있겠지만, 만약 수십 장 이상의 이미지 크기를 동일하게 만들어야 하는데도 그림을 겹치고 크기를 조절하는 방식을 사용할 수 있을까? 그렇게 하면 생산성은 뚝뚝 떨어진다. 이때 이 방법만 알면 간단히 해결할 수 있다. 크기 메뉴에 있는 확장 메뉴(오른쪽 하단 화살표)를 선택하면 다음과 같은 메뉴를 볼 수 있다.

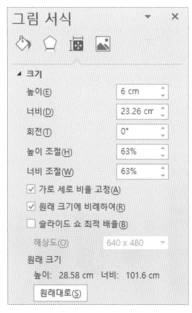

▲ 그림 서식 메뉴에서 '가로 세로 비율 고정' 메뉴를 해제하면 높이와 너비 값이 서로 연동되지 않는다.

그림 서식 메뉴에서 세 번째 그림을 선택하면 크기 정보가 나온다. 아까와 같은 문제를 겪었다면 여기서 **'가로 세로 비율 고정'에 체크가 돼 있을 것이다. 이 체크박스를 해제하면 높이와 너비가 연동해서 변하지 않고, 높이 따로, 너비 따로 원하는 값을 입력할 수 있다.** 참고로 '원래 크기에 비례하여' 메뉴는 절대값(cm)으로 수치를 입력할 때가 아닌, '높이 조절', '너비 조절'의 상대값. 즉 원본 이미지를 100%×100%로 보았을 때의 상대값을 일정하게 유지시키므로 만약 원본 이미지 대비 늘리거나 줄이고 싶을 때 활용한다. 다만 이 경우는 흔하지 않으므로 우리는 높이와 너비의 절대값을 입력하는 요령만 기억하면 된다. 아주 간단한 요령이지만 이를 모를 경우 내 맘과 상관없이 자꾸 비례해서 바뀌는 높이와 너비 값에 난감할 수 있기에 꼭 알아둬야 하는 기능이다.

실수로 크기를 잘못 건드려도 큰 문제는 아니다. 원래 크기로 되돌릴 수 있도록 '원래대로' 버튼이 있고, Ctrl + Z 버튼으로 바로 전 단계로 되돌릴 수도 있기 때문이다.

지금까지 디자인, 전환, 애니메이션, 슬라이드 쇼, 검토, 보기, 도형 서식, 그림 서식의 총 8가지 메뉴를 알아봤다. 도움말 메뉴는 파워포인트 본연의 기능보다는 프로그램 오류 등에 대한 보고 관련 내용이므로 설명은 생략한다.

⊕ **퍼펙트 슬라이드 클리닉** | '기타 메뉴' 요약 정리

1. 디자인 메뉴에서 슬라이드 테마를 지정할 수 있다. 단 디자인 메뉴를 활용할 경우 파일 전체에 테마 색상이 변경되므로 주의가 필요하다. 실수로 다른 테마를 선택했다면 디자인-적용-확장메뉴-색 순서로 들어가 'Office 2007-2010'을 선택하면 기본 색상표로 복귀 가능하다(세부내용 254페이지).

2. 디자인 메뉴-슬라이드 크기 메뉴에서 슬라이드 비율을 조절할 수 있다(세부내용 256페이지).

3. 전환 메뉴는 내가 설정한 슬라이드의 이전 슬라이드에서 내가 설정한 슬라이드로 넘어올 때 효과가 구현된다. 예를 들어 내가 5페이지에 전환 효과를 설정하면 이 효과는 4페이지에서 5페이지로 넘어올 때 구현된다(세부내용 259페이지).

4. 애니메이션 효과는 복잡하고 다양한 효과를 굳이 쓸 필요가 없다. '밝기 변화'와 '개체 이동' 두 가지 효과로 충분히 자연스러우며, 청중 주목도 역시 유지할 수 있는 효과를 낼 수 있다(세부내용 262페이지).

5. 애니메이션 효과는 '시작', '지연', '재생 시간' 세 가지가 성패를 가른다 해도 과언이 아니다(세부내용 266페이지).

6. 밝기 변화 효과를 활용해 자연스럽게 개체가 연속적으로 이어지게 나오려면 지연 시간을 재생 시간의 절반으로 설정한다(세부내용 269페이지).

7. 이동 경로 효과는 시작점, 도착점, 이동 거리(선의 길이) 3요소를 활용해 사용할 수 있다(세부내용 275페이지).

8. 슬라이드 쇼의 실행은 F5 키, 오른쪽 하단의 슬라이드 쇼 아이콘을 클릭한다. 이때 Shift를 누르고 슬라이드 쇼를 실행하면 현재 지정된 슬라이드부터 슬라이드 쇼가 시작된다(세부내용 286페이지).

9. 디스플레이 확장 모드를 활용하고 슬라이드 쇼를 재생하는 스크린을 프로젝터나 대형 화면으로 지정하면, 사용자의 컴퓨터에서는 편집 화면을 보면서 청중들은 슬라이드 쇼 화면으로 더 크게 화면을 볼 수 있어 팀 회의 등 즉각 수정이 필요할 때 효과적이다(세부내용 290페이지).

10. 발표자 도구 사용은 다음 슬라이드가 어떤 슬라이드일지 미리 보여줘 매끄러운 발표 진행을 도와주지만 이 기능에 너무 의존하는 것을 권하지는 않는다(세부내용 290페이지).

11. 프리젠테이션 보기 메뉴 중 '기본' 모드로 편집을 진행하고, '여러 슬라이드' 모드로 마스터 관리를 실시하면 더욱 효율적인 협업이 가능하다(세부내용 295페이지).

12. 마스터 보기 메뉴에서 슬라이드 마스터를 생성할 수 있다. 슬라이드 마스터의 최상단 페이지에는 아무 개체도 신규로 삽입하지 않고, 최상단 페이지 하위 페이지에 마스터를 만들자(세부내용 305페이지).

13. 일반적인 경우 슬라이드 마스터에 작성하는 페이지 수는 최대 3페이지고, 이는 표지, 목차, 본문 슬라이드다(세부내용 305페이지).

14. 편집한 슬라이드를 본문에서 불러오기 위해서는 슬라이드 선택 후 오른쪽 마우스 버튼을 클릭해 '레이아웃' 메뉴를 선택하면 가능하다(세부내용 314페이지).

15. 보기 메뉴−눈금자를 통해 글머리 기호와 본문 간 간격을 조절할 수 있다(세부내용 317페이지).

16. 도형 서식과 그림 서식에서 '정렬 메뉴'를 사용해 개체/이미지 간의 계층 구조를 변경할 수 있다(세부내용 330페이지).

17. 맞춤 메뉴로 개체 간 정렬을 손쉽게 할 수 있으며, 특히 컨설팅 형식의 슬라이드에 자주 활용된다(세부내용 331페이지).

18. 그룹 기능은 여러 개체를 하나의 개체로 취급할 수 있게 하는 메뉴다(세부내용 337페이지).

19. 그림 압축 기능을 활용하면 파워포인트 파일 용량을 줄일 수 있다(세부내용 343페이지).

20. 그림 자르기 메뉴를 통해 이미지의 원하는 부분만 잘라서 사용이 가능하다. 또한 그림 서식을 통해 '가로 세로 비율 고정' 부분을 해제하면 높이와 너비 수치를 각각 입력할 수 있다(세부내용 348페이지).

이것으로 우리는 파워포인트에 수록된 다양한 메뉴를 전부 살펴봤다. 컨설팅 용어에 '우리는 바다를 끓이지 않는다 We don't boil the ocean'라는 말이 있다. 이 말은 실제 일에 영향을 주지 않는 것까지 모두 신경 쓰느라 효율적으로 일하지 못하는 경우를 막기 위해 정말 필요한 요소를 선택하고 집중한다는 의미로 자주 사용한다.

앞서 여러 가지 기능을 설명하면서 중점적으로 설명한 부분이 있고, 중요하지 않으니 생략한 부분도 있다. 생략한 부분이 여러분이 파워포인트로 작업하면서 평생 단 한 번도 쓰지 않을 것이라고 나 역시 장담하기는 어렵다. 하지만 10년이 훨씬 넘는 기간 동안 이 주제를 연구하고, 동시에 다양한 실무 환경에서 지속적으로 파워포인트 프로그램을 직접 활용해온 나조차 단 한차례도 사용한 적 없는 기능은 굳이 소개하지 않았다. 정리를 잘 하려면 1년 동안 한 번도 쓰지 않은 물건을 버리라는 말이 있듯, 내가 10년 넘게 한 번도 사용하지 않은 기능이라면 독자 여러분도 사용할 가능성이 매우 희박하기 때문이다.

오히려 '어떤 기능이 있다'를 아는 데에서 그치지 않고 해당 기능을 어떻게 실제 업무에 활용할 수 있는지를 익히는 데 역량을 집중하는 편이 이 책을 제대로 활용할 수 있는 방안이 되리라 생각한다. 지금까지 소개한 기능을 무리 없이 사용할 수 있다면 최소 여러분은 파워포인트 초심자라는 말과는 완전히 이별을 고해도 좋다.

아직 꾸준한 연습이 필요하겠지만 기능 측면에서 다양한 부분을 알게 됐다. 이 책의 초입에서 강조했듯이 정확한 목표를 이루기 위해서는 빼어난 기술과 명확한 철학이 있어야 한다. 완벽한 슬라이드 디자인을 하기 위해 여러분이 갖춰야 하는 디자인 필수 개념 10가지 및 본문에서 등장했으나 수시로 참고하면 좋을 만한 부분을 부록으로 정리했으므로 굳이 책을 앞뒤로 뒤적이지 않아도 된다.

퍼펙트 슬라이드 디자인
필수 개념 10

여러분이 반드시 이해해야 할 필수 개념 10가지를 정리해 소개한다. 더 자세한 내용은
『퍼펙트 프리젠테이션』 서적을 참고하기 바란다.

1. 젠 형식 슬라이드

일본의 선^{Zen} 사상에서 유래한 슬라이드 디자인으로, 미니멀리즘 슬라이드, 스티브 잡
스 형식 슬라이드 등으로도 부른다. 고해상도의 이미지와 짧은 키워드가 삽입되는 특
징을 가진다. 주로 발표용 슬라이드에 주로 사용한다.

▲ 젠 형식 슬라이드

2. 컨설팅 형식 슬라이드

장표, 자료형 슬라이드 등으로 불린다. 일반적으로 글이 많은 형식과는 달리 체계적인 레이아웃을 갖추고, 그 안에 효과적으로 주장과 근거 등을 삽입해 청중을 설득할 수 있는 슬라이드 양식이다. 주로 자료를 보관해야 하는 경우 이러한 양식의 슬라이드를 사용한다. 두 줄 이하의 헤드 메시지로 말하려는 주장을 적고, 나머지 부분에서 해당 주장을 뒷받침하는 근거를 삽입하는 슬라이드다.

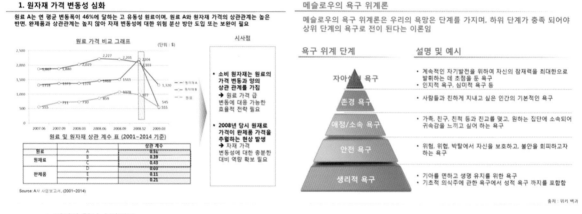

▲ 컨설팅 형식 슬라이드

3. 정보의 단순화

슬라이드를 작성할 때 정보를 단순화해 청중들에게 공개해야 효과적으로 전달할 수 있다는 원칙이다. 정보의 단순화에는 사람의 감각 기관 중 한 번에 한 가지의 감각 기관만을 이용하도록 하는 방식인 '정보 종류의 단순화'와 한 종류의 감각 기관을 통해 정보를 받아들이더라도 그 양을 조금씩 노출해야 한다는 '정보의 양 단순화' 두 가지로 나뉜다.

4. S.I.T(Single Information a Time) 원칙

사람의 5감각 중 프리젠테이션에 가장 자주 활용되는 시각과 청각을 장악하기 위한 기본 원칙으로, 한 번에 한 종류의 정보만을 노출해야 감각 기관이 정보를 받아들일 수 있다는 점을 설명한 원칙이다. 이를 통해 '정보 종류의 단순화'를 효과적으로 수행할 수 있다.

시각과 **청각**의 장악

Single **I**nformation a **T**ime

▲ S.I.T 원칙

5. 역발상 이미지 검색법

검색 시간을 줄이는 이미지 검색 방법으로 일반적으로 추상명사 또는 형용사로 검색하는 이미지를 추상 명사와 형용사로 검색하는 것이 아닌, 해당 특성을 가진 구체적인 대상으로 검색하는 검색법을 의미한다. 예를 들어 '용맹하다'를 검색하기 위해서 '용맹'이라는 단어를 키워드로 검색하지 않고, 용맹한 속성을 갖는 대상, 즉 '사자', '호랑이', '전사' 등을 이용해 원하는 이미지를 얻는 검색 방법이다.

6. 시선의 이동 방향

청중이 슬라이드를 바라볼 때 시선의 이동 방향은 정해져 있다. 왼쪽에서 오른쪽, 그 이후 위에서 아래로 이동한다. 우리가 책을 읽을 때 시선이 이동하는 방향과 동일하다고 기억하면 쉽다.

7. 슬라이드 분할(Slide Division) 기법

컨설팅 형식의 슬라이드를 구성하는 기본 원칙으로, 슬라이드를 여러 구획으로 나누고 그 양을 조금씩 청중에게 노출하는 기법을 말한다. 이를 통해 '정보의 양 단순화'를 효과적으로 수행할 수 있다.

8. 폴더링 기법

글의 양이 많은 슬라이드를 나눠 계층 구조를 이룬다. 즉 한 장의 슬라이드를 다수의 슬라이드로 쪼개서 표시하는 방법이다.

▲ 폴더링 예시

9. 그래프의 주관화

그래프는 객관화된 지표가 아닌 전체 주장을 뒷받침하는 예시로 사용돼야 한다는 개념이다. 일반적으로 엑셀Excel 프로그램을 활용해 간단히 만들 수 있는 그래프에 발표자가 하려는 주장을 실어 청중이 이해하기 쉽게 만드는 기법이다. 이 방식을 이용해 발표자는 그래프 설명 시간을 줄일 수 있고, 발표 시간을 추가로 확보하는 효과를 얻을 수 있다.

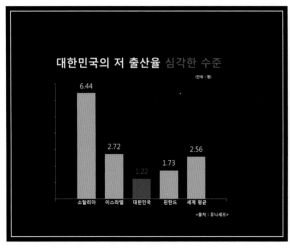

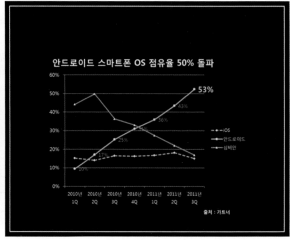

▲ 그래프의 주관화

10. 매직 템플릿 가이드

컨설팅 형식의 슬라이드를 만들 때 문서 구조를 만들기 위해 도움을 주는 템플릿. 문장에서 활용하는 접속사로 컨설팅 형식의 슬라이드를 작성할 수 있다. 총 5개의 구조를 작성할 수 있으며, 이를 조합하면 복잡한 컨설팅 형식 문서도 쉽게 구조를 잡을 수 있다.

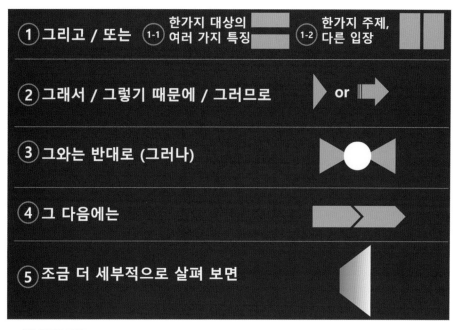

▲ 매직 템플릿 가이드

젠 형식 슬라이드 디자인의
표준 프로세스 요약본

젠(Zen) 형식 슬라이드 디자인 표준 프로세스
1 화면 비율 변경(디자인-사용자 지정-슬라이드 크기)
2 활용 글꼴 결정(홈 메뉴)
3 기본 텍스트 상자 삭제
4 배경 색상 결정(배경 서식 메뉴)
5 이미지 삽입(단축키: Alt + I + P + F)
6 이미지 배치(비율 유지하며 크기조정: Shift를 누른 상태에서 대각선 방향으로 이미지 드래그)
7 키워드 삽입
8 (필요 시) 애니메이션 효과 삽입(애니메이션 메뉴)

컨설팅 형식 슬라이드 디자인의 표준 프로세스 요약본

컨설팅(Consulting) 형식 슬라이드 디자인 표준 프로세스
1 화면 비율 변경(디자인-사용자 지정-슬라이드 크기)
2 활용 글꼴 결정(홈 메뉴)
3 슬라이드 마스터 메뉴 진입 후 목차, 본문, 표지 슬라이드 작성
4 표지 작성
5 목차 슬라이드에 실제 아젠다(Agenda) 작성
6 헤드 메시지 작성(글씨 크기는 18포인트 이상 권장)
7 매직 템플릿 가이드를 사용해 슬라이드 본문 구조 결정
8 차트가 필요할 경우 적절한 차트 종류를 결정 후 삽입(삽입-차트)
9 차트 중 강조할 부분을 강조(차트 클릭 후 데이터 요소 서식 메뉴)
10 요소 간 줄맞춤 실시(눈금자 활용)
11 단락 간 간격 조정(홈-단락-줄 간격 옵션)
12 모든 텍스트 상자는 '단어 잘림 허용' 해제 (단락-확장 메뉴-한글 입력 체계-한글 단어 잘림 허용 해제)
13 자료 출처 작성

필수 단축키 모음

기능	기능 실행 방법
화면 확대/축소	Ctrl + 마우스 휠
개체 균등 확대/축소	개체 클릭 + Ctrl + 드래그(커서 모양: ↔)
특정 개체만 지정해 선택/해제	Ctrl + 개체 클릭
개체 복사	커서 모양이 ✛일 때, 개체 클릭 + Ctrl + 드래그
개체 수평/수직 이동	커서 모양이 ✛일 때, 개체 클릭 + Shift + 드래그
개체 미세 이동	커서 모양이 ✛일 때, 개체 클릭 + Alt + 드래그
이탤릭체	Ctrl + I
밑줄	Ctrl + U
글씨 굵게	Ctrl + B
글씨 정렬(왼쪽/가운데/오른쪽)	Ctrl + L / E / R
기존 작업 중 파워포인트 파일 열기	Ctrl + O Alt + F + O
개체 전체 선택	Ctrl + A
인쇄	Ctrl + P
특정 단어 검색/바꾸기	Ctrl + F / H
서식 복사/서식 적용	Ctrl + Shift + C / V
외부 파일에서 그림 파일 불러오기	Alt + I + P + F

기능	기능 실행 방법
텍스트 상자 만들기	Alt + I + X + H
글씨 크기 크게/작게	Ctrl + Shift + > / <
슬라이드 쇼 시작	F5
현재 슬라이드부터 슬라이드 쇼 시작	Shift + F5
직전 작업 재실행	F4
개체 속성 메뉴 진입	개체 선택 + 오른쪽 마우스 버튼 + O
개체 그림으로 저장	개체 선택 + 오른쪽 마우스 버튼 + S
개체 맨 앞으로 보내기	개체 선택 + 오른쪽 마우스 버튼 + R + R
개체 맨 뒤로 보내기	개체 선택 + 오른쪽 마우스 버튼 + K + K
그룹 지정	복수 개체 선택 + 오른쪽 마우스 버튼 + G + G
그룹 해제	복수 개체 선택 + 오른쪽 마우스 버튼 + G + U

발표자 주장을 뒷받침하는
차트 작성 9단계

1. 목적에 맞는 차트 유형을 선택한다.

2. 내가 원하는 만큼의 계열과 항목 수로 조절한다.

3. 데이터를 입력한다. 데이터에는 항목 이름, 계열 이름 및 각각의 데이터 값이 포함된다.

4. 데이터 축과 데이터 가로선이 반드시 필요하지 않은 경우 삭제한다.

5. 데이터 레이블 표시 기능을 이용해 데이터의 레이블을 표기한다.

6. 그래프 중에서 강조해야 하는 부분을 강조한다. 색상 또는 강조선 등을 활용한다.

7. 슬라이드 배경 색상과 차트의 배경 색상을 일치시키거나 유사하게 한다.

8. 차트 왼쪽 상단 부분에 단위를 기입한다.

9. 추가로 그래프별 특성을 살려서 더 보기 좋게 만드는 작업이 필요할 경우 해당 작업을 실시해 차트를 완성한다.

원하는 바를 이루기 위한 여러분의 노력에 찬사를 보냅니다

"세상에 내 마음에 드는 차가 없어 내가 직접 만들었다."

포르쉐의 창업자 페르디난드 포르쉐Ferdinand Porsche가 한 유명한 말이 있습니다.

저는 '프리젠테이션'이라는 주제에 깊은 관심을 갖고 고민을 거듭하며 배워 나갈수록 떨칠 수 없는 의문이 있었습니다.

"왜 체계화되지 않은 지식에 독자들이 고통스러워 해야 할까?"

"왜 컨설팅사의 슬라이드 디자인 방법론이 잘 정리된 책은 없을까?"

"왜 컨설팅사 내부에서도 체계적 슬라이드 디자인 교육이 없을까?"

여러 책을 보고 강의를 들어봐도 제 갈증을 완전히 해결해 주는 경우는 없었습니다. 그래서 직접 그런 서적을 만들어보자고 마음을 먹고 최선을 다했습니다. 그리하여 프리젠테이션의 이론편인 『퍼펙트 프리젠테이션』과 이를 실제로 프로그램에서 구현할 수 있는 『퍼펙트 슬라이드 클리닉 with 파워포인트』 두 권의 책을 선보일 수 있게 되었습니다.

그리고 어느덧 프리젠테이션이라는 주제로 여러 권의 책을 집필한 사람이 되었습니다. **"어느 날 갑자기 내가 세상에 존재하지 않는 날이 왔을 때, 그 직전 순간에 '이 지식은 나만 알고 있기 너무 아깝다'라는 생각이 들 만한 내용이 있을 때 책을 쓰는 거야."**라고 주변에 말하듯이, 이 책의 지식을 알게 되신 분들이 목표한 바에 조금 더 가까이 다가가실 수 있었으면 좋겠습니다.

세상에 존재하는 다양한 선택지 중에서 저의 책을 선택해주셔서 감사합니다. 이 책을 손에 들고 있는 사실만으로 여러분의 프리젠테이션 실력이 순식간에 발전하지는 않습니다. 하지만 제대로 된 방향을 알고 하는 노력은 그렇지 않은 경우보다 훨씬 효율적이 되리라 믿어 의심치 않습니다.

프리젠테이션은 청중을 행동하게 하고, 그를 통해 발표자의 목적을 이루는 활동입니다. 입사 면접, 투자 심사, 업무 보고 등 결코 만만치 않은 상황에서 여러분의 믿을 만한 의지가 되는데 이 책이 도움이 될 수 있었으면 좋겠습니다.

원하는 바를 이루기 위해 끊임없이 노력하시는 여러분의 노력에 아낌없는 찬사를 보내며, 다양한 채널을 통해 지속적으로 응원하겠습니다.

감사합니다.

김재성 드림

| 찾아보기 |

퍼펙트 슬라이드 클리닉 with 파워포인트
명확한 디자인 원리로 제시하는 슬라이드 처방전

발 행 | 2020년 2월 28일

지은이 | 김 재 성

펴낸이 | 권 성 준
편집장 | 황 영 주
편 집 | 조 유 나
        양 아 영
디자인 | 박 주 란

에이콘출판주식회사
서울특별시 양천구 국회대로 287 (목동)
전화 02-2653-7600, 팩스 02-2653-0433
www.acornpub.co.kr / editor@acornpub.co.kr

Copyright ⓒ 에이콘출판주식회사, 2020, Printed in Korea.
ISBN 979-11-6175-398-0
http://www.acornpub.co.kr/book/perfect-slide

이 도서의 국립중앙도서관 출판시도서목록(CIP)은 서지정보유통지원시스템 홈페이지(http://seoji.nl.go.kr)와
국가자료공동목록시스템(http://www.nl.go.kr/kolisnet)에서 이용하실 수 있습니다.(CIP제어번호: CIP2020006927)

책값은 뒤표지에 있습니다.